高等院校物流专业“互联网+”创新规划教材

交通地理信息系统

冯海霞　主编

内 容 简 介

交通地理信息系统是地理信息系统在交通及其相关领域的具体应用与延伸。本书系统地讲述了交通地理信息系统的基本原理、基本方法、基本技能及其在交通领域的应用。本书分为两篇，第一篇为基本原理，包括绪论、空间信息基础、空间数据结构与数据管理、空间分析和交通地理信息系统应用；第二篇为实验教程，着重阐述利用 GIS 技能和软件解决实际交通问题的方法，包括 ArcGIS 软件简介、地图数字化、叠置分析和缓冲区分析、网络分析、栅格数据的空间分析、GIS 分析综合实验、基于 GIS 的交通事故分析、制图输出和地图调用。

本书可作为高等学校交通工程、交通管理、交通规划、交通土建、物流工程等专业的本科教材，也可作为交通行业相关领域的技术人员、工程设计人员和研究开发人员的参考书。

图书在版编目(CIP)数据

交通地理信息系统 /冯海霞主编. —北京：北京大学出版社，2022.10
高等院校物流专业“互联网+”创新规划教材
ISBN 978-7-301-33250-4

Ⅰ.①交… Ⅱ.①冯… Ⅲ.①地理信息系统—应用—交通工程—高等学校—教材 Ⅳ.①U495

中国版本图书馆 CIP 数据核字（2022）第 144720 号

书　　名　交通地理信息系统
　　　　　JIAOTONG DILI XINXI XITONG
著作责任者　冯海霞　主编
策 划 编 辑　郑　双
责 任 编 辑　巨程晖　郑　双
数 字 编 辑　蒙俞材
标 准 书 号　ISBN 978-7-301-33250-4
出 版 发 行　北京大学出版社
地　　址　北京市海淀区成府路 205 号　100871
网　　址　http://www.pup.cn　新浪微博：@北京大学出版社
电 子 信 箱　pup_6@163.com
电　　话　邮购部 010-62752015　发行部 010-62750672　编辑部 010-62750667
印 刷 者　河北文福旺印刷有限公司
经 销 者　新华书店
　　　　　787 毫米×1092 毫米　16 开本　14.25 印张　339 千字
　　　　　2022 年 10 月第 1 版　2022 年 10 月第 1 次印刷
定　　价　39.00 元

前　言

智能交通是交通发展的趋势，也是建设交通强国的重要内容。智能交通的发展离不开空间技术，地理信息系统（GIS）是地球空间信息科学的核心技术之一。交通地理信息系统（GIS-T）是 GIS 在交通规划、建设、管理等领域的具体应用和延伸，也是智能交通系统（ITS）的关键技术支撑之一。GIS 技术已经成为交通工程、交通管理、交通规划等交通相关专业学生需要掌握的重要技能之一。GIS-T 是一门交叉的、综合的学科，涉及交通、地理信息、计算机、测绘和制图等专业知识。

本书将理论知识和实际应用相结合，以提高学生运用 GIS 技术解决实际问题的能力为目标，力求实现系统性、简明性、易读性、实践性的统一。本书主要介绍了当前 GIS-T 的主要内容和主要功能，为交通行业的初学者提供参考。

全书共分为两篇，第一篇为基本原理，主要介绍 GIS、GIS-T 的基本原理及基础理论；第二篇为实验教程，主要介绍 GIS 相关软件的实际操作步骤，着重阐述了利用 GIS 技能和软件解决实际交通问题的方法，包括地图数字化，空间分析（叠置分析、缓冲区分析、网络分析、栅格数据分析、地理加权回归分析等），地图调用等。

本书的编写工作得到了很多高校师生的关心、支持与帮助，山东交通学院张丽彩、郝慎学、刘凯等教师，以及山东交通学院王琦、李健、宁二伟、王兴渝等研究生参与了部分编写与整编工作，在此表示衷心的感谢。由于作者水平有限，书中不足之处在所难免，敬请广大读者批评指正。

编　者

2022 年 4 月

目　录

第一篇　基本原理

第二篇 实验教程

第一篇　基本原理

第1章 绪　　论

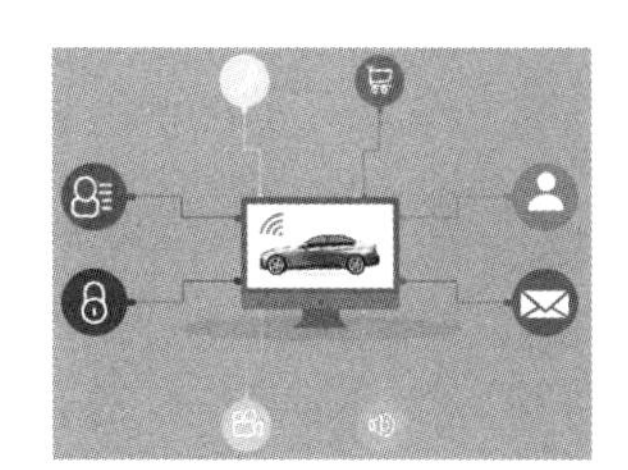

【本章教学要点】

知识要点	掌握程度	相关知识
地理信息系统的定义	重点掌握	地理信息系统的基本概念
地理信息系统的构成与功能	掌握	地理信息系统的基本构成和主要功能
地理信息系统的特征与分类	掌握	地理信息系统的基本特征、分类，以及与其他系统的区别
地理信息系统的发展与应用	了解	地理信息系统的发展及地理信息系统的主要应用领域
常用的地理信息系统软件	熟悉	成熟的、常用的地理信息系统软件
交通地理信息系统	熟悉	交通地理信息系统的特点及应用

【本章技能要点】

技能要点	掌握程度	应用方向
地理信息系统的构成	掌握	应用类地理信息系统的构建
地理信息系统与其他系统的区别	重点掌握	地理信息系统空间分析

【思维导图】

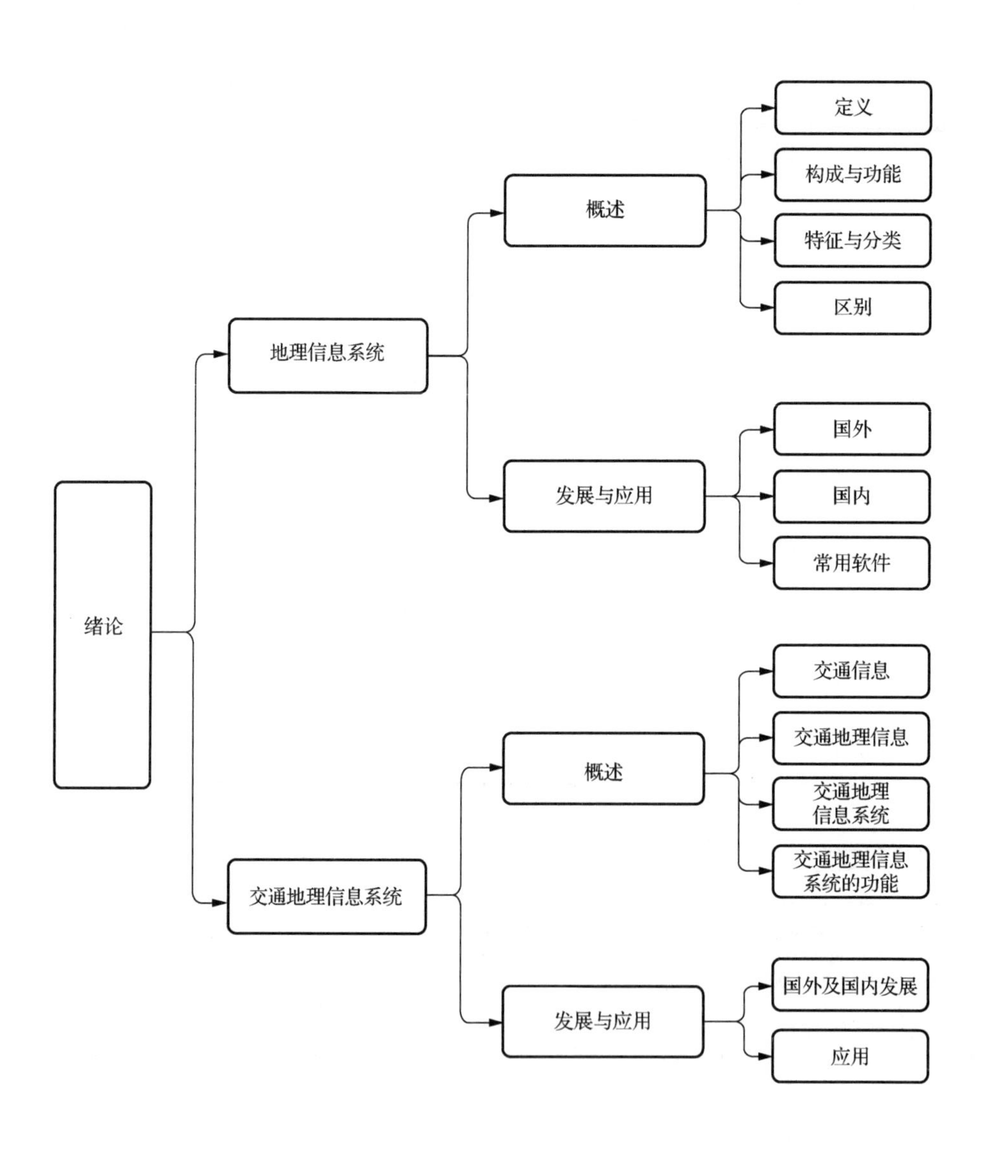
绪论
地理信息系统
概述
定义
构成与功能
特征与分类
区别
发展与应用
国外
国内
常用软件
交通地理信息系统
概述
交通信息
交通地理信息
交通地理信息系统
交通地理信息系统的功能
发展与应用
国外及国内发展
应用

【导入案例】

交通是兴国之要、强国之基，建设交通强国是中国共产党第十九次全国代表大会（简称党的十九大）作出的重大战略决策。2019 年 9 月 19 日，中共中央、国务院印发了《交通强国建设纲要》，明确从 2021 年到 21 世纪中叶，我国将分两个阶段推进交通强国建设。打造“四个一流”、形成三张交通网、两个交通圈，基本建成交通强国。智能交通是未来交通的发展方向，智能交通强国的战略目标是人民满意、保障有力、世界领先。智能交通包含两个板块，一个是城市智能交通系统，另一个是智能综合运输系统。

智能交通的发展离不开空间技术。地球空间信息科学是 20 世纪 60 年代后期发展起来的，是一门综合性的集成技术学科，包括全球定位系统（global positioning system，GPS）、地理信息系统（geographic information system，GIS）和遥感（remote sensing，RS），合称“3S”技术，强调与通信技术、计算机技术结合。GIS 是地球空间信息科学的核心技术之一，是实现地理空间信息管理、存储、分析、表达和发布的重要技术手段；它在过去几十年中飞速发展，其理论和技术日趋完善，在测绘、国土、规划、环境、交通等领域的应用也越来越成熟。

我国在迈向城市化、产业化与全球化的过程中，交通运输扮演着关键角色，其效率直接影响经济成长与城市发展速度。信息系统在交通运输系统中起着重要的作用，从交通规划、设计、管理、运营、维护到应急反应均依赖信息系统。交通地理信息系统（GIS for transportation，GIS-T）顺应该需求，是交通和 GIS 理论的重要分支，并逐步成为多学科交叉的一个重要研究领域。GIS-T 是在传统 GIS 基础上，充分考虑交通信息的特征，逐步形成独特的技术体系和理论内涵，是 GIS 和交通的有机集成系统，是专门化的 GIS。GIS-T 是 GIS 在交通规划、建设和管理等领域的具体应用和延伸，也是智能交通系统的关键技术支撑之一。GIS-T 为研究现代城市交通问题提供有效的技术手段，并在城市交通管理、交通规划及交通出行服务等方面发挥着重要作用。

思考题

1．智能交通强国的战略目标是什么？

2．为建设交通强国，我们应该做什么？

1.1　地理信息系统

地理信息系统是 20 世纪 60 年代发展起来的空间信息处理技术，是多学科交叉的产物，主要涉及地理学、测量学、地图学、摄影测量与遥感、计算机与信息科学、数学、统计学及空间科学等学科，并且与这些学科或技术相互沟通、融合、影响。从理论上讲，GIS 已成为一门新兴学科。GIS 具有强大的数据管理功能、地学过程模拟和空间分析能力，能同时分析、建模和处理空间位置信息和非空间位置信息（如自然、社会、人文、经济等信息），其应用领域由自动制图、资源管理、土地利用等发展到与地理相关的交通、邮电、军事等，同时 GIS 能对具有时空特征的信息进行可视化表达，能为信息使用者提供直观、全面、清晰、实时的信息表达方式，有利于提高决策和管理的科学性和及时性。

1.1.1 地理信息系统概述

1. 地理信息系统的定义

GIS 的定义有广义和狭义之分，本书主要采用狭义定义。GIS 可简单定义为在计算机软、硬件支持下，对地理信息进行采集、存储、管理、传输、模拟、处理、查询、检索、分析、表达、更新和应用的技术系统。从技术角度看，它是以地理空间数据库为基础，采用地理模型分析方法，适时提供有关空间的、动态的地理信息，为社会实践或决策服务的一种计算机技术系统。从 GIS 的定义可知如下几个方面的内容。

（1）GIS 的物理外壳是计算机化的技术系统，由若干相互关联的子系统构成，如数据采集子系统、数据管理子系统、数据处理和分析子系统、图像处理子系统、数据产品输出子系统等，这些子系统的质量、结构直接影响 GIS 的硬件平台、功能、效率、数据处理方式和产品输出类型。

（2）GIS 的操作对象是具有地理坐标的空间数据，即点、线、面或三维要素等地理实体的坐标及相关属性的数据。这是 GIS 区别于其他类型信息系统的根本标志，也是其技术难点。

（3）GIS 的技术优势在于其数据综合、模拟与分析评价能力，可以得到常规方法或普通信息系统难以得到的重要信息，实现地理空间过程演化的模拟和预测。

（4）GIS 与测绘学、地理学有着密切的关系。大地测量、航空摄影测量和遥感技术为 GIS 中的空间实体提供不同比例尺和精度的定位数据；使用电子速测仪、全球定位系统技术、解析或数字摄影测量工作站、遥感图像处理系统等现代测绘技术，可直接、快速、自动地获取空间目标的数字信息产品，为 GIS 提供丰富、实时的信息源，并促使 GIS 向更高层次发展。地理学是 GIS 的理论依托，如果说 GIS 的兴起和发展是地理科学信息革命的一把钥匙，那么信息地理学的兴起和发展就是打开地理科学信息革命的一扇大门，必将为地理科学的发展和提高开辟崭新的天地。GIS 被誉为地理学的第三代语言（用数字形式描述空间实体）。

2. 地理信息系统的构成

完整的 GIS 主要由四个部分构成，即计算机硬件系统、计算机软件系统、地理空间数据，以及系统开发、管理和使用人员，如图 1.1 所示。其核心部分是计算机硬件系统和软件系统，地理空间数据反映了GIS的地理内容，系统开发、管理和使用人员决定了系统的工作方式和信息表示方式。

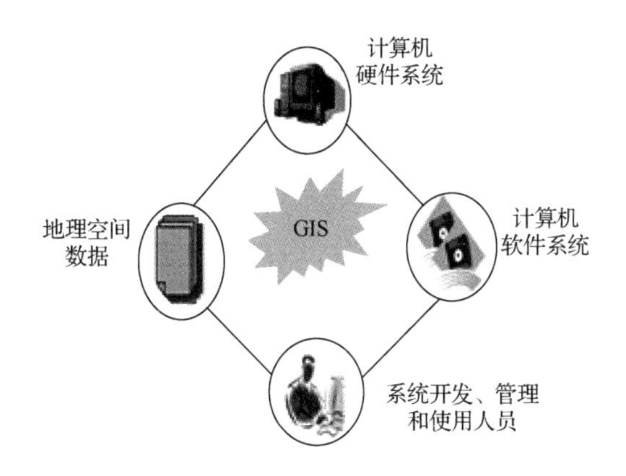

图1.1 GIS的构成

（1）计算机硬件系统。

计算机硬件系统是计算机系统中的实际物理装置的总称，可以是电的、磁的、机械的、光的元件或装置，是GIS的物理外壳；系统的规模、精度、速度、功能、形式、使用方法甚至软件都与硬件有极大关系，受硬件指标的支持或制约。GIS具有复杂性和特殊性，必须由计算机设备支持，具体包括以下四部分。

① 计算机主机。

② 数据输入设备：数字化仪、图像扫描仪、手写笔、光笔、键盘、鼠标等。

③ 数据存储设备：光盘、磁带、光盘塔、移动硬盘、磁盘阵列等。

④ 数据输出设备：显示器、笔式绘图仪、喷墨打印机、激光打印机等。

（2）计算机软件系统。

计算机软件系统是GIS运行所必需的各种程序，它是GIS的灵魂，一般由计算机系统软件、GIS软件和其他支撑软件、应用分析程序组成。

① 计算机系统软件。

计算机系统软件是指由计算机厂家提供的、为用户开发和使用计算机提供方便的程序系统，通常包括操作系统、汇编程序、编译程序、诊断程序、数据库程序，以及各种维护使用手册、程序说明等，是GIS日常工作必备的。

② GIS软件和其他支撑软件。

GIS软件可以是通用的GIS基础平台，也可以是专门开发的GIS软件包，一般包括数据输入和校验、数据存储和管理、空间查询与分析、数据显示和输出、用户接口五个模块。

③ 应用分析程序。

应用分析程序是系统开发、管理和使用人员根据地理专题或区域分析模型编制的用于某种特定应用任务的程序，是系统功能的扩充与延伸。在GIS工具支持下，应用分析程序的开发应是透明的和动态的，与系统的物理存储结构无关。随着系统应用水平的提高，应用分析程序用于地理专题数据或区域数据，构成GIS的具体内容，这是用户最关心的真正用于地理分析的部分，也是从空间数据中提取地理信息的关键。用户开发系统的大部分工作是开发应用程序，而应用程序的水平在很大程度上决定了系统的实用性。

（3）地理空间数据。

地理信息是有关地理实体的性质、特征、运动状态的表征和一切有用的知识，是对表达地理特征与地理现象之间关系的地理数据的解释。地理数据（空间数据）是各种地理特征和现象间关系的符号化表示，包括空间位置（空间特征）、属性特征（简称属性）及时域特征三部分。空间位置描述地物所在位置，这种位置既可以根据大地参照系（如大地经纬度坐标）定义，又可以定义为地物间的相对位置关系，如空间上的相邻、包含等；属性特征可用属性数据描述，属性数据有时又称非空间数据，属于一定地物，描述地物特征的定性或定量指标；时域特征是指地理数据采集或地理现象发生的时刻或时段，对环境模拟分析非常重要。地理空间数据属于空间数据，它是由用户通过各种输入设备或者通信设备输入GIS，是GIS的核心，计算机硬件系统、计算机软件系统，以及系统开发、管理和使用人员都是围绕地理空间数据工作的。

地理空间数据以数据库的形式组织和存储，并通过数据库管理系统进行管理。GIS特殊的空间数据模式决定了其独有的空间数据结构和数据编码，也决定了其独有的空间数据管理方法和空间数据分析功能，成为资源与环境等研究领域的重要工具。

（4）系统开发、管理和使用人员。

人是GIS的构成中的重要因素。地理信息系统从设计、建立、运行到维护的整个生命周期都离不开人的作用。仅由计算机硬件系统、计算机软件系统和地理空间数据无法构成完整的GIS，需要人进行系统组织、管理、维护和数据更新、系统扩充完善、应用程序开发等工作，并灵活采用地理分析模型提取多种信息，为研究和决策服务。

3. 地理信息系统的功能

作为地理信息的自动处理与分析系统，GIS的功能涵盖“数据采集–分析–决策–应用”的全部过程，并能回答和解决以下五类问题。

（1）位置（在某个地方有什么）。

定义某个物体或区域的具体位置常用的方法有：通过各种交互手段确定位置和直接输入一个坐标。指定物体或区域的位置后，可以获得预期的结果及其所有或部分特性，如当前地块的所有者、地址、土地利用情况、估价等。

（2）条件（符合某些条件的实体在哪里）。

可以采取从预定义的可选项中选取、填写逻辑表达式，在终端上交互地填写表格等方式，指定一组查询条件。在指定条件的基础上，可以获得指定条件的所有对象的列表，如在屏幕上以高亮度显示满足指定条件的所有特征，如查询某区域内某年发生团雾次数在10次以上的高速公路路段。

（3）趋势（某个地方存在的某个事件及其随时间的变化过程）。

该类问题需要综合现有数据，以识别已经发生变化或正在发生变化的地理现象。首先确定趋势，当然并不能保证每次确定的趋势都正确，一旦掌握一个特定的数据集，确定趋势就要依赖假设条件、个人推测、观测现象或证据报道等。然后可通过分析数据确认或否定该趋势。

GIS可使用户快速获得定量数据及说明该趋势的附图等。例如，GIS可以识别某城市土地利用的变化趋势：有多少地块转作他用？转换最多的是哪种类型的土地？交通用地的变化趋势如何？这种变化可回溯多少年？哪个时间段的数据能最好地反映该趋势？

（4）模式（分析与已经发生或正在发生事件有关的因素）。

GIS将现有数据组合在一起，能更好地说明正在发生什么，找出发生的事件与哪些数据有关。首先确定模式，模式的确定通常需要长期观察，熟悉现有数据，了解数据间的潜在关系；然后获得报告，说明该事件发生在何时何地、显示事件发生的系列图件。例如，机动车事故常符合特定模式，该模式（即事故）发生在何处？发生地点与时间有关吗？是不是在某种特定的交叉口处？这些交叉口处具有什么特点？

（5）模拟（某个地方如果具备某种条件会发生什么）。

GIS模拟基于模型分析。解决该类问题需要建立新的数据关系，以产生解决方案。首先建立模型，如选择标准、检验方法等。其次，在建立一个或多个模型后，GIS系统产生满足待定的所有特征的列表，并着重显示被选择特征的地图，而且可以提供一个详细描述所选择特征的报表。例如，要在城市公共交通网络中新增一个公交汽车站，用来选址的评价指标可能包括10min、15min、20min可到达的空间区域，需要了解该区域内生活、居住和工作的人数，商务区和居住区的数量及分布，人们出行的要求和特点，存在的其他交通方式、公交场站分布及交通换乘的情况等。

GIS的功能包括基本功能和应用功能，如图1.2所示。GIS在基本功能的基础上，通过空间分析、模型分析、网络分析、数据库和数据集成等技术，在二次开发环境下，演绎出丰富的应用功能，满足社会和用户的需要。

CIS的基本功能包括以下几个方面。

（1）数据采集与编辑。

数据采集是GIS获取数据的过程，要求保证GIS数据库中的数据在内容与空间上的完整性、正确性和逻辑一致性。在目前的技术条件下，GIS的数据采集费用占整个系统建设投资的60%甚至更多。究其原因，主要是GIS的数据不同于普通管理信息系统中的数据，它除了具有属性数据，还包含常以图形方式显示的空间数据及复杂度极高的关系数据。目前数据采集还不能完全以机器自动化的形式完成，因此工作量极大。

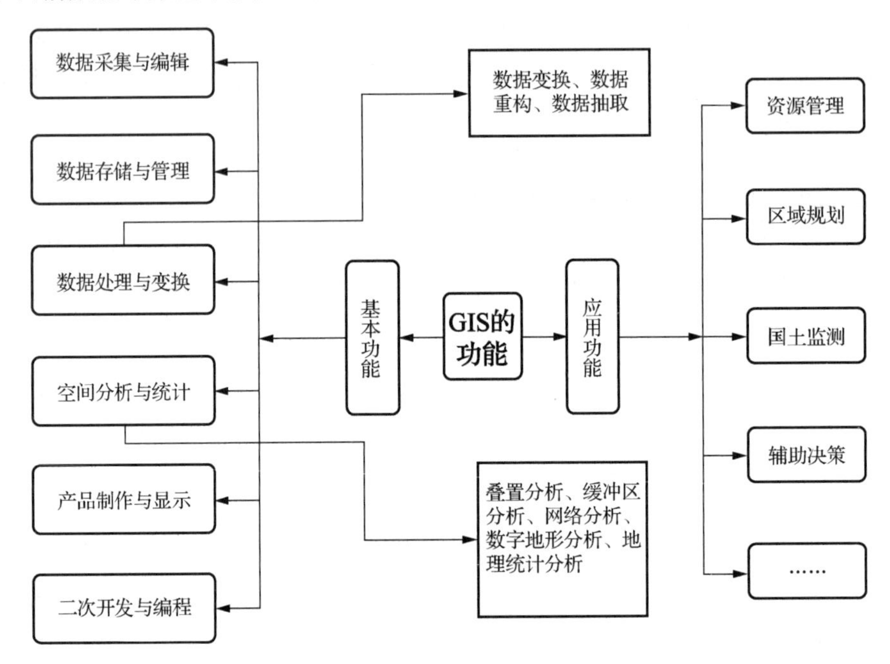

图 1.2 GIS 的功能

数据编辑包括图形编辑和属性编辑。数据更新是 GIS 建立地理数据时间序列，满足动态分析的前提，也是对自然现象的发生和发展作出科学合理预测的基础。

（2）数据存储与管理。

数据存储是建立 GIS 数据库的关键步骤，涉及空间数据和属性数据的组织问题。数据存储过程中最关键的是将空间数据与属性数据融为一体。空间数据管理是 GIS 数据管理的核心。

（3）数据处理与变换。

GIS 涉及的数据类型多种多样，同一种类型数据的质量也可能有很大差异；为了保证系统数据的规范和统一，需要建立满足用户需求的数据文件。数据处理与变换是 GIS 的基础功能之一，主要任务如下。

① 数据变换：数据从一种数据状态转换为另一种数据状态，包括投影变换、辐射纠正、比例尺缩放、误差改正和处理等。

② 数据重构：数据从一种几何形态转换为另一种几何形态，包括数据拼接、数据截取、数据压缩、结构变换等。

③ 数据抽取：数据从全集到子集的条件提取，包括类型选择、窗口提取、布尔提取、空间插值等。

（4）空间分析与统计。

空间分析是 GIS 的核心功能，也是 GIS 与其他计算机信息系统的根本区别，而且为用户提供灵活解决各类问题的有效工具，为人们的决策提供支持。空间分析有叠置分析、缓冲区分析、网络分析、数字地形分析、地理统计分析等，详见第 4 章内容。

（5）产品制作与显示。

GIS 为用户提供多种形式的信息显示服务，既包括内容表达的多样性，又包括显示方式的多样性。内容表达的多样性表现在可以用地图、报表、报告等形式显示结果，显示方式的多样性表现在可以用计算机屏幕显示，也可以通过打印机或绘图仪输出地图。产品制作与显示的功能包括设置显示环境、定义制图环境、显示地图要素、定义字形符号、设置字号和字体颜色、标注图名和图例、绘图文件编辑等。随着技术的不断进步，尤其是虚拟现实等新技术的发展，GIS 的显示功能也越来越强大，由过去静态的、平面的显示方式向动态的、三维的乃至更多维数的显示方式转变。

（6）二次开发与编程。

为广泛应用于各个领域，满足不同的应用需求，GIS 必须具备二次开发环境，包括提供专用语言的开发环境，用户可在自己的编程环境中调用 GIS 的命令和函数，或者系统将某些功能做成专门的控件供用户的开发语言调用等。用户可以非常方便地编制自己的菜单和程序，生成可视化的用户应用界面，完成 GIS 各项应用功能的开发。GIS 基本功能的实现过程如图 1.3 所示。

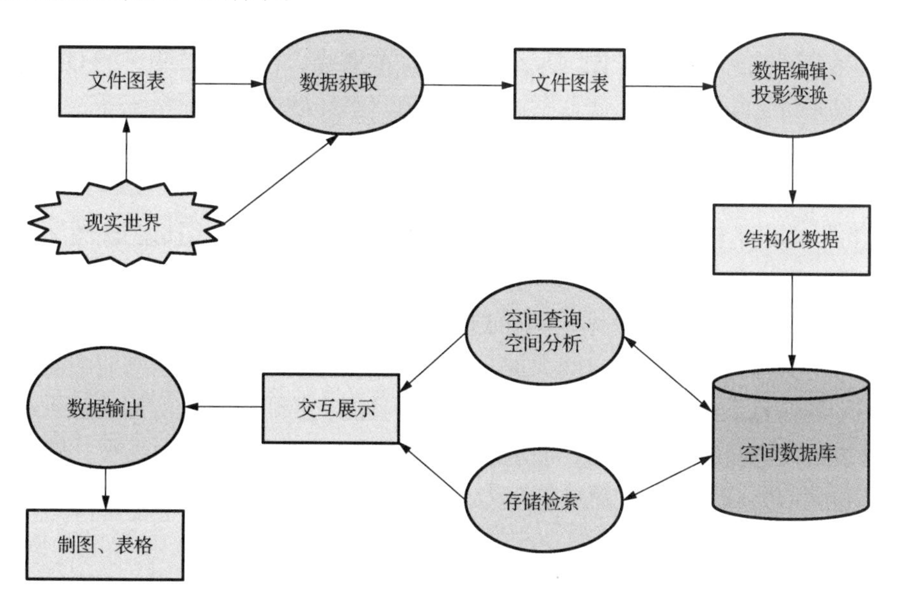

图 1.3 GIS 基本功能的实现过程

GIS 的应用功能可根据应用的领域设计、调整，常用应用功能包括资源管理、区域规划、国土监测、辅助决策等。

4. 地理信息系统的特征与分类

（1）地理信息系统的特征。

经多年研究和应用，人们认为 GIS 具有以下三个特征。

① 时空定位性。GIS 以与位置有关的地理信息为对象，具有采集、管理、分析和输出多种信息的能力，能够表现出处理问题的时空定位性。

② 空间分析性。GIS 以地学研究、工程应用和空间决策为目的，以空间模型方法为手段，具有区域空间分析、多要素综合分析、动态模拟分析和产生高层次空间有用信息的能力，能够表现出解决空间问题的空间分析性。

③ 系统复杂性。GIS 由计算机软、硬件技术支持，能容纳集成许多其他技术系统，可与多种先进的技术手段和方法组成智能系统，具有快速、精确、综合解决复杂问题的能力，表现出系统复杂性。

（2）地理信息系统的分类。

GIS 按内容和服务对象可以分为以下三类。

① 专题 GIS。专题 GIS 是具有有限目标和专业特点的 GIS，为特定的目的服务，如森林动态监测信息系统、水资源管理信息系统、矿产资源信息系统、农作物估产信息系统、草场资源管理信息系统、水土流失信息系统、交通规划信息系统、城市规划信息系统等。

② 区域 GIS。区域 GIS 以区域综合研究和全面的信息服务为目标，可以有不同规模的、按自然分区或行政分区（如国家级、大地区或省级、市级和县级）的 GIS，如加拿大国家信息系统、美国圣迭戈信息系统、我国黄河水环境信息管理系统等。许多实际的 GIS（或称应用 GIS）是介于上述两者之间的区域性专题信息系统，如北京市水土流失信息系统、海南岛土地评价信息系统、深圳市规划国土局 GIS 等。

③ 工具 GIS。工具 GIS 又称 GIS 工具或外壳，是一组具有图形图像数字化、存储管理、查询检索、分析运算和多种输出等 GIS 基本功能的软件包。由于 GIS 软件开发技术层次高、工作量大，重复编制复杂的底层基础软件浪费巨大，因此以 GIS 工具为开发平台，加入与具体任务有关的空间数据，并进行二次开发，形成所需的业务应用软件是建立应用地理信息系统的捷径。在通用的 GIS 工具的支持下，建立实用信息系统可以节省软件开发的人力、物力和财力，缩短系统建立周期，提高系统技术水平，使 GIS 技术易推广，也使广大应用者能把更多的精力投入高层次的应用模型开发中。目前 GIS 商品软件大多提供这种 GIS 工具。

GIS 按应用领域可分为土地信息系统、资源管理信息系统、环境信息系统、地学信息系统、交通信息系统、经济管理信息系统等。

GIS 按使用的数据模型格式可分为矢量型信息系统、栅格型信息系统、矢栅混合型信息系统。

5. 地理信息系统与其他信息系统的区别

GIS 属于特殊的信息系统，与普通信息系统既有区别又有联系。信息系统根据所处理的信息特征可分为非空间信息系统和空间信息系统，如图 1.4 所示。

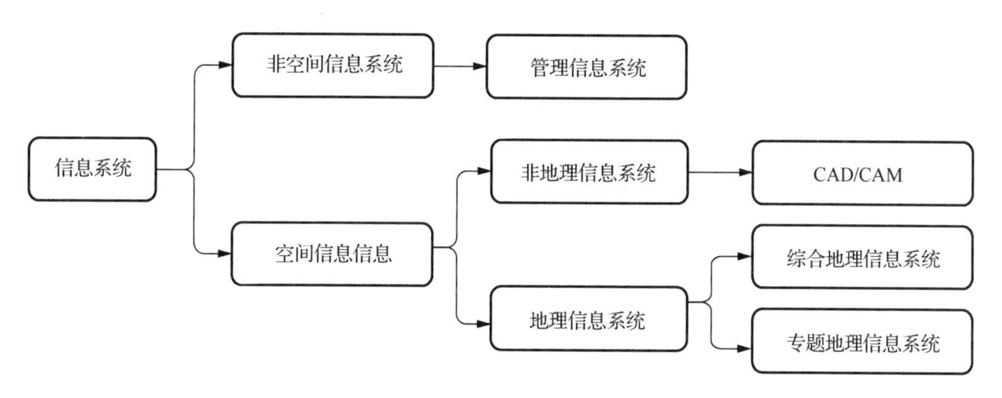

图 1.4 信息系统的分类

非空间信息系统强调的是数据的记录和操作，如目前流行的人事档案信息系统、图书情报信息系统、企业管理信息系统等。空间信息系统是一种十分重要且与其他类型信息系统有显著区别的信息系统，其采集、整理、处理和更新的是空间信息。虽然计算机辅助设计（computer aided design，CAD）也可以算作空间信息系统，但与 GIS 有较大区别。下面分别论述 GIS 与其他信息系统的区别和联系。

（1）GIS 与管理信息系统的区别和联系。

GIS 和管理信息系统（management information system，MIS）都离不开数据库技术。数据库中的一些基本技术（如数据建模、数据存储、数据检索等）都是 GIS 广泛使用的核心技术。GIS 共同管理、分析、应用空间数据和属性数据，除需要功能强大的空间数据的管理功能之外，还需要具有图形数据的采集、空间数据的可视化和空间分析等功能；MIS 侧重于非图形数据（属性数据）的优化存储与查询，即使存储了图形，也是以文件的形式存储，不能查询、检索、分析空间数据，没有拓扑关系，且图形显示功能有限。例如，电话查号台是一个普通 MIS，只能回答用户询问的电话号码；而 GIS 除了可查询电话号码外，还提供用户的地理分布、空间密度、最近的邮局等空间关系信息。

（2）GIS 与 CAD 的区别和联系。

GIS 不同于 CAD，虽然都有参考系统、都能描述图形，但 CAD 只能处理规则的几何图形，属性库功能较弱，且缺乏分析和判断能力。两者的相同点和不同点如表 1.1 所示。

表 1.1　GIS 与 CAD 的相同点和不同点

项目	相同点	不同点
组成	都有空间坐标系统	CAD 的拓扑关系较简单，一般采用几何坐标系；GIS 强调分析空间数据，图形属性交互使用频繁，采用地理坐标系
功能特性	都能将目标与参考系联系起来；都能描述图形数据的拓扑关系；都能处理属性和空间数据	CAD 的图形功能特别是三维图形功能强，属性库功能较弱；GIS 的属性库结构复杂，功能强大
研究内容	几何图形的计算机处理	CAD 的研究对象为人造对象、规则几何图形及组合；GIS 处理的数据大多来自现实世界，比人造对象复杂、数据量大、数据采集的方式多样

（3）GIS 与遥感图像处理系统的区别和联系。

遥感图像处理系统是专门用于分析、处理遥感图像（也称遥感影像）数据的软件，主要强调对遥感栅格数据的几何处理、灰度处理和专题信息提取，一般缺少实体的空间关系描述，难以对某个实体进行属性查询、空间关系查询及网络分析等。

1.1.2　地理信息系统的发展与应用

1. 国外GIS的发展与应用

（1）国外 GIS 的发展可分为以下四个阶段。

① 开拓期（20 世纪 50～60 年代）。

20 世纪 50 年代末至 60 年代初，计算机发明出来以后，很快就被应用于空间数据的存储和处理，使计算机成为地图信息存储和计算处理的装置，将很多地图转换为能被计算机利用的数字形式，出现了 GIS 的雏形。1963 年，加拿大测量学家汤姆林森（R.Tomlinson）首先提出了“地理信息系统”术语，并建立了世界上第一个实用的地理信息系统——加拿大地理信息系统（Canada geographic information system，CGIS），用于自然资源的管理和规划。此时 GIS 的特征是与计算机技术的发展水平联系在一起的，表现在：计算机存储能力低、磁带存取速度慢、机器制图能力较弱、地学分析功能比较简单；实现了手扶跟踪的数字化方法，可以完成地图数据的拓扑编辑、分幅数据的自动拼接；开创了格网单元的操作方法，发展了许多面向格网的系统，如哈佛大学的同步映射与分析程序（synteny mapping and analysis program，SyMAP）、明尼苏达土地管理信息系统等。这些处理空间数据的技术奠定了 GIS 的基础。该时期 GIS 发展的另一个显著标志是许多有关的组织和机构纷纷建立，对传播地理信息系统的知识和发展地理信息系统的技术起到重要的指导作用。

② 巩固发展期（20世纪70年代）。

20世纪70年代，计算机发展到第三代，随着计算机技术的迅速发展，数据处理速度加快，内存容量增大，而且输入/输出设备比较齐全，推出了大容量直接存取设备，为地理数据的录入、存储、检索、输出提供了强有力的支持，特别是人机对话和随机操作的应用，可以通过屏幕直接监视数字化的操作，而且能很快看到制图分析的结果，并进行实时编辑。此时，计算机技术及其在自然资源和环境数据处理中的应用，促使GIS迅速发展。例如，1970～1976年，美国地质调查所建成50多个信息系统，分别作为处理地理、地质和水资源等领域空间信息的工具，加拿大、联邦德国、瑞典和日本等也先后发展了自己的GIS。GIS的发展使一些商业公司活跃起来，其软件在市场上受到欢迎。在此期间，召开了一系列关于GIS的国际讨论会，国际地理联合会先后于1972年和1979年召开关于GIS的学术讨论会，1978年国际测量师联合会规定第三委员会的主要任务是研究GIS，同年在联邦德国达姆施塔特工业大学召开了第一次GIS讨论会，等等。这期间，许多大学开始注重培养GIS方面的人才，创建了GIS实验室，一些商业性的咨询服务公司开始从事GIS工作。总之，当时GIS受到了政府部门、商业公司和大学的普遍重视。该时期GIS发展的总体特点如下：GIS在继承20世纪60年代的技术基础之上，充分利用了新的计算机技术，但系统的数据分析能力仍然很弱，在GIS技术方面未有新的突破，系统的应用与开发多限于某个机构，专家个人的影响削弱，而政府的影响增强。

③ 大发展时期（20世纪80年代）。

大规模和超大规模集成电路的问世，催生了第四代计算机，特别是微型计算机和远程通信传输设备的出现为计算机的普及和应用创造了条件，加上计算机网络的建立，地理信息的传输时效得到极大提高。在系统软件方面，完全面向数据管理的数据库管理系统（database management system，DBMS）通过操作系统（operating system，OS）管理数据系统软件工具和应用软件工具得到研制，数据处理开始和数学模型模拟等决策工具结合。GIS的应用领域迅速扩大，从资源管理、环境规划到应急反应，从商业服务区域划分到政治选举分区等，涉及许多学科与领域，如古人类学、景观生态规划、森林管理、土木工程及计算机科学等。该时期，许多国家制定了GIS发展规划，启动了若干科研项目，建立了政府性、学术性机构。例如，美国于1987年成立了国家地理信息与分析中心，英国于1987年成立了地理信息协会。同时，商业性的咨询公司、软件制造商大量涌现，并提供系列专业化服务。GIS不仅引起工业化国家的普遍兴趣，如英国、法国、联邦德国、挪威、瑞典、荷兰、以色列、澳大利亚等积极推进GIS的发展和应用，而且不再受国家界线的限制，开始用于解决全球性的问题。

④ 应用普及期（20世纪90年代至今）。

由于计算机的软、硬件均得到飞速发展，因此GIS成为许多机构必备的工作系统，尤其是政府决策部门在一定程度上也受GIS的影响改变了现有机构的运行方式、设置与工作计划等。GIS的专业软件也得到了极大的发展，除了强化桌面系统的功能外，还加强了对手持移动系统、网络系统、数据库系统等的支持与应用。另外，随着各个领域对GIS认识程度和认可程度的提高，应用需求大幅度增大，特别是在自然资源调查、环境监测保护、灾害监测、城市区域规划管理、市政管理维护、商务物流、金融保险、电力电信、军事等领域，表现出从地理信息系统走向地理信息服务的趋势。

进入21世纪，随着空间理论和网络技术的飞速发展，组件式GIS、嵌入式GIS、网络GIS、移动GIS、云GIS等纷纷得到应用，出现了网格GIS、三维GIS。GIS从技术上将向着更具有互动性和更加开放化、网络化、分布化、移动化、可视化的方向发展；从应用上将向着更高层次的数字地球、虚拟现实地球信息科学及大众化的方向发展。GIS的应用领域也不再局限于国土、测绘等部门，而是扩展到人们生活的各个方面。随着RS与GPS更加紧密地融合，毫无疑问，GIS将发展成为现代社会最基本的服务系统。

（2）国外GIS的应用。

目前国际上具有代表性的GIS软件有ArcGIS、GenaMap、Spans、MapInfo、MGE、Tigris、MicroStation、SICAD、ILWIS、IGDS/MRS、Systemg-9等，分别在矢量绘图、栅格影像处理、空间数据存储管理、专题图制作、空间分析等方面具有独到之处，其中ArcGIS以其强大的整体功能和全面、出色的空间分析技术而最具代表性。ArcGIS是美国环境系统研究所公司（environmental system research institute，Inc.，ESRI）开发的地理信息系统软件，功能强大、易学易用，是应用广泛的GIS软件。ArcGIS由四部分组成：桌面GIS软件、嵌入式GIS软件、移动GIS软件和服务器GIS软件。

2. 国内GIS的发展与应用

（1）国内GIS方面的工作起步稍晚，但发展迅速，主要经历了如下几个阶段。

① 起步阶段（20世纪70年代）。

20世纪70年代初，我国开始推广电子计算机在测量、制图和遥感领域中的应用。我国在1974年开始引进美国地球资源卫星图像，开展了遥感图像处理和解译工作。1976年召开了第一次遥感技术规划会议，1977年诞生了第一张由计算机输出的全要素地图。1978年，中华人民共和国国家计划委员会在黄山召开了第一届中国数据库学术会议。环境遥感资源调查的需求带动，以及航空摄影测量和地理信息系统地形测图的发展，为GIS的发展奠定了良好的基础。

② 发展阶段（20世纪80年代）。

20世纪80年代起，我国GIS方面的工作开始展开。以1980年中国科学院遥感应用研究所成立全国第一个地理信息系统研究室为标志，在几年的发展过程中，我国GIS在理论探索、硬件配置、软件研制、规范制定、区域试验研究、局部系统建立、初步应用试验和技术队伍培养等方面都取得了进步，积累了经验，为在全国范围内展开GIS的研究和应用奠定了基础。GIS进入发展阶段的标志是第七个“五年计划”。GIS研究作为政府行为，正式列入国家科技攻关计划，开始了有计划、有组织、有目标的科学研究、应用实验和工程建设工作。许多部门同时开展了GIS研究与开发工作，如全国性地理信息系统（或数据库）实体建设、区域地理信息系统研究和建设、城市地理信息系统基础软件或专题应用软件的研制和GIS教育培训。通过近5年的努力，GIS的应用开创了新的局面，并在全国性应用、区域管理、规划和决策中取得了实际效益。

③ 快速发展阶段（20世纪90年代至今）。

20世纪90年代至今，GIS步入快速发展阶段。执行GIS和RS联合科技攻关计划，强调GIS的实用化、集成化和工程化，力图使GIS从初步发展时期的研究实验、局部应用走向实用化和生产化，为国民经济重大问题提供分析和决策依据。努力实现基础环境数据库的建设，推进国产软件系统的实用化，RS和GIS技术一体化。在GIS的区域工作重心上，出现了“东移”和“进城”的趋向，促进了GIS在经济相对发达、技术力量比较雄厚、用户需求更急迫的地区和城市首先实用化。这期间开展的主要研究及今后尚需进一步发展的领域如下：重大自然灾害监测与评估系统的建设和应用；重点产粮区主要农作物估产；城市地理信息系统的建设与应用；建立数字化测绘技术体系；国家基础地理信息系统建设与应用；专业信息系统与数据库的建设和应用；基础通用软件系统的研制与建立；GIS规范化与标准化；基于GIS的数据产品研制与生产。此时，经营GIS业务的公司逐渐增加，国产GIS软件（如SuperMap、MapGIS、GeoStar等）发展势头强劲，有的已经进入国际市场，并占有一席之地。

网络技术的飞速发展也促进了GIS技术的快速发展，网络化极大地拓展了GIS的功能，也极大地拓展了GIS的应用领域和使用范围，WebGIS已成为GIS领域研究和发展的热点。

21世纪我国的网络建设在加速发展，给GIS技术的发展与应用带来了新的机遇和挑战。虽然GIS的发展与应用面临新的挑战，但GIS将真正走向产业化和市场化，GIS的应用将向深层次和大众化两极发展。

（2）国内GIS的应用。

GIS博才取胜和运筹帷幄的优势，使它成为国家宏观决策和区域多目标开发的重要技术工具，也成为与空间信息有关行业的基本工具，已应用于测绘与地图制图、资源管理、城乡规划、灾害监测、环境监测、天气预报、国防军事、精细农业、电子商务、电子政务、交通运输、人口管理、警务、医疗卫生、公众服务等领域。大到国家战略，小到个人出行，GIS已经走入人们生活的各个方面，可以说已经渐渐变成了人们生活的一部分。随着技术的日臻完善，GIS终将实现服务化与大众化，成为人们日常生活的必备系统。

我国GIS软件发展很快，应用领域不断扩大，相继研发了一些比较优秀的GIS软件平台，如中国地质大学武汉中地信息工程有限公司的MapGIS、北京大学的Citystar、武汉大学的GeoStar、中国科学院北京超图地理信息技术有限公司的SuperMap、中国林业科学院的ViewGIS等。这些国产GIS软件的出现打破了国外GIS软件在我国市场的垄断局面，并且已初具商品化规模，开创了用计算机编制地学图件、地理空间信息化管理及决策支持的新时代。GIS 软件的应用和开发已经深入资源管理、城市规划、市政工程、交通运输、邮电通信、公安急救、市场销售、金融保险、水利电力、环境保护、科研教育等领域，促进和带动了相关产业的发展。总之，我国地理信息系统事业经过 50 多年的发展，取得了重大进展，GIS 的研究和应用已走向产业化。

1.2 交通地理信息系统

交通是指用火车、汽车、轮船、飞机、管道等运输工具进行的人流、客流和货流的交流运输活动。从系统科学的观点看，交通是人类为满足出行和货物运输的需要，由人、运输工具、交通线路（公路、铁路、航空线路、航道、管道等）、环境等交通要素构成的复杂的动态系统。交通具有系统性、动态性和复杂性的特点。交通作为国民经济发展的支柱之一，一直享有国民经济先行官的美名。工业的发展、经济的繁荣都离不开发达的交通运输，从“要想富，先修路”中可见一斑，因此长期以来交通行业是各国重点投资和发展的方向。同时，交通发展带来的负面影响也是巨大的甚至是灾难性的，交通拥挤、车辆行驶缓慢、交通事故频发及由交通堵塞引起的环境污染等问题成为人们不得不认真考虑的问题。交通问题也不再局限于交通本身，而成为一种社会现象。

对于由人、车、路、环境等因素构成的复杂的动态交通系统问题，依靠常规的手段是无法改善的，需要利用各种先进的信息处理技术。为应对日益复杂的交通规划和管理需求，与交通相关的各个部门先后建立了各种信息系统，但这些信息系统是管理信息系统，没有与交通的地域特性联系起来，无法满足当今信息时代对各种交通信息的需求和处理。大量研究表明，在交通运输部门日常处理的事务中，80%以上的信息与空间位置有关。交通建设、规划和管理中需要的信息具有面广、量大、复杂等特点，且绝大多数信息具有空间特征。因此，人们希望寻求一种可以有效地采集、整合、存储和管理这些信息，并可以用于规划、建设、决策和管理等方面的工具。

GIS 具有强大的数据管理、地学过程模拟和空间分析能力，能分析、建模和处理空间位置信息和非空间信息（如自然、社会、人文、经济等属性信息），同时能对具有时空特征的信息进行可视化表达，能为信息使用者提供直观、全面、清晰、实时的信息表达方式，有利于提高决策和管理的科学性、及时性。交通现象天然的地理特性，成为 GIS 应用的主要领域之一。GIS 在交通规划、建设和管理中的应用正是在这种供需关系下逐步发展起来的，并逐步形成独特的技术体系和理论内涵——GIS-T。

GIS-T 是 GIS 研究的一个重要方向，为交通系统提供空间模型和空间分析等独特理论与方法支持，同时为智能交通系统的技术发展和科学决策提供依据，特别是时间数据模型和分析方法的研究，为智能交通系统提供时间依赖的服务决策关键技术，直接推动高效的、人性化的交通系统建设。GIS-T 的发展直接推动智能导航、物流配送和位置服务等核心应用的产业发展。

1.2.1 交通地理信息系统概述

1. 交通信息

交通信息作为信息的一种，是重点反映与交通有关现象的性质、特征和运动状态的知识，揭示了交通实体（人、车辆、交通路线、交通环境等）的本质及其相互关系，也是对各种交通（公路交通、铁路交通、航空交通、水运交通、管道交通等）数据的解释和理解。交通信息来源于各种交通调查、测量和统计数据。例如，从对实地交通量的调查中可以获取该地区社会经济发展状况、人民生活水平、物产等感性信息；从测量数据中可以抽取公路、铁路的形状、宽度、位置等信息；从图像数据中可以识别路面破损、道路沿线的地质构造、土地利用等信息。

从表面上看，交通信息具有管理信息的特征，即侧重于交通属性数据的分析与管理。以至于在很长时间内，交通部门开发的大多数信息系统（如驾驶员管理系统、船舶管理系统、交通安全管理系统、路面养护系统、交通设施管理系统等）是管理型的，并未与交通网络的地域特征联系，未能充分发挥系统应有的效益。从本质上看，交通信息属于空间信息的一种，大量的交通属性数据可交给空间信息系统的属性数据库管理，而交通现象天然的地理特征可以使这些属性数据附着在空间数据之上，从而实现交通信息的可视化表达、分析与发布，使交通管理决策更具智能化。这也是 GIS-T 成为智能交通系统基础平台的依据之一。

2. 交通地理信息

交通地理信息是指与交通运输相关的各种地理信息，表述了各种交通网络的空间分布、运动和在其上的人或物的空间移动，以及交通运输网络的管理，所以也属于人类交往的地域组织及其发展规律的地理信息范畴。交通地理信息不但要描述交通网络及设施的地理位置和属性，而且要反映与之相关的交通运输信息和状态，因此交通地理信息包括两类基本信息：一是交通基础地理信息；二是交通运输管理信息。交通基础地理信息是指交通网络、附属设施等的位置和空间分布以及相关属性，如一条公路的几何位置、名称、等级、路面结构等；交通运输管理信息是指运动于交通网络上的人或物的空间移动、调度、运输网络管理等信息，是定位于交通网络基础信息上交通网络属性信息的扩展。

交通地理信息除了具有量大、复杂、面广、线长、动态等特点外，还具有如下特点。

（1）线性分布特征。交通路线一般呈线性空间分布，这是交通地理信息区别于其他地理信息（如点状信息、面状信息）的显著特点。正是由于具有该特点，对交通地理信息的定位除了可采用一般的二维坐标系、三维坐标系，还可采用一维线性参照系，即通过里程来定位。

（2）网络分布特征。连接大、中、小城市和乡镇的公路、铁路、航空路线、水运路线等形成分布在不同层面上的交通运输网络，并且具备网络连通性。这是交通地理信息的又一个显著特征，直接影响交通地理现象的数学建模和数据库组织。由于交通路线的网络分布特征，传统的数据模型（如弧结点结构）已不再适合管理交通网络数据。目前针对这个特殊的地理现象，人们提出了多种数据模型，如交通网络的平面数据模型、交通网络的非平面数据模型等。

（3）分段分布特征。分段分布特征是指在某个交通路线上，交通路线的特性并不是完全一致，而是根据属性分成许多路段，每个路段具有相同的属性。如一段 30km 的公路上，前 10km 的路面结构为沥青路面，10～15km 为混凝土路面，15～30km 为砂石路面。分段特性具有多维特征，在水平方向和垂直方向的分段节点并不相同，从而形成交通网络独有的动态分段技术。交通网络的分段特性也对交通信息的数据采集具有一定的指导意义。

（4）时间变化特征。交通运输是通过交通工具在交通路线上的位置移动实现的，而这种运动处于高度变化之中，同时交通路线上的每个节点（如车站、机场、码头、交叉路口等）的信息都处于不断变化之中，使得地理信息的动态特征在交通地理信息系统的体现特别明显。时空交通数据模型是目前的研究热点之一。

3. 交通地理信息系统

GIS-T 是 GIS 在交通领域的具体应用和延伸，是在传统 GIS 基础上，充分考虑交通现象的线性特征和网络特征，并附之专门的交通建模手段而形成的专门化系统。简言之，GIS-T 是采集、存储、管理、分析和处理与交通相关信息的 GIS，或者说，GIS-T 是 GIS 和交通的有机集成系统。

GIS-T 是为研究交通系统中的问题开发的 GIS，由硬件、软件、数据、人、组织和相关协议连接而成，主要用于为交通领域的各种应用提供决策依据。GIS-T 的应用涵盖了交通领域十分宽广的范围，如交通基础设施规划、设计和管理，交通规划和实施，交通分析和控制，交通安全分析，交通环境影响评估，物流管理系统，智能交通系统等都在使用 GIS 工具。

GIS-T 覆盖整个交通运输体系，包括公路、铁路、航空、水运、管道等。GIS-T 是专门化的 GIS，是 GIS 在交通领域的延伸，是 GIS 与多种交通信息分析和处理技术的集成；GIS-T 的研究对象是具有线性分布和网络分布的交通信息，以及交通信息的影响与被影响区域信息。GIS-T 具有 GIS 的全部空间分析功能，并融入了各种交通规划、设计模型和相应的工具；由于交通运输系统具有天然的线性分布和网络分布特征，因此需要从网络结构和交通需求特点来研究专门的交通信息采集方案、数据组织方式和管理方式，并考虑其独特的线性结构特点。

总之，GIS-T 是将 GIS 技术、数据通信传输技术、电子传感与控制技术及计算机处理技术等，有效地集成并运用于整个运输管理体系，建立起的一种大范围、全方位发挥作用的、实时准确的、高效的综合运输和管理系统，实现运输工具在交通网络上的运行管理。

4. 交通地理信息系统的功能

GIS-T 是在 GIS 的基础上，兼顾交通特征和需求发展起来的行业 GIS，除具备常规 GIS 的基本功能外，在交通信息的数据管理、分析和建模方面也有所加强和创新。GIS-T 在交通规划、建设和管理方面具有如下功能。

（1）基础 GIS 功能。

基础 GIS 功能包括数据获取方式、数据编辑处理、数据显示、格式转换、几何量测、数据检索、缓冲区分析、叠置分析、地形分析、基本网络分析等。

（2）交通特色功能与应用。

① 动态分段功能。

为了分析以线为基础的运输系统属性，GIS-T 引入了线性特征的动态分段功能。与静态分段功能不同的是，动态分段功能将交通网络中的连线按属性特征分段，分段是动态进行的，且与当前连线属性相对应，如果属性改变，则创建一组新的分段。例如，在路面管理中，将以路面类型“自动分段”，使每个类型的路面包含在同一个组中。如果需要按路面类型和车道数两种属性分段，那么每类路面中车道数相等的自动形成一组。GIS-T 的基础设施与经营管理、交通事故位置、交通路线分级、道路桩号、固定资产投资项目等数据的分析和处理中，都涉及线性参照系统和动态分段技术。

② 交通特征数据管理功能。

交通特征数据的管理，即对交通运输网络存储运输和附属设施的重要特征等数据进行管理，数据及函数包括转弯限制与耗时、上（下）跨路与单行道、多种运输方式的换乘地点和延迟函数、区域中心与交通网的连线、道路分类与性能函数等。

③ 交通网络分析功能。

交通网络分析功能包括最短路径分析、车辆路线安排、路径系统、网络流量模型、位置分配模型等直接服务于交通规划和管理的操作，是 GIS-T 的特色功能。

1.2.2　交通地理信息系统的发展与应用

1. 交通地理信息系统的发展

（1）国外交通地理信息系统的发展。

20 世纪 80 年代以来，随着各种 GIS 技术的成熟、功能的不断完善、应用范围的拓展，由交通引起的环境污染、交通堵塞等问题也被人们逐步认识，跨学科、多层次的合作研究成为解决交通运输及其相关问题的基本途径。美国是较早利用计算机技术建立交通运输和规划数据库的国家之一。在 20 世纪 80 年代中期，美国联邦公路署就开始综合公路数据库的开发研制，并在 1988 年建成了实用的 GIS-T，包含 45000 条道路、总长 37000mile（1mile=1.60934km）的覆盖全美的公路网，并且有与每条公路关联的属性信息（如公路等级、归属、编号、长度、路幅形式、中央分隔带、交叉口类型、车道数、路面类型、桥梁、州交通量、州界等）。

在美国联邦公路署的倡导下，各州运输局相继开展一系列的 GIS-T 研究，包括适合 GIS-T 的交通运输建模问题、GIS-T 的数据存储方式、数据格式转换、GIS-T 应用范围、软件平台选择、GIS-T 项目可行性等方面的研究。其中威斯康星运输局是 GIS-T 的开发与数据集成的先驱，开发的基于 GIS 的路面管理系统已投入运营，同时开发了桥梁管理和维护 GIS、交通标志和道路设施管理系统、基于 GIS 的交通事故分析等系统。为减少数据建库费用，实现资源共享，各州运输局与测绘部门紧密合作，采取分工制负责数据采集，同时将 GPS 技术引入数据采集，并建立了采集和集成空间信息的参考框架与标准。美国运输研究组织也不失时机地成立了 GIS-T 工作组，从事 GIS-T 与智能交通系统（intelligent transportation system，ITS）的数据模型、线性参照系设计、数据质量控制、线性参照系中的误差传播等内容的研究工作。

20 世纪 90 年代，美国、日本和西欧国家开始应用 GIS 研究智能车辆道路系统（intelligent vehicle highway system，IVHS），进而发展为现在各国都在研究的 ITS 及在性质、功能、结构方面存在差别的其他多种系统，如交通监控系统、智能化公交系统、营运车辆管理系统、道路及桥梁管理系统、交通公众信息发布系统等。因为这些系统都是在 GIS 基础上进行开发的，而且都是应用在交通方面的，所以人们将其统称为 GIS-T。GIS 在公路管理中的应用，极大地提高了现代化条件下的交通管理水平和交通网络的运行效率，同时成为各国在公路规划建设管理中的一种模式。例如，加拿大的一家公司利用 GIS 完成了道路通道选择和初步设计的实验工作，GIS 在该项目中占主导地位，主要通过信息管理、处理、分析等来满足决策的需要。

目前，国外对交通 GIS 的研究主要有以下方面。

① 数据采集技术。

交通决策要求 GIS 提供的数据范围不断扩大，数据采集技术有了长足发展，包括 GPS、视频技术、数码摄像技术、高清晰度卫星图像、高清晰度扫描技术，以及其他实时系统和传感器。实时系统和传感器种类很多，如激光雷达、车身条码、交通量计数器、路面温度传感器、ITS 中的车辆导航系统等。GIS 还存有大量的空间相关数据，能够成为诸多用途的数据源，新数据采集技术发展是持续不断的。所有这些技术的发展均会对 GIS-T 的发展产生影响。当前，全球交通数据采集技术研究的重点如下。

- 对各种数据采集技术的现状和特性进行评估，了解它们之间的关系和集成的可能性。
- 从运输的需求方面设计技术上可行的数据采集方案。
- 在 GIS-T 的发展规划中，制订相应的策略来研究、比选和使用新的数据采集技术。

② 数据库维护技术。

随着 GIS 的发展和推广，数据库维护对用户越来越重要。当前全球对此开展了多项相关研究。

- 新的数据采集技术对数据库维护产生的影响研究。
- 用新技术采集的数据和原有库存数据的合并与协调统一问题研究。
- 存放在不同图层的数据按不同比例使用时的最佳连接方式研究。
- CAD 与 GIS-T 之间的数据模型的连接研究。
- 遥感数据有效利用的研究等。

③ GIS-T 与 ITS 协调发展问题。

可以预计，未来 GIS、GPS、RS 和 ITS 等快速发展的技术将有效地集成起来，发挥良好的社会经济效益，大大提高现有道路的通行能力、安全性和智能性。当前还没有很好地研究清楚这些技术间的合适切入点，主要研究方向如下。

- 研究如何有效集成这些技术，并分析联合发展的可行性。
- 开发适应全球不同地区需求的技术集成模式。
- 建造示范中心以便观测和测试技术集成的效果。
- 制订技术集成模式后所需空间数据的标准。
- 调查并修正数据标准，以满足 ITS 的需要。

（2）国内交通地理信息系统的发展。

从 20 世纪 80 年代起，我国交通管理部门陆续建立了一些公路路况数据库，如中国路面管理系统（CPMS）、中国公路桥梁管理系统（CBMS）等，这些系统具有查询简单、快速的特点，但只有公路属性数据，并未建立各级道路的空间数据库，无法满足空间分析的需要，难以进行对公路信息的全方位动态管理，以及对公路规划、建设和养护的分析和决策支持。1991 年，陕西省交通厅与中国科学院遥感应用研究所合作，开发完成了地市级公路数据库 Trans-GIS。1995 年，交通部科技司在申报国家重点科技项目“GIS 在公路信息系统中的应用研究与开发”中，着手研究将 GIS 技术用于公路建设和管理，建成基于 GIS 的公路信息系统。1998 年，中国城市规划研究院承担的“GIS 支持下的城市交通需求分析系统软件开发”项目，将城市地理信息系统和交通需求分析模型合为一体进行研究开发，在交通需求分析中引入 GIS 空间数据模型和空间分析技术，从交通数据采集、管理、交通分析过程及结果的表现等方面支持交通需求分析。至此，GIS-T 的研究在我国交通领域蓬勃展开，国内各省、自治区、直辖市及有的地市交通管理部门纷纷与 GIS 研究单位合作，采用 GIS 技术成功开发了宏观交通管理信息系统、运营管理信息系统及更高层次的交通信息系统，如国家发展和改革委员会综合交通运输信息系统、交通部全国干线公路网图库管理信息系统、北京市公路管理信息系统、黑龙江省道路运输地理信息系统、广东省综合运输体系规划信息平台、全国铁路地理信息系统、江苏省智能化交通地理信息系统等。很多城市或是引进国外 GIS，或是使用国产 GIS，建立了城市交通控制与管理系统、城市内的公共交通定位调度管理系统、出租车定位调度系统等。此外，城市突发事故报警系统在许多城市广泛应用。

为了适应我国国情，发展我国特色的交通地理信息系统——先进的交通信息系统（advanced transportation information system，ATIS），我国 GIS-T 应作如下发展定位。

① 适应我国交通基本特征，发展中国特色的 GIS-T 的战略定位。

② 满足交通信息需求的多层次服务定位。中心城市（直辖市和省会）及主要交通枢纽（包括多方式联运）交通的协调管理为第一层次；以特殊交通信息服务（不同城市及特殊用户服务）为第二层次，开展多层次的交通运输信息服务。充分考虑改善和提高社会服务与管理水平，发展智能社会系统（intelligent society system，ISS）的需求。

③ 面向世界的发展方向定位。GIS-T 存在着全球化的发展趋势，另外，我国是一个多邻国的国家，有必要面向世界构筑我国 GIS-T。

④ 运用现在和未来可能有的高新技术的技术定位。交通信息采集、处理与提供方面的数字技术，全球定位系统（GPS）技术，地理信息系统（GIS、WebGIS）技术，数字移动通信技术（GSM、GPRS、CDMA），图像处理与识别技术等都要用上。

⑤ 以开发交通信息为目的的产业定位。从交通信息产业化考虑，GIS-T 产品、服务内容，应具有广泛性、实用性和可实施性。国家级 ATIS 以中心城市和主要交通枢纽间交通协调与社会服务为目的（系统逻辑结构如图 1.5 所示），各城市的 ATIS 是构筑国家交通信息系统的基础（基本流程如图 1.6 所示）。

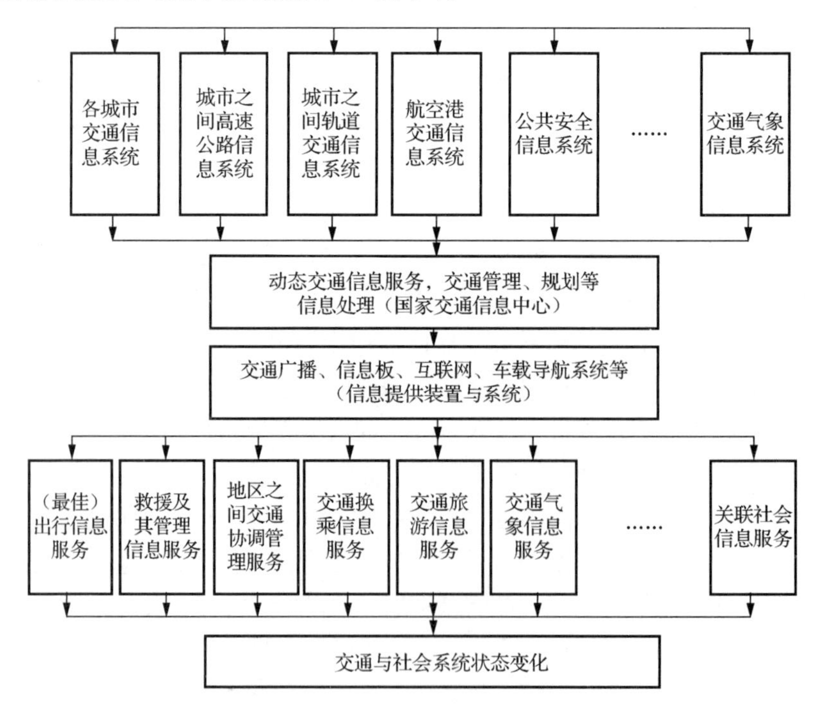

图 1.5 ATIS 的系统逻辑结构

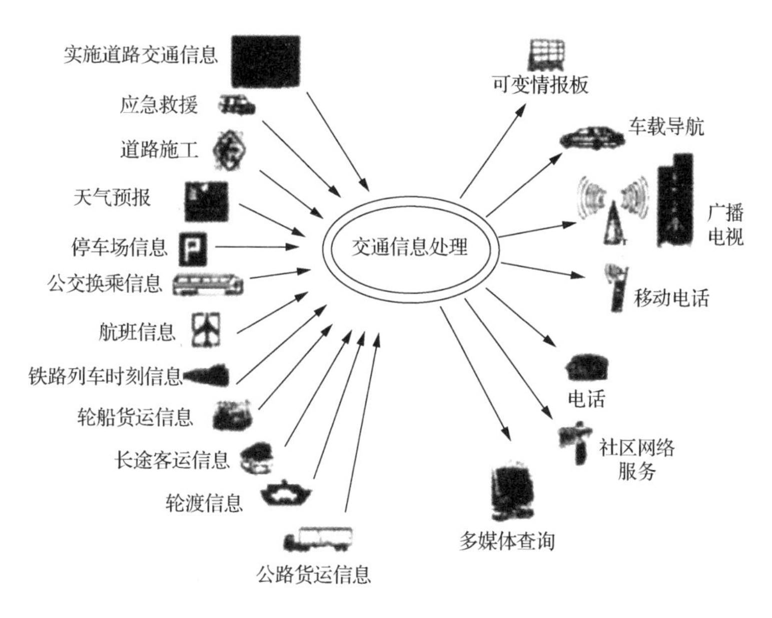

图 1.6 ATIS 的基本流程

鉴于我国 GIS 基础工作较弱，特别是基本的空间数据库尚未完全建立，GIS-T 的开发费用较大；同时 GIS-T 的发展涉及众多部门和多种技术，有关部门应当重视和开展我国 GIS-T 的发展策略研究。我国发展 GIS-T 应当采用“把握机遇、统一规划、完善基础、及时跟进、高起点开发、协调发展，重视发展体系和框架标准研究”的策略。

2. 交通地理信息系统的应用

GIS 在交通领域的应用非常广泛，GIS-T 作为交通信息化建设系统的一部分是必不可少的。利用 GIS 软件的强大功能，GIS-T 能够收集和分析来自交通领域的不同部门的表格和地图数据，以满足各种要求。规划人员利用 GIS 对交通流量、土地利用和人口数据进行分析，预测将来的道路等级，为道路工程建设和改造提供辅助决策，规划公交路线及公交站点的布设。工程技术人员利用 GIS 把地质、水文和人文数据结合起来，进行路线构造和设计。使用 GIS 二次开发工具，还能够快速建立适合交通规划技术人员和管理人员使用的各种具体应用。GIS-T 不仅可以提供直观的可视化效果，以地理位置为基础来显示、查询和统计各种信息，而且可以为决策者提供辅助决策手段和依据。GIS-T 在交通领域中的应用包括铁路管理、运输调度、港口和水运管理、航空和飞行管理、公共交通管理、智能交通、公路的管理、设计、建设与运营维护等。

GIS-T 将成为交通部门日常信息处理不可缺少的工具，就像现在广泛使用的办公处理软件 Word 和电子表格 Excel 一样。它将彻底改变传统的交通信息处理方式，使我国交通规划、建设、管理和运营变得直观、轻松和高效。可以说，GIS-T 是我国交通进入信息化和数字化时代的标志。

【本章小结】

本章主要介绍了 GIS 的概念、组成、功能、特性、分类、发展及应用，以及交通地理信息系统的概述、功能、发展及应用等方面的内容。

GIS 是在计算机软、硬件支持下，采集、存储、管理、传输、模拟、处理、查询、检索、分析、表达、更新和应用地理信息的技术系统。GIS 由四个部分构成，即计算机硬件系统、计算机软件系统、地理空间数据，以及系统开发管理和使用人员。GIS 的功能涵盖“数据采集–分析–决策–应用”的全部过程。GIS 与其他系统相比，具有自己独有的特征——时空定位性、空间分析性和系统复杂性。GIS 按照不同的分类标准，有不同的分类，如按内容和服务对象可以分为专题 GIS、区域 GIS 和工具 GIS；按应用领域可以分为土地信息系统、资源管理信息系统、环境信息系统、地学信息系统、交通信息系统、经济管理信息系统等。GIS 的发展可分为四个阶段：开拓期（20 世纪 50 ~ 60 年代）、巩固发展期（20 世纪 70 年代）、大发展时期（20 世纪 80 年代）和应用普及期（20 世纪 90 年代至今）。我国 GIS 发展主要经历了起步阶段、发展阶段和快速发展阶段。随着技术的日臻完善，GIS 终将实现服务化与大众化，成为人们日常生活的必备系统。

交通地理信息除了具有量大、复杂、面广、线长、动态等特点外，还具有线性分布、网络分布、分段分布和时间变化等特征。GIS-T 除了具备常规 GIS 的基本功能，还具有交通特征数据管理功能、交通网络分析功能、动态分段功能等交通特色功能与应用。我国在交通数据采集、数据库维护技术和 ITS 的协调互动等方面都取得了快速发展，并在铁路管理、运输调度、港口和水运管理、航空和飞行管理、公共交通管理、智能交通、公路管理、公路设计、公路建设、公路维护等交通领域中得到广泛应用。

【关键术语】

地理信息系统（geographical information systerm，GIS）

交通地理信息系统（geography information system-transportation，GIS-T）

管理信息系统（management information system，MIS）

【习题】

1. 填空题

（1）地理信息的特性有__________、__________、时间特征等。

（2）地理信息系统是在__________支持下，研究实物的空间特性，对现实世界的空间数据进行采集、__________、管理、__________、显示和__________的技术系统。

（3）地理信息系统、__________和__________是目前对地观测系统的支撑技术，简称“3S”。

2. 简答题

（1）交通地理信息有哪些特点？

（2）GIS 有哪些主要功能？

（3）GIS 与 CAD 的主要区别是什么？

3. 思考题

（1）GIS 解决的核心问题是什么？

（2）GIS 与普通地图有什么区别？

第2章 空间信息基础

【本章教学要点】

知识要点	掌握程度	相关知识
地理空间坐标系统	掌握	地理空间、地理空间坐标系统
地理空间数据	重点掌握	空间数据的基本特征、分类
地理空间的表达	掌握	栅格、矢量、地图等
电子地图	了解	电子地图的特征，地图配准、校正、编辑等

【本章技能要点】

技能要点	掌握程度	应用方向
坐标系统	掌握	空间数据的坐标系统、投影坐标、空间量算、空间分析
空间数据	掌握	GIS 空间分析及应用
地图表达	重点掌握	数据库管理，GIS 空间分析及应用
地图数字化	了解	地图导航、网络分析等

【思维导图】

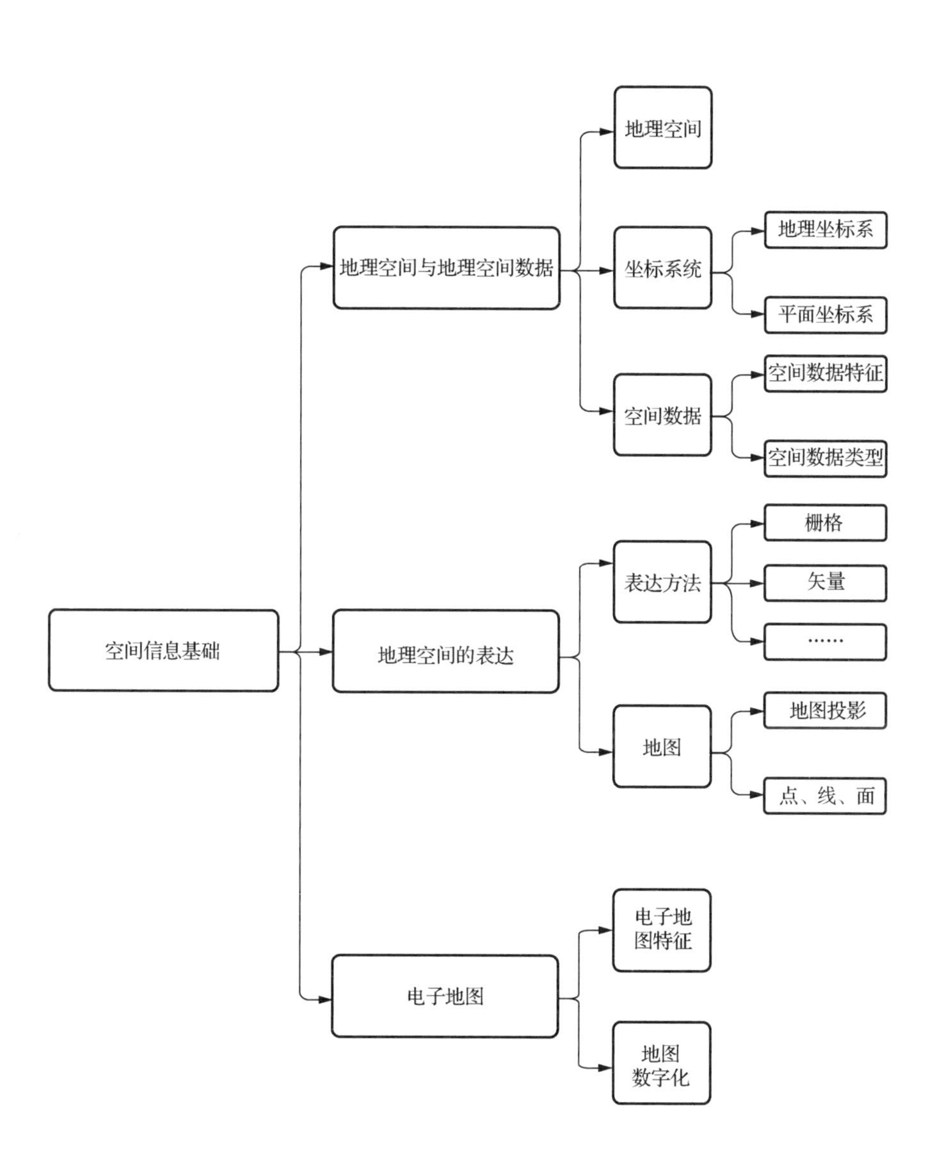
空间信息基础
地理空间与地理空间数据
地理空间
坐标系统
地理坐标系
平面坐标系
空间数据
空间数据特征
空间数据类型
地理空间的表达
表达方法
栅格
矢量
……
地图
地图投影
点、线、面
电子地图
电子地图特征
地图数字化

【导入案例】

假如你假期去北京旅游，要去参观奥运场馆，如何找到要去的地方呢？

可能大多数人最先想到的就是“导航”，在导航工具（高德地图、百度地图等）中输入起点、终点，选择交通方式，就可以获得相应的路径信息。导航目前已经成为人们日常生活中的一个常用工具，是 GIS-T 应用的成功案例。所有导航技术都涉及定位和电子地图。

高德、百度等公司从 2014 年开始推出交通大数据监测平台，基于海量交通出行数据，实时监测我国主要城市交通运行状态，并从交通出行者角度出发，提出了“交通拥堵延时指数”，表示交通拥堵给出行者带来的时间成本，该指数目前已经成为评估城市交通运行状况的重要依据，也成为公众交通出行、政府决策者、研究机构的重要参考依据。

思考题

1. 导航地图上的定位和距离是如何实现的？
2. 导航电子地图的数据来源是什么？
3. 如何计算交通拥堵指数？

数据是 GIS 中非常重要的部分，在维护和建立一个 GIS 的过程中，对数据的投入通常占总投入的 60%～80%。同时，数据与 GIS 应用系统的使用状况密切相关，没有高质量数据的支持，GIS 不可能发挥应有的作用。GIS 的研究对象是具有一定空间内涵的地理实体；GIS-T 的研究对象是交通地理信息数据，也属于空间数据。如何确定地理实体在地球空间中的绝对位置呢？地理空间的数学基础是 GIS 空间数据定位、量算、转换和参与空间分析的基准。在 GIS 中，所有地理数据只有纳入统一的空间参考系统，才可以进行空间分析，才能为规划、管理和决策分析提供科学依据。GIS 的建立需要统一的地理基础。目前，就我国空间数据基准而言，除有些城市仍采用地方系统作为平面基准和高程基准系统外，其他城市均采用国际的与国家的统一的坐标系统。

2.1 地理空间与地理空间数据

2.1.1 地理空间与地理空间坐标系统

1. 地理空间

GIS 的研究对象是地理实体及自然现象等，它们都与位置相关，且位置涉及“空间”，GIS 中的空间概念常用“地理空间”（geospatial）表述。地理空间是指物质、能量、信息的存在形式在形态、结构过程、功能关系上的分布方式和格局，及其在时间上的延续。

一般来讲，地理空间有绝对空间和相对空间两种形式。绝对空间是具有属性描述的空间位置的集合，由一系列不同位置的空间坐标值组成；相对空间是具有空间属性特征的实体的集合，由不同实体之间的空间关系构成。在 GIS 的应用中，空间概念贯穿于工作对象、工作过程、工作结果等部分。

2. 地理空间的模型描述

要进一步研究地理空间，需要建立地球表面的几何模型。根据大地测量学的研究成果，地球表面几何模型有如下四类。

（1）地球自然表面。

地球自然表面是指包括海洋底部、高山、高原在内的固体地球表面。固体地球表面的形态是多种成分的内、外地球应力在漫长的地质时代综合作用的结果，非常复杂，难以用简洁的数学表达式描述出来，不适合数学建模。

（2）大地水准面。

大地水准面是指相对抽象的面。72%的地球表面被海水所覆盖，因此可以假设当海水处于完全静止的平衡状态时，海平面延伸穿过大陆、岛屿且与地球重力方向处处正交的一个连续、闭合的水准面，这就是大地水准面。它实际是一个起伏不平的重力等位面——地球物理表面，它包围的形体称为大地体，大地体是对地球形体的一级逼近。

以大地水准面为基准，可以用水准仪完成地球自然表面上任一点高程的测量。尽管大地水准面比实际的固体地球表面平滑得多，但实际上，由于海水温度的变化、存在盛行风，因此海平面有高达百米以上的起伏变化。目前卫星雷达的高程测量结果也表明，海平面随大洋中脊和海沟的分布呈现相应的起伏变化。

（3）椭球体模型。

椭球体模型是以大地水准面为基准建立起来的地球椭球体模型。大地水准面虽然十分复杂，但从整体看起伏微小，很接近于绕自转轴旋转的椭球体，所以在测量和制图中用旋转椭球体代替大地球体，这个旋转球体通常称为地球椭球体。地球椭球体表面是一个规则的数学表面，通常由两个半径（长半径 a 和短半径 b）或者一个半径和扁率α决定。扁率表示椭球的扁平程度，计算公式为$\alpha=(a-b)/b$。

对旋转椭球体的描述，由于计算年代不同、所用方法不同、测定地区不同，因此描述方法不同。美国环境系统研究所的 ArcInfo 软件提供了 30 多种旋转椭球体模型。我国 1952 年前采用海福特椭球体；1953—1979 年采用克拉索夫斯基椭球体（坐标原点是苏联普尔科沃天文台）；自 1980 年开始采用新椭球体 GRS（1975），并确定陕西泾阳县永乐镇北洪流村为“1980 西安坐标系”大地坐标的起算点；2008 年 7 月 1 日起，我国全面启用 2000 国家大地坐标系，其原点为包括海洋和大气的整个地球的质量中心。地球自然表面、大地水准面和椭球体表面的关系如图 2.1 所示。

因为旋转椭球体是一个规则的数学表面，所以人们视其为地球体的数学表面，也是对地球形体的二级逼近，用于测量计算的基准面。

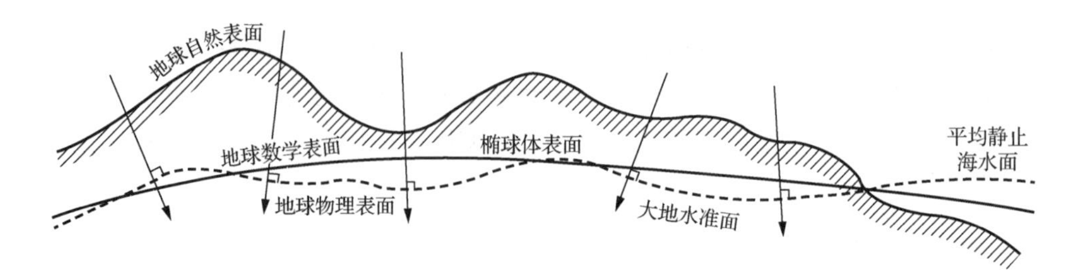

图 2.1 地球自然表面、大地水准面和椭球体表面的关系

（4）数学模型。

数学模型是在解决某些大地测量学问题时提出来的，如类地面、准大地水准面、静态水平衡椭球体等。例如，确定与局部地区大地水准面符合最好的一个地球椭球体——参考椭球体，这项工作就是参考椭球体定位。数学模型是使用数学方法将地球椭球体摆到与大地水准面最贴近的位置，并求出两者各点间的偏差，从数学上给出对地球形状的三级逼近。

3. 地理空间坐标系统

研究地理空间问题必须把研究对象置于一个坐标系统之中，这个坐标系统就是地理空间坐标系统（地理空间参照系统）。地理空间坐标系统常用的坐标系包括：地理坐标系（球面坐标系）和平面坐标系。

（1）地理坐标系。

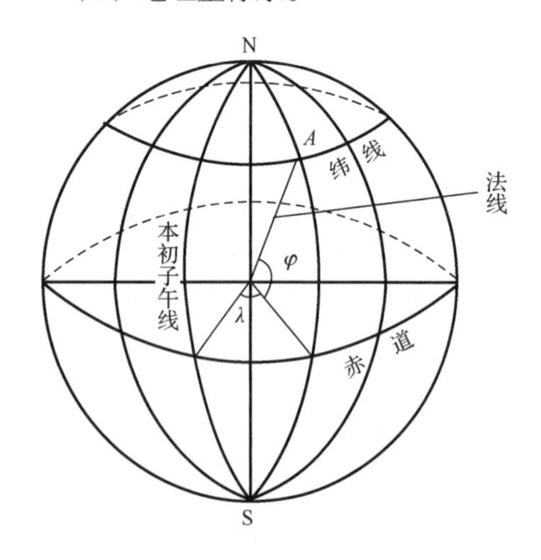

图 2.2 地理坐标

建立地理空间坐标系统的主要目的是确定地面点的位置，度量地球表面特征点的位置，最直接的方法就是用地理坐标（经度和纬度）（图 2.2）表示。地理坐标系以地理极（北极 N、南极 S）为极点。地理极是地轴（地球椭球体的旋转轴）与椭球面的交点，所有含有地轴的平面均称为子午面。子午面与地球椭球体的交线，称为子午线或经线。经线是长半径为 a、短半径为 b 的椭圆。所有垂直于地轴的平面与椭球体面的交线，称为纬线。纬线是不同半径的圆，赤道是半径最大的纬线。

设椭球面上有一点 A（图 2.2），通过 A 点作椭球面的垂线，称为过 A 点的法线。法线与赤道面的交角，称为 A 点的纬度，通常用字母φ表示。纬度从赤道起算，在赤道上纬度为 0°。过 A 点的子午面与通过英国格林尼治天文台的子午面（本初子午面）所夹的二面角，称为 A 点的经度，通常用字母λ表示。国际规定，通过英国格林尼治天文台的子午线为本初子午线（或称首子午线），作为计算经度的起点。

（2）平面坐标系。

根据地理坐标系，地面上任一点的位置可由该点的纬度和经度确定。但地理坐标是一种球面坐标，难以计算距离、方向、面积等参数。为此，最好把地面上的点表示在平面上，采用平面坐标系，这里指平面直角坐标系（笛卡儿坐标系）来计算。

要用平面坐标表示地面上任一点的位置，首先要把曲面展开为平面，但由于地球表面是不可展开的曲面，也就是说，曲面上的各点不能直接表示在平面上；然后建立地球表面和平面上点的函数关系，使地球表面上任一个由地理坐标（φ,λ）确定的点，在平面上必有一个与它相对应的点（x, y），这个空间转换关系实际上就是地图投影。地图投影变换引起了地理空间要素在平面形态上的变化，包括长度变化、方向变化和面积变化。但是，平面直角坐标系（x, y）确定了对地理空间良好的视觉感，并易进行距离、方向、面积等空间参数的量算，以及进一步的空间数据处理和分析。

若暂且不考虑地形起伏等因素，则纬度λ、经度φ、地球旋转椭球体参量 a、b 与平面直角坐标 x、y 之间的变换关系为

$$\begin{cases} x = a\cos\varphi\cos\lambda \\ y = a\cos\varphi\sin\lambda \end{cases}$$

GIS 中的地理空间通常是指经过投影变换后，放在笛卡儿坐标系中的地球表征空间，它的理论基础是旋转椭球体和地图投影变换。

长期以来，人们主要考虑二维地理空间的理论问题，三维地理信息系统涉及的地理空间是在笛卡儿坐标系上加上第三维 z，并假设该笛卡儿平面是处处切过地球旋转椭球体的，这样 z 就代表了地面相对于该旋转椭球体表面的高程。当研究的区域较小时，可以忽略地球曲率的影响，这样近似计算一般不影响小区域的精度要求。

2.1.2 空间数据的特征及类型

1. 空间数据的基本特征

空间数据（地理数据）是各种地理特征和现象间关系的符号化表示，包括空间特征（定位数据）、属性特征（专题特征即非定位数据）及时间特征（时间尺度）这三大基本特征，如图 2.3 所示。对于 GIS 来说，属性特征和时间特征常常被视为非空间属性。

（1）空间特征。

空间特征是指地理实体（点、线、面）的空间位置及相互关系，为集合特征或定位特征，属于定位数据。位置和拓扑特征是地理或空间信息系统独有的，空间位置可以用不同的坐标系统描述，如地理坐标系统、一些标准的地图投影坐标或任意平面坐标等。GIS 的作用之一就是进行不同坐标间的转换。

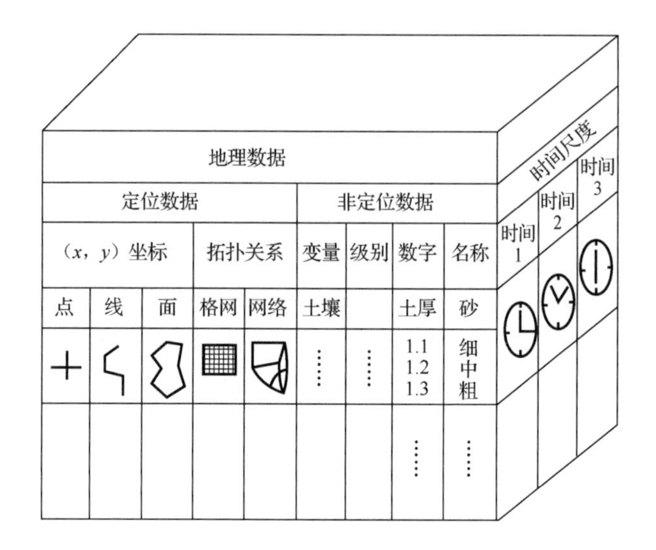

图 2.3 空间数据的基本特征

地理实体间相邻、包含、关联等关系，称为拓扑关系。人类对空间目标的定位一般不是通过记忆空间坐标，而是通过确定某个目标与其他更熟悉的目标间的空间位置关系（拓扑关系），如一家医院在哪两条路之间或靠近哪个道路交叉口，一个加油站距离哪条路最近或靠近哪个地标性建筑物等。这类空间描述可在很大程度上确定某个目标的位置，一串纯粹的地理坐标对人的空间定位来说几乎没有什么意义；而对以计算机处理为主的 GIS 来说，最直接、最简单的空间定位方法是使用坐标，而拓扑关系需要在空间坐标的基础上通过计算建立。

地理实体（地理要素）之间的空间位置关系可抽象为点、线（弧）、面（区域）之间的空间几何关系，如图 2.4 所示。

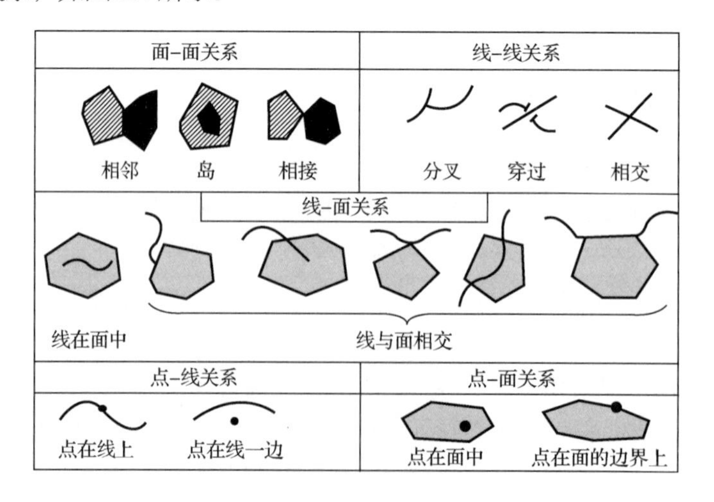

图 2.4 地理实体之间的空间位置关系

（2）属性特征。

属性特征表示地理实体的名称、类型和数量等，是除了时间特征和空间特征以外的空间现象的其他特征，也可以称为专题特征，属于非定位数据，如道路的长度、宽度、车道数、交通流量，地形的坡度、坡向，区域的人口密度、经济总量、空气污染程度等。在其他信息系统中，这类特征也可存储和处理。

（3）时间特征。

时间特征是指实体随时间发生的相关变化。严格来说，空间数据总是在某个特定时间或时间段内采集所得或由计算产生。由于有些空间数据随时间变化较慢，因此有时可忽略。在很多场合，时间被看作数学特征，对大多数地理信息系统软件来说是可以做到的，但如何有效利用时间在 GIS 中进行索引和时空分析呢？近年来，人们越来越重视对时间特征的研究。

位置数据和属性数据相对于时间来说，常常相互独立地发生变化，即在不同时间，空间位置不变，但是属性类型可能已经发生变化，可见空间数据的管理十分复杂。

2. 空间数据的类型

（1）地理空间数据。

GIS 中的数据来源和数据类型繁多，概括起来主要有以下几种。

① 地图数据。

各种类型的地图（包括电子地图与非电子的地图）都是对空间事物和现象的一种相似或抽象模拟，有严密的数学基础，并经过制图综合，利用符号系统表示出来的丰富地理内容，明晰地再现了客观实体的空间关系和要素之间的内在联系。所以地图是地理信息的主要载体，也是 GIS 的重要信息源。

② 遥感数据。

各种遥感数据及其制成的图像资料（航片、卫片）包含极其丰富的地理内容，尤其是先进的卫星遥感技术的广泛应用，能为 GIS 提供源源不断的、现势性很强的数据。所以遥感数据是 GIS 另一个重要的信息源。

③ 统计数据、实测数据及各种文字报告。

各种地理要素的统计数据、实验和各种观测数据、研究报告等是 GIS 不可缺少的重要或补充数据源。

（2）地理空间数据类型。

空间数据记录的是空间实体的位置、拓扑关系、形态、尺寸等几何特征，表示地理要素的空间数据有如下七种类型。

① 类型数据，如居民点、交通线、土地类型分布等。

② 面域数据，如多边形中心点、行政区域界限和行政单元等。

③ 网络数据，如道路交叉点、街道和街区等。

④ 样本数据，如气象站、航线和野外样方的分布区等。

⑤ 曲面数据，如高程点、等高线和等值区域等。

⑥ 文本数据，如地名、河流名和区域名称等。

⑦ 符号数据，如点状符号、线状符号和面状符号等。

上述空间数据都可以用点、线、面三种图形表示，并可分别采用平面坐标、地理坐标或网格法表示。

2.2 地理空间的表达

地理空间的表达是地理数据组织、存储运算、分析的基础。

2.2.1 地理空间的表达方法

地理空间的表达方法有栅格、矢量、不规则三角网、泰森多边形等。以此为基础，可以构造地理空间的不同数据模型和数据结构，这些内容将在第 3 章详细论述。栅格和矢量结构是计算机描述空间实体的两种最基本的方式。图 2.5 所示为河流的栅格和矢量表达。

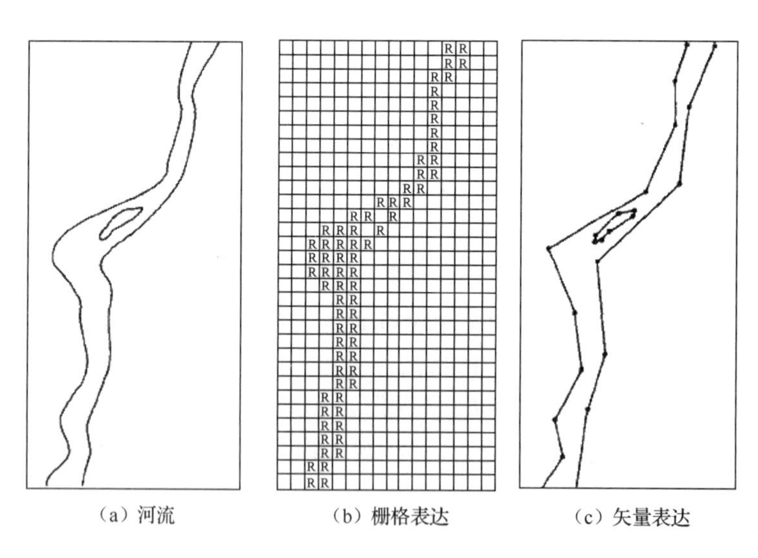

图 2.5 河流的栅格和矢量表达

1. 栅格表达法

栅格数据模型是基于连续铺盖的，就是将连续空间离散化，即用二维铺盖或划分覆盖整个连续空间。铺盖可以分为规则铺盖和不规则铺盖（不规则三角网和泰森三角形属于不规则铺盖）。方格、三角形和六角形是空间数据处理中的常用形状。

基于栅格的空间模型把空间看作像元（pixel）的划分，每个像元都与分类或标志包含的现象的一个记录有关，每个像元的值表明了在已知类中现象的分布情况。由于像元具有固定的尺寸和位置，因此栅格趋向于表现在一个“栅格块”中的自然现象及人工现象，因此分类之间的界限被迫采用沿栅格像元的边界线。栅格图层中的每个像元通常被分为一个单一的类型、可能造成对现象分布的误解，其精度则取决于所研究的像元大小。经常会出现一个像元内有多个数据类的情况，即混合像元。

GIS 栅格数据经常来自人工和卫星遥感以及数字化的文件，数字遥感图像采用的是栅格结构。采用栅格模型的信息系统通常应用分层的方法，在每个图层中，栅格像元记录了特殊的现象。为了方便 GIS 数据处理，栅格模型的一个重要特征是每个栅格中的像元的位置预先确定，所以很容易进行叠置运算，以比较不同图层中存储的特征。由于像元位置是预先确定的且大小是相同的，在一个具体应用的不同图层中，每个属性可以从逻辑上或从算法上与其他图层中的像元的属性结合，以产生相应的重叠的属性值。其与基于图层的矢量模型的不同之处在于图像中的面单元彼此独立，直接比较图像时必须作进一步处理以识别重叠的属性。

GIS 中基于栅格的表示可以被扩展到三维以产生一个体元（voxel）模型，其中像元如果由长方形元素组成，则体元由立方体、立体元素组成。地理数据的一些模型并不总是由边界表示的，因为数据值可能与一个属性相关，而该属性随位置的变化而变化。体元模型适合描述这类模型数据，广泛应用于媒体成像，可以很好地表现渐进的特殊的位置变化，并适用产生这种变化的剖面图。

2. 矢量表达法

矢量表达法强调了离散现象的存在，由边界线（点、线、面）确定边界，因此可以看成基于要素的，一般把地理实体分为点、线、面、体等，每种实体有不同的编码方法，具体将在第 3 章介绍。

（1）点。

空间中有一个点，该点在二维欧几里得空间中用唯一的实数对（x, y）来表示，在三维欧几里得空间中用唯一的数组（x, y, z）表示。在数学上，该点没有大小、方向。

（2）线。

线是指空间中的一个线划要素，也称弧段、链。线状地物的位置用一组有序的坐标对表示：（x_1, y_1），（x_2, y_2），…，（x_n, y_n），其中 n 是大于等于 1 的整数。同理，在三维欧几里得空间中表示为（x_1, y_1, z_1），（x_2, y_2, z_2），…，（x_n, y_n, z_n）。

（3）面。

面是指面状要素，在二维欧几里得空间中指一组闭合弧段所包围的空间区域，用组成面状地物边界的闭合矢量线段表示，也称多边形。

（4）体。

体是指体状要素，指三维空间中的实体，也就是由一组或多组闭合曲面包围的空间对象。

2.2.2 地图

1. 地图的定义

地图是常用的地理信息载体和地理语言，也是现实世界的模型，它既是 GIS 的主要数据源，又是 GIS 的主要输出形式。地图是遵循一定的数学法则，将客体（一般指地球）上的地理信息通过科学的概括，并运用符号系统表示在一定载体上的图形，以传递它们的数量、质量在时间和空间上的分布规律及发展变化。地图有如下构成要素。

（1）地理要素。

地理要素是地图的主要内容，普通地图的地理要素包括水系、地貌、土壤植被、居民地、交通线、境界线等自然和经济内容。地理要素在地图上主要表现为点状要素、线状要素和面状要素。专题地图的地理要素包括两部分：一部分是专题要素，主要表现主题内容；另一部分是底图要素，常选择普通地图上与主题相关的一部分地理要素，是衬托和反映主题内容的基础。

（2）数学要素。

数学要素是保证地图可量性、可比性的基础。地图的数学要素主要包括地图投影、坐标系统、比例尺和控制点等。

① 地图投影。地图通常是平面，而地球表面是一个不可展开的曲面，必须通过数学方法，建立地球表面与地图平面之间的关系，将地球表面的点、线、面对应地移到地图平面上。

② 坐标系统。将球面上的点位对应转移到平面时，可以采用坐标系统，一种是以经度、纬度组成经纬网络的地理坐标系；另一种是用横纵坐标构成的平面直角坐标系。

③ 比例尺。比例尺表示地图图形相对于地面实体的整体缩小程度。

④ 控制点。控制点是指在地面上运用精密测量的方法，获得对平面与高程的精度具有控制意义的点位，如天文点、三角点、导线点、水准点等。这些点位具有的平面坐标值及高程，是直接测量地图的结果。

（3）辅助要素。

辅助要素是指说明地图编制状况及方便地图应用必须提供的内容，大部分安置在主要图形的外侧。辅助要素包括图名、图例、地图编号，编制和出版本图的单位、时间、主要编图过程及参数。因此，辅助要素是保证地图完整性及地图使用过程中不可缺少的部分。

2. 地图投影

地球的表面基本上是一个球面，而地图是一个平面。按照一定的数学法则，将地球椭球面上的经纬网络转换到平面上，使地面点位的地理坐标（φ, λ）与地图上对应点位的平面直角坐标（x, y）或平面极坐标（δ, ρ）建立一一对应的函数关系，即

$$x = f_1(\varphi, \lambda)$$

$$y = f_2(\varphi, \lambda)$$

式中,（φ, λ）是点在地球表面上的地理坐标,（x, y）是点在投影平面上的投影坐标。

地球椭球体为不可展曲面，将不可展的地球椭球面展开成平面，并且不能有断裂和重叠，图形必将在某些地方被拉伸，在某些地方被压缩，可见投影变形是不可避免的。把地图上和地球仪上的经纬线网进行比较，可以发现变形表现在长度、面积和角度三个方面。

由于地图投影方法很多，因此相应的地图投影分类方法也很多，表 2.1 中列出了三种类型。地图投影按变形性质可分为等角投影、等积投影和任意投影；按地图投影的构成方法可分为几何投影（圆锥投影、圆柱投影、方位投影）和非几何投影（伪方位投影、伪圆柱投影、伪圆锥投影、多圆锥投影）。

表 2.1 地图投影分类方法

类型	正轴	斜轴	横轴
圆锥投影	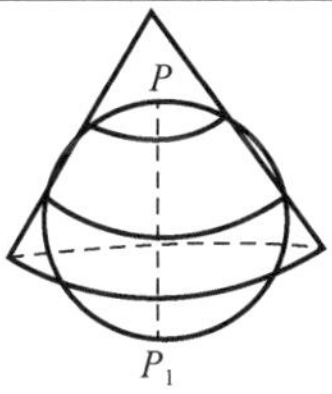 P, P_1	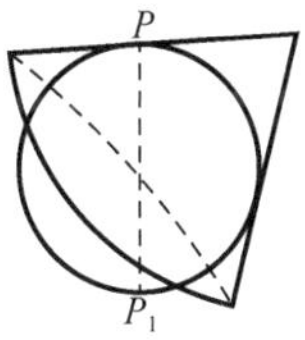 P, P_1	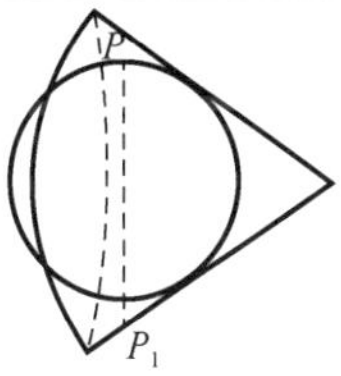 P, P_1
圆柱投影	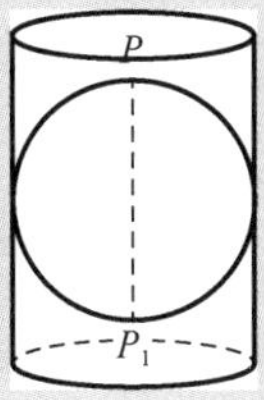 P, P_1	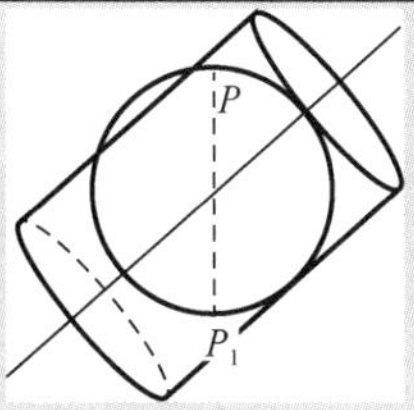 P, P_1	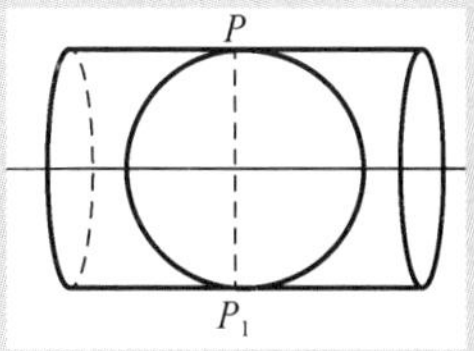 P, P_1
方位投影	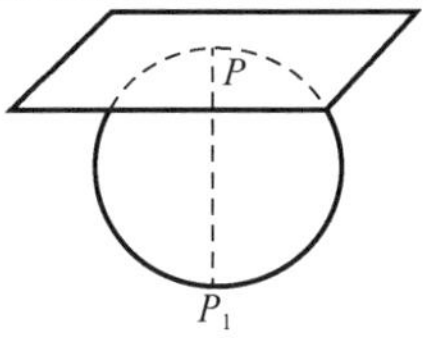 P, P_1	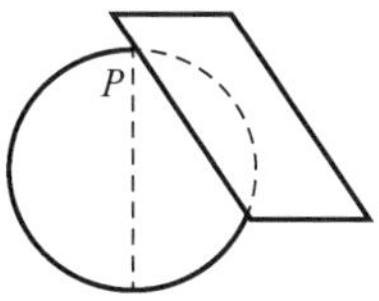 P	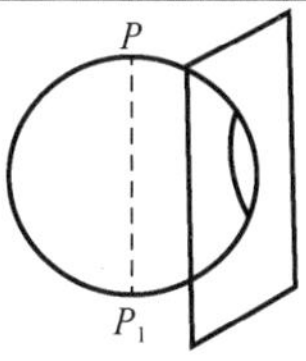 P, P_1

常用的地图投影有高斯–克吕格投影和通用横轴墨卡托投影。

（1）高斯–克吕格投影。

高斯–克吕格投影是等角横切圆柱投影。它假设一个椭圆柱面横切在椭球面的中央子午线（中央经线）上，椭圆柱的中心轴通过地球椭球的中心，按等角条件将中央经线两侧一定正负经差范围内的区域投影到椭圆柱面上，再将椭圆柱面展平得到投影。高斯–克吕格投影示意如图 2.6 所示。

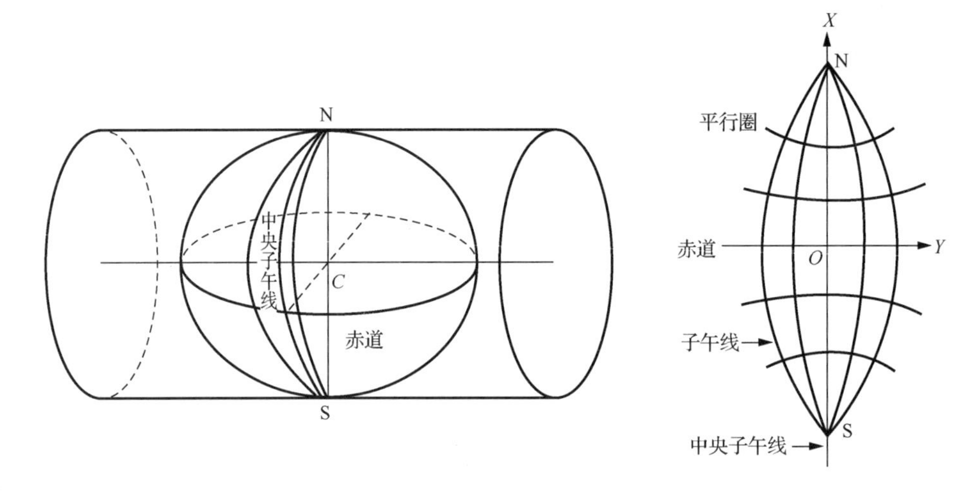

图 2.6 高斯–克吕格投影示意

以中央经线（中央子午线）的投影为 X 轴，以赤道投影为 Y 轴，两轴交点 O 为原点，经线和纬线的投影均为曲线（中央经线和赤道除外）。经线投影中，中央经线投影为直线，其长度等于球面实际长度，没有变形；其余经线均为向极点收敛的弧线，且距中央经线越远，变形越大。为防止边缘变形过大，可采用分带投影的方法。以 6° 投影带为例，赤道上边缘部分的最大长度变形不大于 0.14%，面积最大变形不大于 0.27%。我国处于中央纬度地带，变形数值更小。6° 投影带是由西向东每 6° 为一带，全球可分为 60 个带，依次编号为 1～60，我国居 13 带至 23 带之间。

高斯–克吕格投影的主要优点如下。

① 等角性质，适用于系列使用与编制比例尺地图。

② 经纬网络与直角坐标的偏差不大，便于阅读使用。

③ 计算工作量小，直角坐标和子午收敛角值只需计算一个带，全球通用。

我国 1:50 万、1:25 万、1:10 万、1:5 万、1:2.5 万、1:1 万、1:5000 的地形图，均采用高斯-克吕格投影，其中 1:1 万的地形图采用 3° 带；1:2.5 万到 1:50 万地形图采用 6° 带；1:100 万的地形图采用兰勃投影（正轴等积割圆锥投影）。

（2）通用横轴墨卡托投影。

通用横轴墨卡托（universal transverse Mercator，UTM）投影（图 2.7）以横轴椭圆柱面割地球于南纬 80° 、北纬 84° 两条等高圈，按等角条件，将中央经线两侧各一定范围内的地区投影到椭圆柱面上，再展成平面而得。

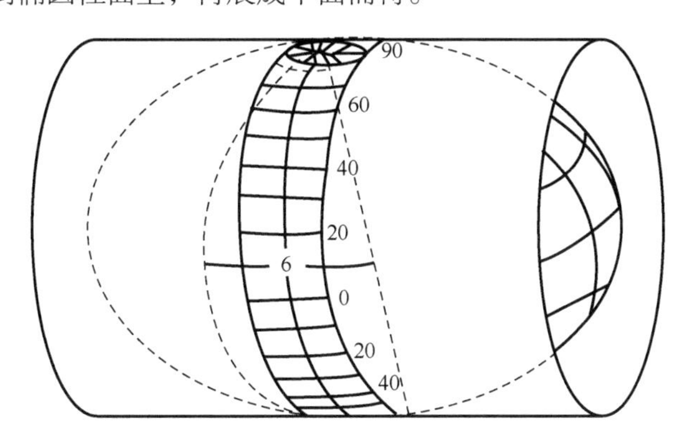

图 2.7 通用横轴墨卡托投影示意

通用横轴墨卡托投影没有角度变形，中央经线长度比为 0.9996，距中央经线约 ±180km 处的两条割线上无变形，长度变形小于 0.04%。该投影将地球划分为 60 个投影带，每带经差为 6° ；从 180° 经线开始向东为这些投影带编号 1～60（北京处于第 50 带）。南半球投影除了将纵轴西移 500km 外，还要将横轴南移 10000km，也可采用 3° 分带。遥感图像采用该投影的较多。

GIS 主要以地图方式显示地理信息，而地图是平面，地理信息在地球椭球上，因此地图投影在 GIS 中不可缺少。GIS 数据库中的地理数据以地理坐标存储时，以地图为数据源的空间数据必须通过投影变换转换成地理坐标；输出或显示时，将地理坐标表示的空间数据通过投影变换转换成指定投影的平面坐标。GIS 中的地理数据可根据用户的需要指定投影方式，但当显示的地图与国家基本地图系列的比例尺一致时，一般采用国家基本系列地图所用的投影。

3. 地图对地理空间的表达

在地图学上，把地理空间的实体分为点、线、面三种要素，分别用点状、线状、面状符号表示。

（1）点状要素。

地面上真正的点状事物很少，一般都占有一定的面积，只是面积不同。这里所说的点状要素是指面积较小、不能按比例尺表示又要定位的事物，因此，面状事物和点状事物的界限并不严格。例如，居民点在大、中比例尺地图上表示为面状地物，在小比例尺地图上表示为点状地物。

点状要素的质量和数量特征用点状符号表示。通常用点状符号的形状和颜色表示质量特征，用符号的尺寸表示数量特征，将点状符号定位于事物所在的相应位置。

（2）线状要素。

在地图上，地面上呈线状或带状的事物（如交通线、河流、境界线、构造线等）均用线状符号表示。当然，线状和面状实体的区分也与地图的比例尺有很大关系。例如，河流在小比例尺的地图上表示为线状地物，而在大比例尺的地图上表示为面状地物。通常用线状符号的形状和颜色表示质量的差别，用线状符号的尺寸变化（线宽的变化）表示数量特征。

（3）面状要素。

面状分布的地理事物很多，但其分布状况并不相同，有连续分布的（如气温、土壤等），有不连续分布的（如森林、油田、农作物等）；它们具有的特征也不尽相同，有的是性质上的差异（如不同类型的土壤），有的是数量上的差异（如气温的高低等），因此，它们的表示方法也不相同。不连续分布或连续分布的面状事物的分布范围和质量特征，一般可以用面状符号表示。面状符号的轮廓线表示分布位置和范围，轮廓线内的颜色、网纹或说明符号表示质量特征。面状要素的表示方法有范围法和质底法。例如，土地利用图描述的是一种连续分布的面状事物，在地图上通常用地类界与底色、说明符号及注记等配合表示地表的土地利用情况。

连续分布的面状事物的数量特征及变化趋势可以用一组线状符号——等值线表示，如等温线、等降水量线、等深线、等高线等，其中等高线是 GIS 建库时经常使用的一种数据表示方式。等值线的符号一般是细实线加数字注记。因为等值线的数值间隔一般是常数，所以可以根据等值线的疏密判断制图对象的变化趋势或分布特征。等值线适合表示地面或空间呈连续分布且逐渐变化的地理事物。

通过地图符号形状、大小、颜色的变化及地图注记说明、解释这些符号，不仅可以表示实体的空间位置、形状、质量和数量特征，而且可以表示各实体之间的相互联系（如相邻、包含、连接等）。

地图是地理实体的传统载体，具有存储、分析与显示地理信息的功能，因为具有直观、综合的特点，所以曾经有一段时间是地理实体的主要载体。随着人们对地理信息需求量的增加及对其质量和更新速度要求的提高，再加上计算机技术的发展，用计算机管理空间信息，建立电子地图成为可能。

2.3 电子地图

20 世纪 80 年代中期，随着数字地图和地理信息系统技术的发展及应用，以及计算机视觉化研究的深入，在侧重于空间信息的表现与显示的基础上，电子地图（electronic map）应运而生。

2.3.1 电子地图的概念及特征

电子地图也称数字地图，是利用计算机技术，以数字方式储存和查阅的地图。使用电子地图储存信息时，一般使用向量式图像储存，地图比例可放大、缩小或旋转，且不影响显示效果，早期使用位图式储存，地图比例不能放大或缩小。现代电子地图软件一般利用 GIS 储存和传送地图数据。

电子地图主要应用于政府宏观管理、科学研究、规划、预测、大众传播媒介和信息服务等领域。另外，它与全球定位系统结合，在航天航空、军事及汽车导航等领域发挥着重要作用。

电子地图是以地图数据库为基础，以数字形式存储于计算机外存储器上，并能在电子屏幕上实时显示的可视地图。电子地图的主要优点如下。

（1）电子地图数据库有图形、图像、文档、统计数据等形式，可与视频、音频信号连接，数据类型与数据量的可扩展性比较强。

（2）电子地图检索十分方便，可以在同一个屏幕上分层、实时地动态显示多种数据类型、多个窗口，具有广泛的可操纵性，用户界面十分友好。

（3）信息的存储、更新及通信方式较简便，便于携带与交流。

（4）可以进行动态模拟，便于定性分析与定量分析，具有较强的灵活性，为地图及其相关信息深层次的应用打下了坚实的基础。

（5）可缩短大型系列地图集的生产周期和更新周期，降低生产成本。

（6）与输出设备连接，可将电子地图上的多种信息制成硬拷贝。

与纸质地图相比，电子地图具有以下特点。

（1）交互性。电子地图是使用者在不断地与计算机对话的交互过程中动态生成的，使用者每发布一个指令，就能生成一张新地图，因此，电子地图比纸质地图更灵活。

（2）无级缩放。电子地图在一定限度内可以任意无级缩放和开窗显示，以满足需求；而纸质地图具有一定的比例尺，并且每张地图的比例尺是一成不变的。

（3）无缝。电子地图能一次性容纳一个地区的所有地图内容，不需要分幅，因而是无缝的，避免了由地图分幅和接边引起的误差。

（4）动态载负量调整。地图载负量是指地图上地物的密度。地图载负量小，则地图上地物稀疏，地图的信息量不够；地图载负量大，则地物太密集，地图杂乱难读。电子地图可以无级缩放，一般带有自动载负量调整系统，能动态调整地图载负量，使屏幕上显示的地图保持适当的载负量，以保证地图的易读性。比例尺越小，显示的信息越简要；比例尺越大，显示的信息越详细。

（5）多维化。电子地图除了能显示二维矢量图形外，还能直接生成三维立体影像，逼真再现或模拟真实的地面情况，这些三维地图图像能交互式地由使用者任意缩放和移动观测。

（6）信息量丰富。电子地图能反映的信息量比纸质地图大得多，使用者可采用多窗口随时查询地物的信息。

（7）共享性。电子地图能够大量无损失复制，并且能通过计算机网络传播。不同的使用者都能迅速、方便地查找世界上很多地区和各种类型的地图。

（8）计算、统计和分析功能。使用电子地图进行计算、统计和分析非常便捷且精度较高。电子地图的应用领域十分广泛，各种与空间环境有关的信息系统都可以利用电子地图。例如，在天气预报、防汛抗洪、军事指挥、规划管理、生产和科研等领域进行分析研究，电子地图比纸质地图更具优越性。

2.3.2 地图数字化

电子地图的种类很多，如地形图、栅格地形图、遥感影像图、高程模型图、各种专题图等。目前在互联网公开服务中或者绝大多数手机 App 里的导航电子地图都是基于栅格（瓦片）模型的地图服务。例如，百度地图或高德地图对某个地方的描述都是通过 10 多层甚至 20 多层不同分辨率的图片组成的，当用户缩放时，根据缩放的级数选择不同分辨率的瓦片图，拼接成一幅完整的地图（由于一般公开服务，瓦片图都是从服务器上下载的，因此当网速慢时，用户可以亲眼看到这种不同分辨率图片的切换和拼接的过程）。

电子地图的数据来源主要有两种，一种是实地外业采集，精度、置信度和准确度都较高，但成本较高，周期较长，且对采集环境要求较高；另一种是航片、卫片，即通过高精度的航空照片或卫星照片制作电子地图，适用于比较偏远的地区。

纸质地图数字化是获取电子地图的主要方法。当纸质地图经过计算机图形图像系统光—电转换量化为点阵数字图像时，生成可以被 GIS 显示、修改、标注、漫游、计算、管理和打印的矢量地图数据文件，与纸质地图对应的计算机数据文件称为矢量化电子地图，其过程称为地图数字化。地图数字化就是将地图图形或图像的模拟量转换成离散的数字量的过程。常用的地图数字化设备有：手扶跟踪数字化仪和扫描数字化仪（屏幕跟踪矢量化）。

【本章小结】

本章主要介绍了地理空间、空间坐标系统、空间数据的特征及地理空间的表达方法，并对地图和电子地图进行了介绍。

地理空间坐标系统是精确描述地理空间的数学模型，可分为地理坐标系和平面坐标系。地理空间数据具有空间特征、属性特征（专题特征）及时间特征三大基本特征；栅格、矢量是地理空间数据常用的两种表示方法。地图是常用的地理信息载体和地理语言，也是现实世界的模型。地图将地理实体抽象为点、线、面三种要素，地图构成要素包括地理要素、数学要素和辅助要素，常用的地图投影有高斯–克吕格投影、通用横轴墨卡托投影等。电子地图与纸质地图相比有较多优势，目前主要获取电子地图的方式是纸质地图数字化。

【关键术语】

地理空间（geospatial） 地理空间坐标系统（geospatial coordinate system）
地图投影（map projection） 电子地图（electronic map）

【习题】

1. 填空题

（1）将地图上和地球仪上的经纬线网进行比较，可以发现变形表现在__________、__________和__________三个方面。

（2）北京 54 坐标系统属于__________坐标，我国 1:100 万（小比例尺）地形图采用了__________。

（3）使用 ArcGIS 软件得到海棠路、丁香路等地理对象，需要增加__________图层；绘制长清湖、山东交通学院等地理对象，需要增加__________图层；为能进行绘制操作，需要先设定__________图层。

（4）GIS 数据库中，地理数据以__________坐标存储时，以地图为数据源的空间数据通过__________转换成地理坐标；输出或显示时，将地理坐标表示的空间数据转换成__________坐标。

2. 名词解释

（1）地图投影。
（2）无极缩放。
（3）地图数字化。

3. 简答题

（1）与纸质地图相比，电子地图的优点是什么?
（2）空间数据的特征有哪些?
（3）地图的基本特性有哪些?

4. 思考题

（1）地理坐标与投影坐标的区别是什么?
（2）电子地图的无极缩放是如何实现的?

第3章 空间数据结构与数据管理

【本章教学要点】

知识要点	掌握程度	相关知识
栅格数据结构	重点掌握	栅格数据的定义、特点、取值方法及编码方式
矢量数据结构	重点掌握	矢量数据的定义、特点及编码方式
数据结构的比较与转换	掌握	栅格和矢量数据结构的比较与转换方法
其他空间数据结构	了解	其他空间数据结构
空间数据库	掌握	传统数据库，空间数据库的特点、设计及问题

【本章技能要点】

技能要点	掌握程度	应用方向
栅格数据编码	掌握	栅格数据的存储、分析、应用
矢量数据编码	掌握	矢量数据的存储、分析、应用
数据格式转换	重点掌握	GIS 空间分析与应用

【思维导图】

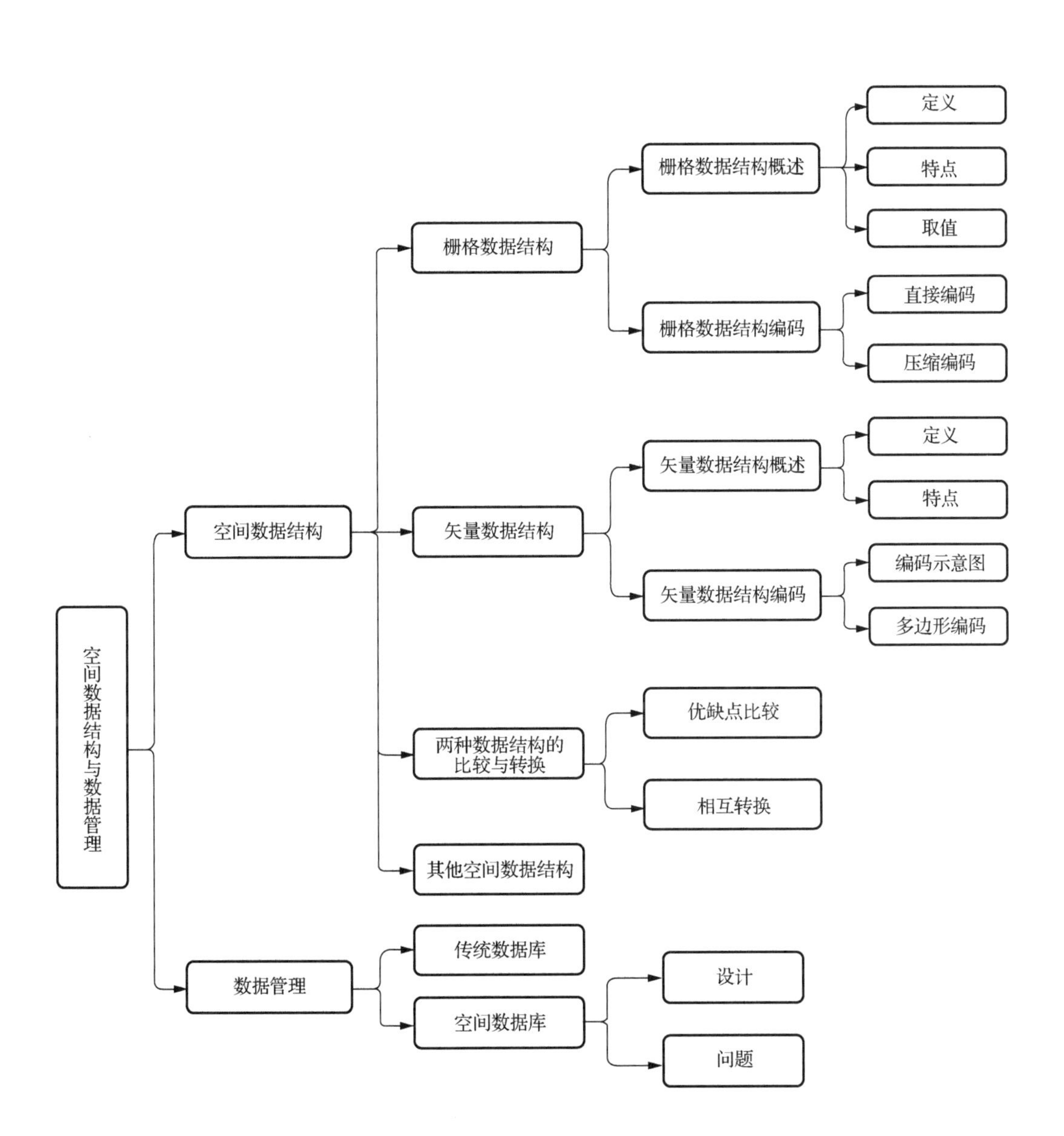
空间数据结构与数据管理
空间数据结构
栅格数据结构
栅格数据结构概述
定义
特点
取值
栅格数据结构编码
直接编码
压缩编码
矢量数据结构
矢量数据结构概述
定义
特点
矢量数据结构编码
编码示意图
多边形编码
两种数据结构的比较与转换
优缺点比较
相互转换
其他空间数据结构
数据管理
传统数据库
空间数据库
设计
问题

【导入案例】

大家使用导航时，是否注意过电子地图的数据格式？在使用导航地图时，可以看到页面的右下角有地图、地球和全景三个选项，默认地图格式如图 3.1 所示；可切换为其他两种格式，图 3.2 所示为地球格式。

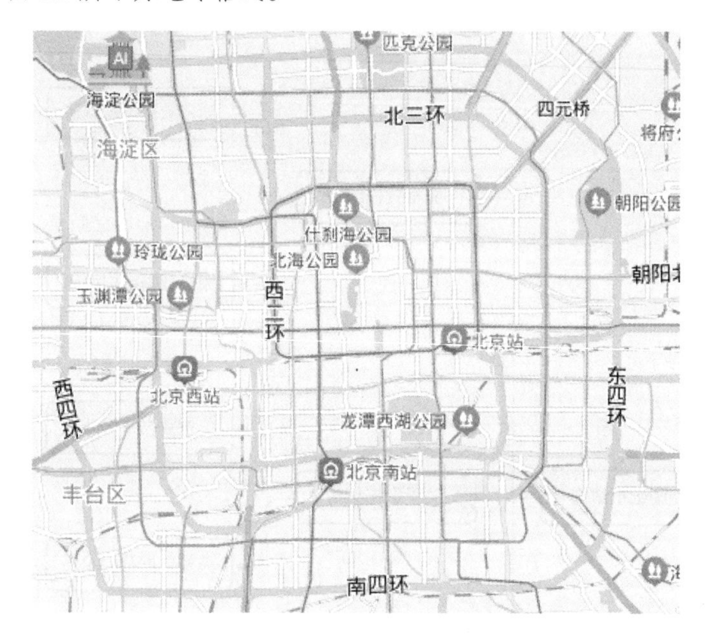

图 3.1 地图格式的地图

图 3.2 地球格式的地图

地图格式的地图使用的是矢量数据结构的数据（点、线、面）；地球格式的地图使用的是栅格数据结构的数据。矢量数据结构和栅格数据结构是目前 GIS 中使用较多的两种数据结构。

思考题

1．栅格数据结构和矢量数据结构具体是什么样的呢？两种数据结构有什么不同？

2．如何管理地图数据呢？

数据结构，即数据组织的形式，是适合计算机存储、管理和处理的数据逻辑结构，是对数据的一种理解和解释。空间数据结构也称图形数据格式，是指适用于计算机存储、管理和处理的地理图形数据的逻辑结构，是地理实体的空间排列和相互关系的抽象描述。地理空间数据是 GIS 的基础和核心，GIS 是围绕空间数据的采集、加工、存储、分析和显示展开的，只有充分理解 GIS 采用的特定数据结构，才能正确、有效地使用 GIS。根据在计算机系统中对图形与图像数据的存储组织、处理方法的不同，以及空间数据本身的几何特征，GIS 的空间数据结构主要可以分为矢量数据结构和栅格数据结构。此外，随着 GIS 理论与技术的不断发展，矢栅一体化的数据结构、镶嵌数据结构、三维数据结构等新型空间数据结构被提出并逐渐发展完善。因为空间数据具有独特的数据结构，所以需要专门的数据库管理数据，因其具有明显的空间特性，故称为空间数据库。

3.1 栅格数据结构

3.1.1 栅格数据结构概述

1. 栅格数据结构的定义

栅格（raster）数据结构是最简单、直观的空间数据结构，又称网格（grid cell）结构或像元结构，是指将地球表面划分为大小均匀、紧密相邻的网格阵列，每个网格作为一个像元或像素，由行号和列号定义，并包含一个代码表示该像素的属性类型或量值，或仅包含指向其属性记录的指针。因此，栅格数据结构是用规则的阵列表示空间地物或现象分布的数据组织，组织中的每个数据表示地物或现象的非几何属性特征。点、线、面数据的栅格数据结构表示如图 3.3 所示。

图 3.3 所示的栅格数据结构中，点用一个栅格单元表示；线状地物用沿线走向的一组相邻栅格单元表示，每个栅格单元最多有两个相邻单元在线上；面或区域用记有区域属性的相邻栅格单元的集合表示，每个栅格单元可有多于两个相邻单元同属于一个区域。任何以面状分布的对象（土地利用、土壤类型、地势起伏、环境污染等）都可以用栅格数据逼近。遥感影像是典型的栅格数据结构，每个像元的数值表示影像的灰度等级。

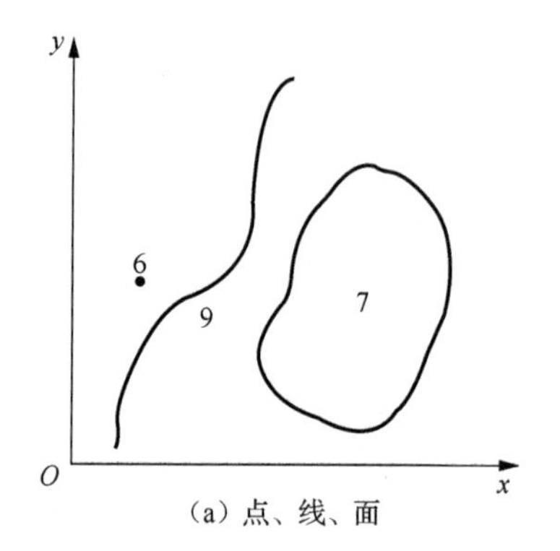

（a）点、线、面

0	0	0	0	9	0	0	0
0	0	0	9	0	0	0	0
0	0	0	9	0	7	7	0
0	0	0	9	0	7	7	0
0	6	9	0	7	7	7	7
0	9	0	0	7	7	7	0
0	9	0	0	7	7	7	0
9	0	0	0	0	0	0	0

（b）栅格数据结构表示

图 3.3　点、线、面数据的栅格数据结构表示

2. 栅格数据的特点

（1）属性明显，定位隐含。

栅格结构的显著特点是属性明显，定位隐含，即栅格值直接记录属性的指针或属性本身，而所在位置根据行列号确定。由于栅格结构是按一定的规则排列的，因此每个存储单元的行列位置可以方便地根据其在文件中的记录位置得到，所表示的实体位置隐含在网格文件的存储结构中；在网格文件中，每个代码本身明确地代表了实体的属性或属性的编码，如果为属性的编码，则该编码可作为指向实体属性表的指针。图 3.3 所示为一个代码为 6 的点实体，一个代码为 9 的线实体，以及一个代码为 7 的面实体。每个位置只能表示单一特征，当某个位置需要表示多种特征值时，引入图层的概念，用多个图层表示。

（2）数据结构简单，易与遥感数据结合。

栅格数据以阵列（数组）方式描述空间实体，便于计算机存储、操作和显示，其数据结构简单、直观且容易实现，易扩充、修改，特别是易与遥感影像结合处理和分析。另外，栅格结构特别适合 FORTRAN、BASIC、C 等高级语言做文件或矩阵处理，这也是栅格结构易被多数 GIS 设计者接受的原因之一。

（3）用离散的量化栅格值表示空间实体。

栅格结构表示的地表是不连续的，是量化和近似离散的数据。在栅格结构中，地表被分成相互邻接、规则排列的矩形方块（特殊情况下也可以是三角形、菱形或六边形等），每个地块与一个栅格单元对应。栅格数据把真实的地理面假设成笛卡儿平面来描述地理空间。在每个笛卡儿平面中，用行列值确定各个栅格（像元）的位置，以像元值表示空间属性（像元是栅格数据的最小单位）。由于在一个栅格的地表范围内，可能存在较多种地物，而表示在相应的栅格结构中常常只能是一个代码，因此会产生属性误差，类似于遥感数据中的“混合像元”问题。描述实体的栅格单元的尺寸越小，精度越高，相应的数据量就越大，数据量的增大不仅增大了存储量，而且影响系统分析和处理数据的速度，因此，需合理确定栅格单元尺寸。栅格数据的比例尺就是栅格尺寸与地表相应单元尺寸之比。

（4）难以建立地物间拓扑关系。

栅格数据是一种面向位置的数据结构。在平面空间上的任一点都可以直接与某个或某类地物联系，很难完整建立地物间的拓扑关系。实际上，一类地物或一个目标可能在区域的多处出现，此时只能通过遍历整个栅格矩阵得到，导致栅格数据结构不便于对单目标操作。

（5）图形精度低且数据量大。

在栅格数据中，由于栅格元素是表示地物目标的最基本的单位，因此反映的实体在形态上会出现畸变，在属性上会出现偏差，从而影响图形质量。为了提高图形质量，要尽可能减小栅格尺寸，即增加栅格，从而增加栅格数据量和数据的冗余度。

3. 栅格单元的取值

栅格数据的每个栅格（像素、元素）只能取一个值，这个编码方法与遥感图像的编码一致，如前面所说，一个栅格可能对应于实体中多种不同属性值，此时就会出现对栅格取值的问题。决定栅格单元代码的基本原则是在决定栅格代码时，尽量保持地表的真实性，保证最大的信息容量。决定栅格单元代码的方式如下。

（1）中心点法。

用处于栅格中心处的地物类型或现象特性决定栅格代码。在图3.4所示的矩形区域中，中心点 O 落在代码为 C 的地物范围内，按中心点法的规则，该矩形区域相应的栅格单元代码应为 C。中心点法常用于具有连续分布特性的地理要素，如降水量分布、人口密度图等。

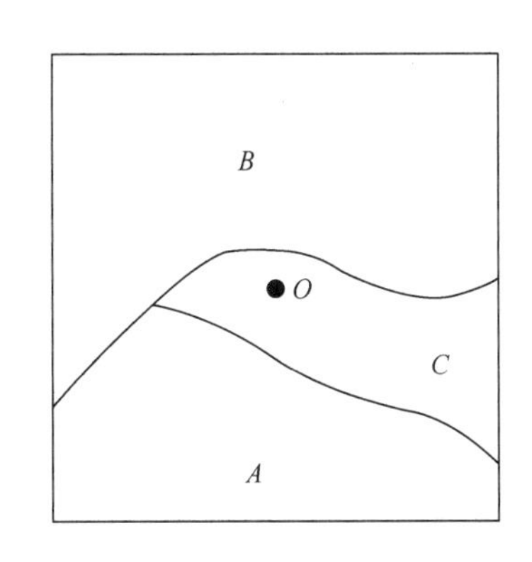

图3.4 栅格单元代码确定

（2）面积占优法。

以占矩形区域面积最大的地物类型或现象特性决定栅格单元的代码。在图3.4中，由于 B 类地物所占面积最大，因此相应栅格代码定为 B。面积占优法常用于分类较细、地物类别斑块较小的情况。

（3）重要性法。

根据栅格内不同地物的重要性，选取最重要的地物类型决定相应的栅格单元代码。假设图3.4中的 A 类为最重要的地物类型，即 A 类比 B 类和 C 类重要，则栅格单元的代码应为 A。重要性法常用于具有特殊意义且面积较小的地理要素，特别是点、线状地理要素，如城镇、交通枢纽、交通线、河流水系等，在栅格中代码应尽量表示这些重要地物。

（4）百分比法。

根据矩形区域内各地理要素所占面积的百分比确定栅格单元的代码，如可记面积最大的两类——*B* 类和 *A* 类，也可根据 *B* 类和 *A* 类所占面积的百分比在代码中加入数字。

根据具体的应用内容，栅格单元的代码确定方式还可以采用其他方法，如插值方法、使用特定的计算函数等。

无论采用以上哪种方式都会带来一定的误差，为了提高精度，应尽量缩小单个栅格单元的面积，即增加栅格单元的总数，行列数也相应地增加，但数据量会大幅度增加，数据冗余严重。为了解决这个难题，已发展出一系列栅格数据压缩编码方法，如游程长度编码、块状编码和四叉树编码等。

3.1.2 栅格数据的编码方式

栅格数据的编码方式分为两大类：直接编码和压缩编码。直接编码就是将栅格数据看作一个数据矩阵，逐行（或逐列）逐个记录代码，可以每行都从左到右逐个记录像元，也可以奇数行从左到右记录而偶数行从右向左记录，为了特定目的，还可采用其他特殊的顺序记录。压缩编码的目的是用尽可能小的数据量记录尽可能多的信息，又分为信息无损编码和信息有损编码。信息无损编码过程中没有任何信息损失，通过解码操作可以完全恢复原来的信息；信息有损编码是指为了提高编码效率，最大限度地压缩数据，在压缩过程中损失一部分相对不太重要的信息，解码时这部分难以恢复。

GIS 中的压缩编码多采用信息无损编码，而对原始遥感影像进行压缩时可以采取有损压缩编码。与所有数据结构问题相同，压缩编码过程的主要矛盾是数据量压缩与运算时间之间的矛盾，为了更有效地利用空间资源，减少数据冗余，不得不花费更多的运算时间进行编码。好的压缩编码方法可以在尽可能减少运算时间的基础上达到最大的数据压缩效率，并且算法适应性强、易实现。压缩编码的主要方式有链式编码、游程长度编码、块状编码和四叉树编码。

1. 链式编码

链式编码又称弗里曼链码或边界链码，主要记录线状地物和面状地物的边界。它把线状地物和面状地物的边界表示为由某起始点开始并按某些基本方向确定的单位矢量链。链式编码的基本方向定义如下：东=0，东南=1，南=2，西南=3，西=4，西北=5，北=6，东北=7，如图 3.5（a）所示。链式编码的前两个数字表示起点的行、列数，从第三个数字开始的每个数字表示单位矢量的方向，八个方向以 0～7 的整数表示。

图 3.5（b）所示的线状地物确定起始点为像元（1,5），则链式编码为 1,5,3,2,2,3,3,2,3。对于图 3.5（b）所示的面状地物，假设原起始点定为像元（5,8），则该多边形边界按顺时针方向的链式编码为 5,8,3,2,4,4,6,6,7,6,0,2,1。

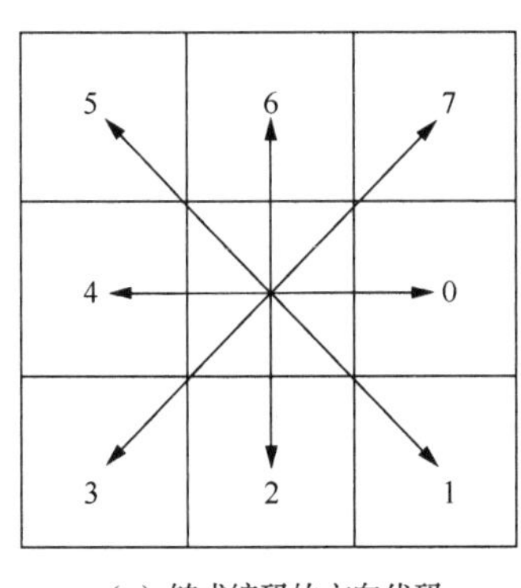

（a）链式编码的方向代码

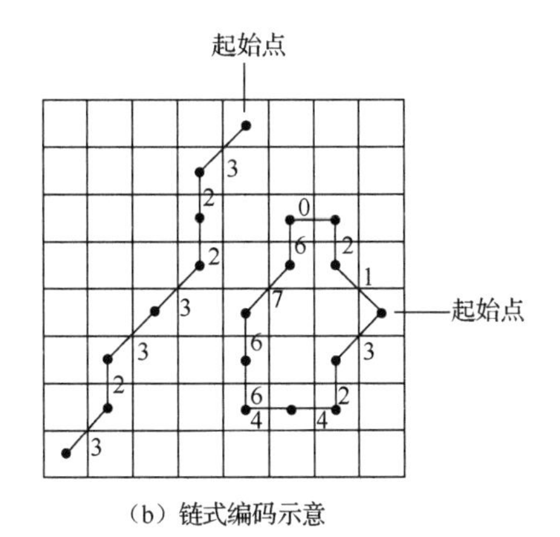

（b）链式编码示意

图 3.5 链式编码

链式编码的优点是对多边形的表示具有很强的数据压缩能力，且具有一定的运算功能，如面积和周长计算等，探测边界急弯和凹进部分等比较容易，比较适合存储图形数据。链式编码的缺点是难以实施叠置运算（如组合、相交等），局部修改时将改变整体结构，效率较低，而且链式编码以每个区域为单位存储边界，相邻区域的边界被重复存储而产生冗余。

2. 游程长度编码

游程长度编码是栅格数据压缩的重要编码方法，其基本思路如下：一幅栅格图像常有行（或列）方向上相邻的若干点具有相同的属性代码，因而可采取某种方法压缩重复的记录。其编码方案有如下两种：①只在各行（或列）数据的代码发生变化时，依次记录该代码及相同的代码重复数，从而实现数据的压缩；②逐个记录各行（或列）代码发生变化的位置和相应代码。例如，对图 3.6 所示的栅格数据，按第①种编码方法，此数据游程长度编码（沿行方向）如下：(0,1)，(4,2)，(7,5)；(4,5)，(7,3)；(4,4)，(8,2)，(7,2)；(0,2)，(4,1)，(8,3)，(7,2)；(0,2)，(8,4)，(7,1)，(8,1)；(0,3)，(8,5)；(0,4)，(8,4)；(0,5)，(8,3)。按第②种编码方法，此数据游程长度编码（沿列方向）如下：(1,0)，(2,4)；(4,0)；(1,4)，(4,0)；(1,4)，(5,8)，(6,0)；(1,7)，(2,4)，(4,8)，(7,0)；(1,7)，(2,4)，(3,8)，(8,0)；(1,7)，(3,8)；(1,7)，(6,8)；(1,7)，(5,8)，用 44 个整数表达了原始数据中的 64 个栅格。

0	4	4	7	7	7	7	7
4	4	4	4	4	7	7	7
4	4	4	4	8	8	7	7
0	0	4	8	8	8	7	7
0	0	8	8	8	8	7	8
0	0	0	8	8	8	8	8
0	0	0	0	8	8	8	8
0	0	0	0	0	8	8	8

图 3.6 栅格数据

游程长度编码的优点是压缩效率较高，且易于进行检索、叠加、合并等操作，运算简单，适用于机器存储容量小、数据需大量压缩而且又要避免复杂的编码解码运算增加处理和操作时间的情况。其缺点是对图斑破碎、属性和边界多变的数据压缩效率较低，甚至压缩后的数据量比原始数据量还大。

3. 块状编码

块状编码是游程长度编码扩展到二维的情况，采用方形区域作为记录单元，每个记录单元包括相邻的若干栅格，数据结构由初始位置（行、列号）和半径，再加上记录单元的代码组成。根据块状编码的原则，对图 3.6 所示栅格数据的块码编码为（1,1,1,0），（1,2,2,4），（1,4,1,7），（1,5,1,7），（1,6,2,7），（1,8,1,7）；（2,1,1,4），（2,4,1,4），（2,5,1,4），（2,8,1,7）；（3,1,1,4），（3,2,1,4），（3,3,1,4），（3,4,1,4），（3,5,2,8），（3,7,2,7）；（4,1,2,0），（4,3,1,4），（4,4,1,8）；（5,3,1,8），（5,4,2,8），（5,6,1,8），（5,7,1,7），（5,8,1,8）；（6,1,3,0），（6,6,3,8）；（7,4,1,0），（7,5,1,8）；（8,4,1,0），（8,5,1,0）。

一个多边形所包含的正方形越大，多边形的边界越简单，块状编码的效率就越高。块状编码对大且简单的多边形更有效，但对碎部较多的复杂多边形效果并不好。块状编码在进行合并、插入，检查延伸性、计算面积等操作时有明显的优越性；然而对某些运算不适应，只有在转换成简单数据形式才能顺利进行。

4. 四叉树编码

四叉树编码的基本思想是将一幅栅格地图或图像等分为四个部分，逐块检查格网属性值（或灰度），如果某个子区的所有格网值都具有相同的值，则这个子区不再继续分割，否则继续将该子区再分割成四个子区。在分割过程中，四个子区称为四个象限，分别为北西（NW）、北东（NE）、南西（SW）、南东（SE）。这样依次分割，直到每个子块都只含有相同的属性值或灰度。

由上而下的方法运算量大，耗时较长。因而实践中可以采用由下而上的方法建立四叉树编码。按如下顺序对栅格数据进行检测：如果每相邻四个栅格值相同则进行合并，逐次往上递归合并，直到符合四叉树编码的原则为止。这种方法重复计算较少，运算速度较快。

采用四叉树编码时，为了保证四叉树分解不断地进行下去，要求图像必须为 $2^n \times 2^n$ 的栅格阵列，其中 n 为极限分割次数。对于非标准尺寸的图像，需首先通过增加背景的方法将图像扩充为 $2^n \times 2^n$ 的图像。图 3.6 所示的栅格，其四叉树编码如图 3.7 所示。

其中最上面的节点称为根节点，对应整个图形。此树共有四层节点，每个节点对应一个象限，如第二层四个节点分别对应于整个图形的四个象限，排列次序依次为南西（SW）、南东（SE）、北西（NW）和北东（NE），不能再分的节点称为终止节点（又称叶子节点），可能落在不同的层上，代表的子象限具有单一代码，所有终止节点代表的方形区域覆盖了整个图形。从上到下、从左到右为叶子节点编号，共有 40 个叶子节点，也就是原图被划分为 40 个大小不相等的方形子区（最下面的一排数字表示各子区的代码）。

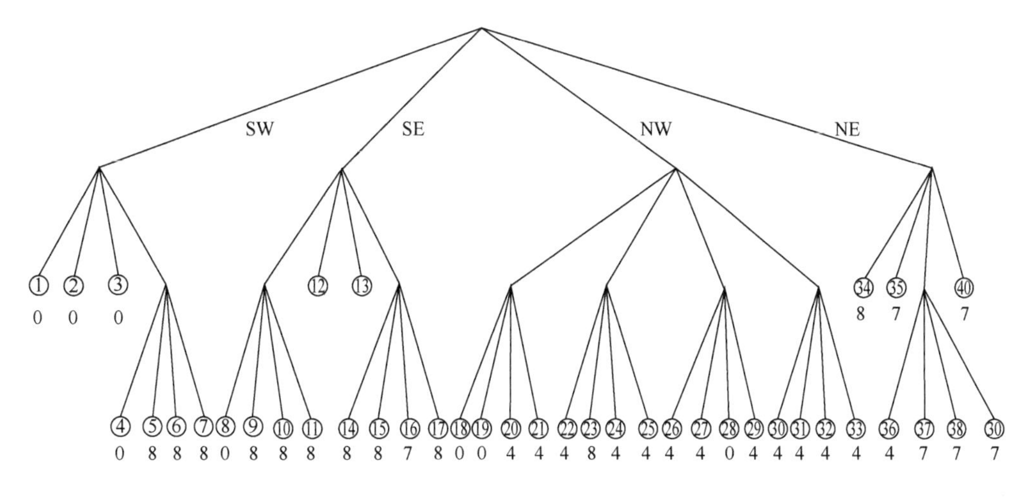

图 3.7 四叉树编码

四叉树编码的优点如下：便于有效地计算多边形的数量特征；具有可变的分辨率，树的深度随数据的破碎程度变化，边界复杂部分四叉树较高（即分级多），分辨率也高，而无须表示许多细节的部分分级少，分辨率低，因而既可精确表示图形结构，又可减小存储量；有区域性质，压缩数据灵活，许多数据和转换运算可以在编码数据上直接实现，大大提高了运算效率，并支持拓扑“洞”（嵌套多边形）的表达。

四叉树编码的最大缺点是转换的不确定性，同一形状和尺寸的多边形用不同的算法进行编码时，可能得到不同的四叉树结构，不利于数据分析和模式识别。

以上四种常见栅格压缩编码方法的优缺点总结如下。

（1）链式编码的压缩效率较高，可近似于矢量结构，对边界的运算比较方便，但不具有区域的性质，区域运算困难。

（2）游程长度编码既可以在很大程度上压缩数据，又可以最大限度地保留原始栅格结构，编码和解码十分容易，但对破碎数据处理效果不好。

（3）块状编码和四叉树编码具有区域性质和可变的分辨率，有较高的压缩效率，但运算效率是瓶颈；可以直接进行大量图形图像运算，效率较高，是很有发展前途的方法。

除了上述编码方法外，还有很多其他的编码方法，如傅里叶变换、小波变换、余弦变换等，常用于遥感原始数据的压缩。由于它们多属于有损压缩，因此一般不用于需要进行分析的栅格数据。

上述压缩数据的方法应视图形的复杂情况合理选用，同时应在系统中备有相应的程序。另外，用户的分析目的和分析方法也决定着压缩方法的选取。

3.2 矢量数据结构

3.2.1 矢量数据结构概述

1. 矢量数据结构的定义

GIS 中的另一种常见图形数据结构为矢量结构，即对空间的描述是将空间实体从形态上抽象为点、线、面三种基本图形，以记录坐标的方式尽可能精确地表示点、线、面等地理实体。矢量数据结构能较好地逼近地理实体的空间分布特征，数据精度较高。在一般情况下，其精度比栅格数据结构高得多，仅受数字化设备的精度和数值记录字长的限制。

对于点实体，在矢量结构中只记录点位的坐标和属性；对于线实体，在矢量结构中可以由一个有序的坐标系列表示，主要用来表示线状地物（公路、水系、山脊线）符号线和多边形边界，有时也称“弧”“链”等；对于面实体（多边形或区域），在 GIS 中，多边形是指任意形状、边界完全闭合的空间区域，在矢量结构中，可以由首尾闭合的有序的坐标系列表示。面数据是描述地理空间信息的重要数据，如行政区划、土地类型、植被分布等；具有标量属性的有时也用等值线描述，如地形、降水量等。

2. 矢量数据结构的特点

（1）定位明显，属性隐含。

矢量数据的定位是根据坐标直接存储的，无须任何推算，属性一般存储于文件头或数据结构中的某些特定位置。

（2）用离散的线或点描述地理现象。

在矢量数据中，把空间地物分成点、线、面三类空间目标。点实体用一对（x, y）坐标记录位置，线实体利用一组点坐标及其连接方式记录描述，面实体通过对边界线的定义记录。也就是说，矢量结构的空间离散方法实际上是将面（区域）化为边界线，将线化为系列点，最终以离散点坐标及连接方式定义空间位置与形态。

（3）用拓扑关系来描述矢量数据之间的关系。

矢量数据结构能以最小存储空间精确地表达地物的几何位置，在实际应用中往往采用拓扑结构编码，不再像栅格数据那样用游程长度编码等。在矢量数据中，常用几何信息描述空间几何位置，用拓扑信息描述空间的“相连”“相邻”“包含”等关系，从而清楚地表达空间地物之间的结构。

（4）面向目标的操作。

对矢量数据的操作，更多地面向目标，从而使精度高、数据冗余度小、运算最少。

如对区域面积的计算和道路长度的量算，分别用计算区域多边形面积及道路长度获得，这样直接根据目标物几何形状用坐标值计算的方法，使计算精度大大提高。另外，由于矢量数据以点坐标为基础记录数据，不仅便于放大、缩小图形，而且便于将数据从一个投影系统转换到另一个投影系统。

（5）数据结构复杂且难以同遥感数据结合。

矢量数据系统不仅难以与数字高程模型数据结合，而且难以与遥感数据结合，从而限制了其功能和效率。在目前基于矢量数据结构的 GIS 中，为了解决与遥感数据的结合问题，往往将矢量数据转换成栅格数据进行分析，再根据需要转换回去，这是矢量数据结构在 GIS 中的最大不足。

矢量数据给出的是地物取样点坐标，判断地物的空间位置关系时，往往需要进行大量求交运算。例如，当已知某土壤类型图和某积温图，要叠置获取新分类图时，需进行多边形求交运算，组成新多边形，建立新的拓扑关系，用矢量数据结构解决这类问题是相当复杂的。矢量数据结构图形运算的算法总体上比栅格数据结构复杂得多，在进行叠加运算、邻域搜索等操作时比较困难，有些甚至难以实现，但在计算长度、面积、形状和图形编辑、几何变换操作中，矢量结构有很高的效率和精度。

3.2.2 矢量数据结构编码的方法

1．点、线、面的编码方法

（1）点实体。

点是空间上不能再分的地理实体，可以是具体的或抽象的，如地物点、文本位置点或线段网络的结点等，由一对（x, y）坐标表示。在矢量数据结构中，除点实体的坐标外，还应存储其他与点实体有关的属性数据来描述点实体的类型、制图符号和显示要求等。如果点是一个与其他信息无关的符号，则记录时应包括符号类型、大小、方向等有关信息；如果点是文本实体，则记录的数据应包括字符大小、字体、排列方式、比例、方向及与其他非图形属性的联系方式等信息。对其他类型的点实体，也应做相应的处理。点实体矢量结构编码如图 3.8 所示。

（2）线实体。

线实体主要用来表示线状地物（公路、水系、山脊线）符号线和多边形边界，有时也称“弧”“链”等。对于线实体，在数字化（进行量化）时，用一系列足够短的直线首尾相连表示一条曲线，当曲线被分割成多且短的线段时，这些小线段可以近似地看成直线段，而这条曲线也可以精确地由这些小直线段序列表示，矢量结构中只记录这些小线段的端点坐标，将曲线表示为一个坐标序列，坐标之间认为是以直线段相连，在一定精度范围内可以逼真地表示各种形状的线状地物。最简单的线实体只存储起止点坐标、属性、显示符号等有关数据。弧、链是 n 个坐标对的集合，这些坐标可以描述任何连续且复杂的曲线。组成曲线的线元素越短，（x, y）坐标对越多，就越逼近一条复杂曲线，既要节省存储空间，又要较精确地描绘曲线，唯一的方法是增加数据处理工作量。弧、链的存储记录中也要加入线的符号类型等信息。

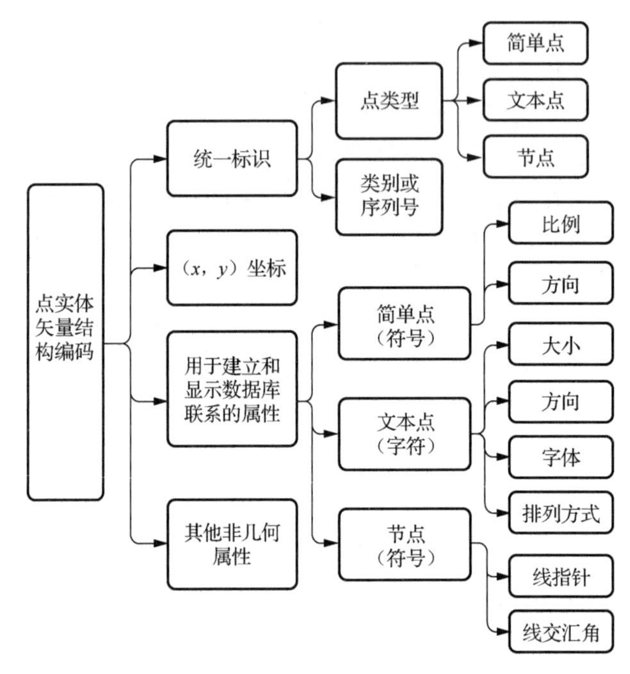

图 3.8　点实体矢量结构编码

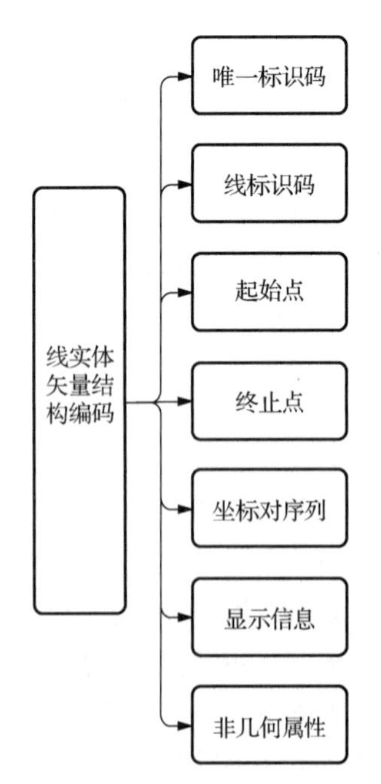

图 3.9　线实体矢量结构编码

线的网络结构中，简单的线或链携带彼此连接的空间信息，而这种信息是道路网、供排水等网络中网络分析必不可少的，因此，只有在数据结构中建立指针系统，才能让计算机在复杂的线网结构中逐个跟踪每条线。指针的建立以节点为基础，从而完整地定义线网络的拓扑关系。线实体矢量结构编码如图 3.9 所示。其中，唯一标识码是系统排列序号；线标识码可以标识线的类型；起始点和终止点可直接用坐标表示；坐标对序列是用来确定线的形状的，在一定距离内，坐标对越多，则每个小线段越短，且与实体曲线越逼近；显示信息是显示时采用的文本或符号等；与线实体相联系的非几何属性可以直接存储于线文件中，也可单独存储，由标识码连接查找。

（3）面实体。

面也称多边形（有时称为区域），在 GIS 中，多边形是指任意形状、边界完全闭合的空间区域，其边界将整个空间划分为外部和内部。面数据是描述地理空间信息的重要数据。在区域实体中，具有名称属性和分类属性的多用多边形表示，如行政区、土地类型、植被分布等；具有标量属性的有时也可用等值线描述，如地形、降水量等。

多边形矢量编码不但要表示位置和属性，而且要表示区域的拓扑性质，如形状、邻域和层次等，以便这些基本空间单元可以作为专题图资料显示和操作。由于要表达的信息十分丰富，基于多边形的运算多且复杂，因此多边形矢量编码比点实体和线实体的矢量编码复杂得多，也更重要。

2. 多边形矢量编码方法

多边形矢量编码除了有存储效率的要求，一般还要求所表示的多边形有各自独立的形状，可以计算各自的周长和面积等几何指标；各多边形拓扑关系的记录方式要一致，以便进行空间分析；要明确表示区域的层次，如岛–湖–岛的关系等。因此，它与机助制图系统仅为显示和制图目的而设计的编码有很大不同。目前多边形编码的主要方法有坐标序列法、树状索引编码法、拓扑结构编码法等。

（1）坐标序列法。

坐标序列法由多边形边界的（x, y）坐标对集合及说明信息组成，是最简单的一种多边形矢量编码方法。按照这种数据结构，边界坐标数据和多边形单元实体一一对应，各个多边形边界单独编码和数字化。图3.10所示的多边形1^0、2^0、3^0、4^0、5^0可以表示如下。

1^0：$x1$，$y1$；$x2$，$y2$；$x3$，$y3$；$x4$，$y4$；$x5$，$y5$；$x6$，$y6$；$x7$，$y7$；$x8$，$y8$；$x9$，$y9$；$x10$，$y10$；$x11$，$y11$。

2^0：$x1$，$y1$；$x12$，$y12$；$x13$，$y13$；$x14$，$y14$；$x15$，$y15$；$x16$，$y16$；$x17$，$y17$；$x18$，$y18$；$x19$，$y19$；$x20$，$y20$；$x21$，$y21$；$x22$，$y22$；$x23$，$y23$；$x8$，$y8$；$x9$，$y9$；$x10$，$y10$；$x11$，$y11$。

3^0：$x33$，$y33$；$x34$，$y34$；$x35$，$y35$；$x36$，$y36$；$x37$，$y37$；$x38$，$y38$；$x39$，$y39$；$x40$，$y40$。

4^0：$x19$，$y19$；$x20$，$y20$；$x21$，$y21$；$x28$，$y28$；$x29$，$y29$；$x30$，$y30$；$x31$，$y31$；$x32$，$y32$。

5^0：$x21$，$y21$；$x22$，$y22$；$x23$，$y23$；$x8$，$y8$；$x7$，$y7$；$x6$，$y6$；$x24$，$y24$；$x25$，$y25$；$x26$，$y26$；$x27$，$y27$；$x28$，$y28$。

这种数据结构具有编码容易、文件结构简单、易实现以多边形为单位的运算和显示等优点，但这种方法也有以下明显缺点。

① 相邻多边形的公共边界被数字化和存储两次，造成数据冗余存储，可能会导致输出的公共边界出现间隙或重叠（碎屑多边形）。

② 缺少多边形的邻域信息和图形的拓扑关系，难以进行邻域处理，如消除某两个多边形之间的共同边界。

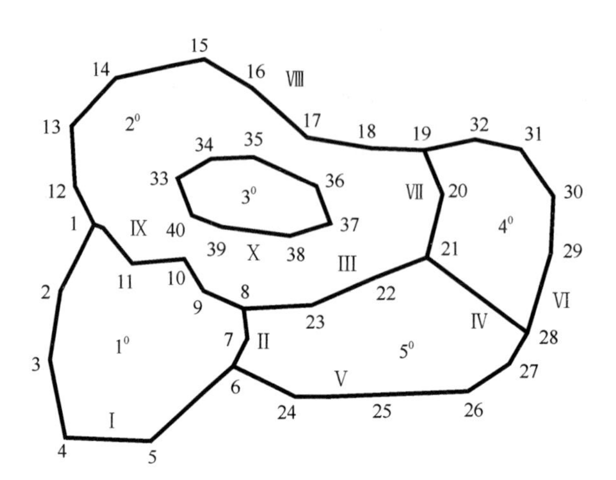

图 3.10　多边形数据

③ 岛只作为一个单独图形，没有建立与外界多边形的联系。

④ 不易检查拓扑错误。

因此，这种方法可用于简单的粗精度制图系统。

（2）树状索引编码法。

树状索引编码法是指采用树状索引以减少数据冗余并间接增加邻域信息，对所有边界点进行数字化，将坐标对以顺序方式存储，由点索引与边界线号相联系，以线索引与各多边形相联系，形成树状索引结构。

树状索引结构解决了相邻多边形边界的数据冗余和不一致的问题，在简化过于复杂的边界线或合并多边形时可不必改造索引表，邻域信息和岛状信息可以通过对多边形文件的线索引处理得到。但是比较烦琐，因而给邻域函数运算、消除无用边、处理岛状信息及检查拓扑关系等带来一定的困难，而且两个编码表都要用人工方式建立，工作量大且容易出错。

图 3.10 的多边形文件和线文件树状索引示意图分别如图 3.11 和图 3.12 所示。

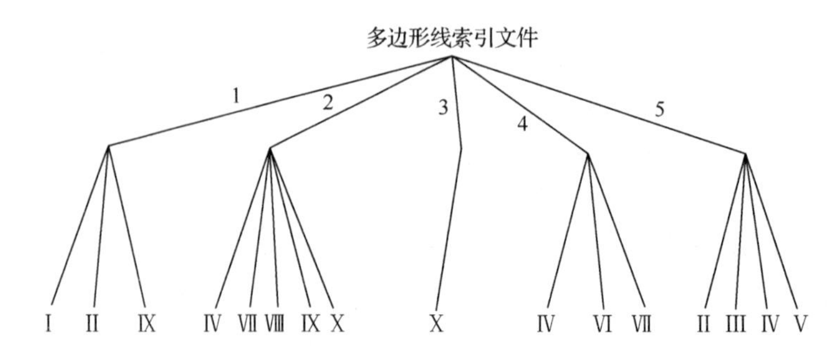

图 3.11　线与多边形之间的树状索引示意

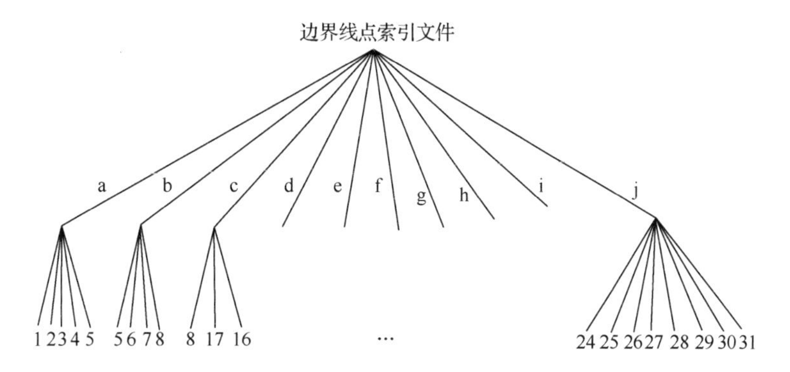

图 3.12　点与线之间的树状索引示意

树状索引形成的点文件、线文件和多边形文件分别见表 3.1 至表 3.3。

表 3.1　点文件

点号	坐标
1	x_1, y_1
2	x_2, y_2
…	…
40	X_{40}, y_{40}

表 3.2　线文件

线号	起点	终点	点号
Ⅰ	1	6	1, 2, 3, 4, 5, 6
Ⅱ	6	8	6, 7, 8
…	…	…	…
Ⅹ	33	33	33, 34, 35, 36, 37, 38, 39, 40, 33

表 3.3　多边形文件

多边形编号	多边形边界
1°	Ⅰ，Ⅱ，Ⅸ
2°	Ⅲ，Ⅶ，Ⅷ，Ⅸ，Ⅹ
3°	Ⅹ
4°	Ⅳ，Ⅵ，Ⅶ
5°	Ⅱ，Ⅲ，Ⅳ，Ⅴ

（3）拓扑结构编码法。

要彻底解决邻域和岛状信息处理问题，必须建立一个完整的拓扑关系结构，这种结构应包括以下内容：唯一标识、多边形标识、外包多边形指针、邻接多边形指针、边界链接、范围（最大和最小坐标值，即外包矩形信息）。采用拓扑结构编码可以较好地解决空间关系查询等问题，但增大了算法的复杂性和数据库容量。

建立拓扑结构的方法有如下两种：①输入数据的同时输入拓扑关系；②由计算机软件从一系列相互关联的链建立拓扑结构。

首先在地理数据结构中建立拓扑关系的是美国人口调查局建立的双重独立地图编码（dual independent map encoding，DIME）文件。DIME 建立城市街道网和统计单元（如街区、人口统计区等）的数据库，并实现自动、半自动的编辑和分析。DIME 数据文件的基本元素是由始末点定义的弧段，复杂的曲线可由多条弧段组成。每条弧段有两个指向节点的指针和两边多边形的编码。由于这种数据结构中没有链反向节点及链指向邻近链的指针，因此要花很多时间查找组织多边形的各条边界线。

由计算机软件从一系列相互关联的链建立拓扑结构也是常见、简单、有效的多边形数据结构，基本方法如下：多边形以线段或链文件的形式存储，该文件中的每条链又以组成该链的各坐标对来列表存储，而且每条链包括两个指向邻接多边形的指针。多边形的名称存储在另一个独立文件中，该文件实际上是一个表格，也包括一些指针。但这种数据结构不能进行更复杂的邻域关系的搜索，也不能检查奇异多边形等差错。

为了建立恰当的多边形数据拓扑结构，使复杂多边形、面积计算、邻域关系处理、奇异多边形检查等都能顺利进行，在城市地理信息系统中，最好在数字化时充分考虑建立拓扑关系的需要，有时要求用户按顺时针方向或逆时针方向数字化所有多边形，以便把线元素与其左右两边的多边形组合起来。

多边形拓扑数据结构有如下优点。

① 把全部多边形综合成一个整体，没有重叠，数据冗余度小。

② 全部多边形、链、属性数据均为内部连接在一起的整体单元的一部分，可以进行任何类型的邻域分析，而且能将属性数据与多边形连接进行各种分析。

③ 多边形中嵌套多边形没有限制，可以无限地嵌套。

④ 数据结构与数据收集和输入的牵连不大。

矢量编码保证了信息的完整性和运算的灵活性，这是由矢量结构自身的特点决定的。目前没有最佳矢量结构编码方法，在具体工作中，可根据数据的特点和任务的要求灵活设计。

3.3 两种数据结构的比较与转换

3.3.1 两种数据结构的比较

栅格数据结构和矢量数据结构是 GIS 中用来模拟地理信息的两种方法。栅格数据结构和矢量数据结构的特点比较见表 3.4。

表 3.4 栅格数据结构和矢量数据结构的特点比较

性质	比较内容	栅格数据结构	矢量数据结构
基本特征	点的认识	点有大小	点无大小
	地图空间	离散	连续
	数据指向	位置	地物
	属性显示	显式	隐式
使用效果	图形运算	简单、低效	复杂、高效
	图形精度	低	高
	数据量	大	小
	拓扑和网络分析	不易实现	容易实现
	输出表示	直观、便宜	抽象、昂贵
	数据共享	容易实现	不易实现
	遥感影像格式	一致或接近	不一致

栅格数据结构类型具有属性明显、位置隐含的特点，易实现，操作简单，有利于基于栅格的空间信息模型的分析。例如，在给定区域内计算多边形面积、线密度时，采用栅格数据结构可以很快计算出结果，而采用矢量数据结构麻烦得多。但栅格数据表达精度不高，数据存储量大，工作效率较低，如要提高一倍的表达精度（栅格单元减少一半），数据量需增加三倍，同时增加了数据冗余。因此，对于基于栅格数据结构的应用来说，需要根据应用项目的自身特点及精度要求，恰当地平衡栅格数据的表达精度与工作效率之间的关系。另外，因为栅格数据格式简单（不经过压缩编码），容易被大多数程序设计人员和用户理解，所以基于栅格数据基础之上的信息共享也比矢量数据容易。遥感影像本身就是以像元为单位的栅格结构，可以直接把遥感影像应用于栅格结构的 GIS 中。

矢量数据结构类型具有位置明显、属性隐含的特点，操作起来比较复杂，许多分析操作（如叠置分析等）用矢量数据结构难以实现。但它的数据表达精度较高，数据存储量小，输出图形美观且工作效率较高。

两种数据结构的优缺点见表 3.5。

表 3.5 两种数据结构的优缺点

项目	优点	缺点
栅格数据结构	1. 数据结构简单； 2. 便于空间分析和地表模拟； 3. 现势性较强	1. 数据量大； 2. 投影转换比较复杂； 3. 图形显示精度较低； 4. 不易表示空间的拓扑关系
矢量数据结构	1. 数据结构紧凑、冗余度低； 2. 有利于网络和检索分析； 3. 图形显示质量好、精度高； 4. 便于面向对象的数字表示	1. 数据结构复杂； 2. 多边形叠加分析比较困难； 3. 与遥感数据及数字地形数据结合的能力差

在 GIS 中，栅格数据结构和矢量数据结构具有不同的特点与适用性，为了在一个系统中兼容这两种数据结构，以便进一步分析处理，常需要实现它们之间的转换。近年来，已发展出许多高效的转换算法，适用于不同的环境。

3.3.2 两种数据结构的相互转换

1. 矢量数据结构向栅格数据结构的转换

许多数据（如行政边界、交通干线、土地利用类型、土壤类型等）都是用矢量数字化的方法输入计算机或以矢量的方式存在计算机中，表现为点、线、多边形数据。然而，矢量数据直接用于多种数据的综合分析等处理比较复杂，特别是不同数据要在位置上一一配准，寻找交点并进行分析。相比之下，利用栅格数据进行处理容易得多。并且土地覆盖和土地利用等数据常从遥感图像中获得，这些数据都是栅格数据，因此矢量数据与它们的叠置复合分析更需要从矢量数据的形式转换为栅格数据的形式。

矢量数据的基本坐标是直角坐标（x, y），其坐标原点一般取图的左下角。网格数据的基本坐标是行和列（i, j），其坐标原点一般取图的左上角。两种数据变换时，令直角坐标 x 和 y 分别与行和列平行。由于矢量数据的基本要素是点、线、面，因此只要实现点、线、面的转换，各种线划图形的变换问题就基本上都可以解决。

2. 栅格数据结构向矢量数据结构的转换

栅格数据结构向矢量数据结构转换处理的目的是将栅格数据分析的结果，通过矢量绘图装置输出，或者是数据压缩的需要，将大量面状栅格数据转换为由少量数据表示的多边形边界。栅格数据结构向矢量数据结构转换实际上就是将具有相同属性代码的栅格集合转换为由少量数据组成的边界弧段及区域边界的拓扑关系，栅格数据转换成矢量数据比矢量数据转换成栅格数据在原理和实现上复杂得多。

栅格数据结构向矢量数据结构转换通常包括以下四个步骤。

（1）多边形边界提取：采用高通滤波等将栅格图像二值化或以特殊值标识边界点。

（2）边界线追踪：对每个边界弧段由一个节点向另一个节点搜索，通常对每个已知边界点沿除进入方向之外的其他七个方向搜索下一个边界点，直到连成边界弧段。

（3）拓扑关系生成：对于矢量表示的边界弧段，判断其与原图上各多边形的空间关系，形成完整的拓扑结构，并建立与属性数据的联系。

（4）去除多余点及曲线圆滑：由于搜索是逐个栅格进行的，因此必须去除由此造成的多余点记录，以减少数据冗余。搜索结果曲线由于栅格精度的限制可能不够圆滑，需要采用一定的插补算法进行光滑处理，常用算法有线性迭代法、分段二次多项式插值法、正轴抛物线平均加权法、斜轴抛物线平均加权法、样条函数插值法等。

栅格数据结构向矢量数据结构转换最困难的是边界线搜索、拓扑结构生成和多余点去除。常用的转换方法有基于图像数据文件和基于再生栅格数据文件等数据的矢量化。

3.4 其他空间数据结构

除了矢量数据结构和栅格数据结构外，还有矢栅一体化数据结构、镶嵌数据结构、三维数据结构等新型空间数据结构。

龚建雅提出矢量-栅格一体化数据结构，用于把矢量和栅格两种数据结构的优点结合起来表达地理空间现象。其设计思路如下：面状实体的边界采用矢量数据结构描述，内部采用栅格数据结构表达；线状实体一般采用矢量数据结构表达，同时将线经过的位置以栅格单元进行充填；点实体同时描述空间坐标和栅格单元位置。

镶嵌数据结构是基于连续铺盖的思想，利用规则或不规则的小面块集合来逼近自然界不规则的地理单元，小面块之间不重叠且能完整铺满整个地理空间。根据面块的形状，镶嵌数据结构可分为规则镶嵌数据结构和不规则镶嵌数据结构。

目前 GIS 主要停留于在二维平面的基础上模拟并处理现实世界中遇到的现象和问题。用数字地面模型处理三维数据，对等值线生成的数据进行透视变换，获得 2.5 维的立体显示图，不是真三维的空间表达，不能用于对模型进行量测。而且由于二维 GIS 的数据结构和数学模型只能建立并维护平面二维实体（点、线、面）的空间拓扑关系，无法建立地理实体的三维拓扑关系，因此难以完成矿山、地质等三维自然现象所特需的真三维操作。要发展三维 GIS，就要首先建立三维 GIS 的数据结构。三维数据结构表示有多种方法，其中使用较普遍的是八叉树表示法和具有拓扑关系的三维边界表示法，分别为基于二维栅格结构和二维矢量结构向三维扩展的结构。

3.5 数据管理

数据库技术是 20 世纪 60 年代初开始发展起来的数据管理自动化的综合性新技术。数据库是为了一定的目的，在计算机系统中以特定的结构组织、存储、管理和应用的相关联的数据集合。GIS 中需要管理的是空间数据，空间数据的特点决定了利用目前流行的数据库系统直接管理地理空间数据，存在着明显的不足，所以 GIS 必须发展自己的数据库——空间数据库，因为其具有明显的空间特征，所以称为空间数据库。空间数据库的理论与方法是 GIS 的核心问题。空间数据库与一般数据库相比，具有以下特点。

（1）数据量特别大，地理系统是一个复杂的综合体，用数据描述各种地理要素，尤其是要素的空间位置时，数据量往往大得惊人。即使是一个很小区域的数据库也是如此。

（2）不仅有地理要素的属性数据（与一般数据库中的数据性质相似），而且有大量空间数据，即描述地理要素空间分布位置的数据，并且这两种数据之间具有一定的联系。

（3）数据应用的面相当广，如地理研究、环境保护、土地利用与规划、资源开发、生态环境、市政管理、道路建设等。

上述特点，尤其是第（2）点，决定了在建立空间数据库时，一方面应该遵循和应用通用数据库的原理和方法，另一方面必须采取一些特殊的技术和方法来解决传统数据库没有的管理空间数据的问题。

3.5.1 传统数据库

数据模型是数据库系统中关于数据和联系的逻辑组织的形式表示。每个具体的数据库都是由一个相应的数据模型定义的。数据模型的主要任务是研究和记录类型之间的联系。目前，数据库领域采用的数据模型有层次模型、网状模型和关系模型，其中应用较广泛的是关系模型。

关系模型是根据数学概念建立的，把数据的逻辑结构归结为满足一定条件的二维表形式。实体本身的信息及实体之间的联系均表现为二维表，这种表称为关系。一个实体由若干个关系组成，关系表的集合构成关系模型，在层次模型与网络模型中，实体间的联系主要通过指针实现。关系模型不是人为地设置指针，而是由数据本身自然地建立它们之间的联系，并且用关系代数和关系运算操纵数据，这就是关系模型的本质。

二维表的表头（即表格的格式）是关系内容的框架，称为模式，关系由许多同类实体组成，每个实体对应于表中的一行，称为一个元组（记录）。表中的每列表示同一个属性，称为域（字段）。下面以图 3.13 所示的 M 地图为例讲解关系模型。

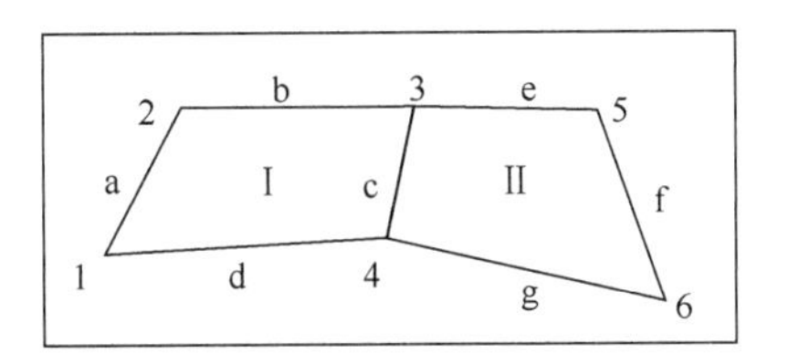

图 3.13 M 地图

用关系模型表示图 3.13 所示的 M 地图，如图 3.14 所示。

地图

M	I	II

多边形

I	a	b	c	d
II	c	e	f	g

线

I	a	1	2
I	b	2	3
I	c	3	4
I	d	4	1
II	e	3	5
II	f	5	6
II	g	6	4

图 3.14 关系模型示意图

关系模型是一种应用广泛的数据模型，具有以下优点。

（1）能够以简单、灵活的方式表达现实世界中各种实体及其相互的关系，使用与维护也很方便。关系模型通过规范化的关系为用户提供一种简单的用户逻辑结构。所谓规范化，实际上就是使概念单一化，一个关系只描述一个概念，如果多于一个概念，就要将其分开来。

（2）关系模型具有严密的数学基础和操作代数基础，如关系代数、关系演算等，可将关系分开或合并，使数据的操纵具有高度灵活性。

（3）在关系模型中，数据间的关系具有对称性，因此，关系之间的寻找在正反两个方向上的难度相同，而在其他模型（如层次模型）中，从根节点出发寻找叶子节点的过程容易解决，相反的过程则很困难。

MySQL、SQL Server、Oracle、Sybase、DB2 等大型数据库都属于关系型数据库。

3.5.2 空间数据库

空间数据库是作为一种应用技术诞生和发展起来的，其目的是使用户方便、灵活地查询出所需的地理空间数据，同时能够进行有关地理空间数据的插入、删除、更新等操作，为此建立了实体、关系、数据独立性、完整性、数据操纵、资源共享等一系列基本概念。以地理空间数据存储和操作为对象的空间数据库，把被管理的数据从一维推向了二维、三维甚至更高维。由于传统数据库系统（如关系数据库系统）的数据模拟主要针对简单对象，因此无法有效地支持以复杂对象（如图形、影像等）为主体的工程应用。传统数据库系统管理地理空间数据有以下几个方面的局限性。

（1）传统数据库系统管理的是不连续的、相关性较小的数字和字符；地理空间数据是连续的，并且具有很强的空间相关性。

（2）传统数据库系统管理的实体类型较少，并且实体类型之间通常只有简单、固定的空间关系；地理空间数据的实体类型繁多，实体类型之间存在着复杂的空间关系，并且能产生新的关系（如拓扑关系）。

（3）传统数据库系统存储的数据通常为等长记录的数据；地理空间数据通常由于不同空间目标的坐标串长度不定，具有变长记录，并且数据项也可能很大、很复杂。

（4）传统数据库系统只操纵和查询文字及数字信息；地理空间数据库中需要大量空间数据操作和查询，如相邻、连通、包含、叠加等。

目前大多数商品化的 GIS 软件都不是采取传统的某种单一的数据模型，也不是抛弃传统的数据模型，而是采用建立在关系数据库管理系统（relational database management system，RDBMS）基础上的综合的数据模型，如 ArcInfo 是在关系模型基础上发展起来的，System 9 是在面向对象空间数据模型基础上发展起来的。一般可将 GIS 空间数据管理的设计思想分为以下三种情况。

（1）混合结构模型。

混合结构模型的基本思想是用两个子系统分别存储和检索属性数据和空间数据，其中属性数据存储在常规的 RDBMS 中，空间数据存储在空间数据管理系统中，两个子系统之间使用一种标识符联系。由于混合结构模型的一部分是建立在标准 RDBMS 上的，因此存储和检索数据比较有效、可靠，但因为两个存储子系统有各自的规则，查询操作难以优化，因此存储在 RDBMS 外面的数据有时会丢失数据项的语义；此外，数据完整性的约束条件有可能遭破坏。例如，在空间数据存储子系统中目标实体仍然存在，但在 RDBMS 中已被删除。

目前流行的 ArcInfo、MGE、GeneMap 和 Sicard 等采用混合结构模型。例如，ArcInfo 用 Info（或 Oracle、Ingres）管理属性数据，用 Arc 管理和处理空间数据。

（2）扩展结构模型。

混合结构模型的缺陷是两个存储子系统具有各自的职责，很难保证数据存储、操作的统一。扩展结构模型采用相同 DBMS 存储和检索空间数据和属性数据。其做法是在标准的关系数据库上增加空间数据管理层，利用该层将地理结构查询语言（GeoSQL）转换成标准的 SQL 查询，借助索引数据的辅助关系实施空间索引操作。这种模型的优点是省去了空间数据库和属性数据库之间的烦琐连接，空间数据存取速度较快，但由于是间接存取，因此在效率上总是低于 DBMS 中所用的直接操作，且查询过程复杂。采用这种模型的 GIS 软件有 System 9，Smallworld 等。

（3）统一数据模型。

统一数据模型不是基于标准的 RDBMS，而是在开放型 DBMS 的基础上扩充空间数据表达功能，空间扩展完全包含在 DBMS 中，用户可以使用自己的基本抽象数据类型扩充 DBMS。在核心 DBMS 中进行数据类型的直接操作方便、有效，并且用户可以开发自己的空间存取算法。近年来，Oracle 等商业化 RDBMS 开始支持空间数据的定义和空间查询。该模型的缺点是用户必须在 DBMS 环境中实施自己的数据类型，对有些应用相当复杂。采用这种模型的软件有 Tigris、Geo++等。

对现有空间数据模型的认识和理解，在很大程度上决定着 GIS 空间数据管理系统研制或应用空间数据库设计的成败，而对空间数据模型的深入研究直接影响着新一代 GIS 系统的发展。近年来“面向对象方法”正引起全世界越来越强烈的关注和高度的重视。面向对象方法的基本出发点是尽可能按照人类认识世界的方法和思维方式分析、解决问题。将任何感兴趣或要研究的事物统称为“对象”（或“目标”）。面向对象方法以对象作为最基本的元素，这也是分析问题、解决问题的核心。计算机实现的对象与真实世界具有一一对应的关系，无须做任何转换，使面向对象方法更易于被人们理解、接受和掌握。GIS 软件也采用了面向对象方法，用面向对象数据模型，建立面向对象数据库系统。

3.5.3 目前空间数据库存在的主要问题

虽然空间数据库得到了快速发展，但仍然在数据共享、数据瓶颈、数据更新、数据安全方面存在一些问题。

（1）数据共享问题。

① 数据文件格式统一性。

不同的空间数据库系统，其数据文件格式自然不同。确定数据文件应包括的数据文件及其数据类型，以保证不同系统的数据可以共享，使已建立的基础数据库的数据可以得到利用，需要一个统一的标准，且基本保证各种系统的数据在转换过程中不受损失。

② 地理信息的标准化。

地理信息标准是通过约定或统一规定来表述客观世界的。由于地理信息标准是对地理客体的模拟、抽象和简化过程，因此标准离它所反映的地理实体就越来越远。为统一人们对事物和概念的认识及利用，只有通过约定或规定，才能使地理信息真正共享。当前的地理信息标准可分为推荐性标准与强制性标准。

③ 数据共享的政策。

地理信息共享政策是一种人们必须遵守的行为准则或行为规范，其调整内容涉及社会经济的各个领域，在不同的社会环境中有不同的政策。由于数据的采集与整理需要投入大量人力、物力和财力，因此在数据共享方面存在着服务性与商业性的矛盾。欧美国家的数据共享政策是服务性与商业性结合的，一般都含有有偿使用，按照商业活动方式运作，由商业部门自主决定数据价格及使用限制条款的部分。我国对地理信息共享政策的制订是从全国大多数用户利益出发的，但其中仍存在着多数用户利益与少数用户利益、长远利益与眼前利益的冲突。

（2）数据瓶颈问题。

随着空间数据库的范围越来越广，数据量越来越大，尽管数据的压缩、存储与管理等技术不断地进步，但是海量空间数据输入的高额费用仍然是空间数据库应用及发展中的一大障碍。其中包括数据格式不统一的问题，但根本问题是两种数据模型本身的限制。采用矢量数据结构能准确地表示位置及空间拓扑关系，便于查询，但数字化工作非常烦琐；栅格数据结构的空间数据输入方便，并能方便、快速地与获取空间信息的遥感技术连接，但提高准确性的同时也带来巨大的存储量，且不能实现空间拓扑关系。栅格向矢量转换的功能不完善增大了处理的工作量，影响了精确度与可靠性。此外，随着 WebGIS 的发展，网络瓶颈问题越来越受到人们的关注。由于所需传输的数据量很大，因此对网络带宽、速度等要求非常高，严重影响了 WebGIS 在实际生活中的应用与发展，是当前急需解决的问题之一。

（3）数据更新问题。

一般地理信息数据的时效性非常强，因此要求人们不断更新空间数据库。空间数据更新是通过空间信息服务平台，用现势性强的现状数据或变更数据来更新数据库中的非现势性数据，达到保持现状数据库中空间信息的现势性和准确性或提高数据精度的目的；同时将更新的数据存入历史数据库，供查询检索、时间分析、历史状态恢复等。因此，空间数据更新并不是简单的删除和替换，涉及数据的整体更新、局部更新、数据采集的途径、时效性、保持原有数据不变、更新数据与原有数据正确连接等多方面问题，是空间数据库发展中亟待解决的问题之一。

（4）数据安全问题。

在 WebGIS 逐渐成为空间数据库的主要发展方面的同时，数据的安全性也随之成为一个不可忽视的问题。早期的 GIS 应用中，客户端一般采用文件共享的方式访问服务器上的空间数据文件。这种方式极易从客户端盗取和修改数据文件，带来了重大的安全隐患，数据库系统管理员必须设定不同用户群的访问权限，避免用户直接访问服务器上的共享文件，使用户只能按照规定方式访问空间数据库。此外，还需要采用适合的网关、防火墙等系统安全技术，最大限度地防止外部的攻击。

【本章小结】

本章主要介绍了两种最常用的空间数据结构——栅格数据结构和矢量数据结构的定义、特点、异同、转换，以及空间数据库的特点、设计和存在的问题。

GIS 的空间数据结构主要有栅格数据结构和矢量数据结构。栅格数据结构是简单、直观的空间数据结构，用离散的量化栅格值表示空间实体，具有属性明显、位置隐含、数据结构简单、易与遥感数据结合等优点，但难以建立地物间的拓扑关系，且图形精度低、数据量大。矢量数据结构是一种图形数据结构，将空间实体从形态上抽象为点、线、面三种基本图形，在一般情况下，其精度比栅格数据结构高得多。矢量数据结构用离散的线或点描述地理现象，具有位置明显、属性隐含、矢量数据之间的关系需用拓扑关系来描述、操作面向目标等优点，但数据结构复杂且难以与遥感数据结合。两种数据结构可以相互转换。目前多边形编码的主要方法有坐标序列法、树状索引编码法、拓扑结构编码法等。空间数据库是为了管理空间数据诞生的，一般可将 GIS 空间数据管理的设计思想分为以下三种情况：混合结构模型、扩展结构模型、统一数据模型。目前空间数据库存在数据共享、数据瓶颈、数据更新、数据安全等方面的问题。

【关键术语】

栅格数据结构（raster data structure） 矢量数据结构（vector data structure）
编码方法（coding method） 空间数据库（spatial database）

【习题】

1. 填空题

（1）已知图像数据顺序为 3 3 3 3 5 5 5，应用游程长度编码进行压缩，编码结果是____________。

（2）栅格数据结构中，决定栅格数据精度的是____________，其值越小，相同尺寸的图像所占用的空间越____________。

（3）决定栅格单元代码的方式主要有中心点法、____________、____________、百分比法等。

（4）目前，大多数商品化的 GIS 软件采用建立在关系数据库管理系统基础上的综合的数据模型，归纳起来主要有____________、扩展结构模型、____________三种。

（5）GIS 空间数据的两种基本数据结构是____________和____________。

2. 名词解释

（1）栅格数据结构。

（2）矢量数据结构。

（3）空间数据库。

3. 简答题

（1）栅格数据结构和矢量数据结构的主要区别有哪些？

（2）压缩编码方法的主要方式有哪些？各自优缺点是什么？

（3）根据矢量数据结构的拓扑数据结构方式的基本内容，对如图 3.15 表示的地理对象进行相关分析，逐个写出所有弧段文件、节点文件和多边形文件，要求各种文件的格式正确、完整。

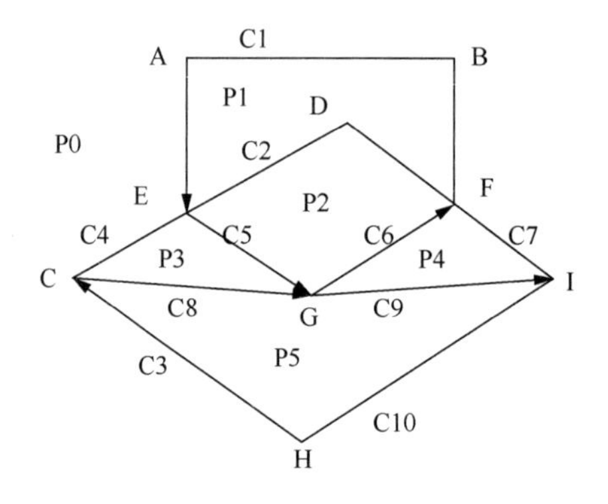

图 3.15 简答题（3）题图

（4）空间数据库目前存在哪些主要问题？

4. 思考题

（1）交通信息一般用哪种数据结构？

（2）空间数据库如何实现图形数据与属性数据的统一？

第4章 空间分析

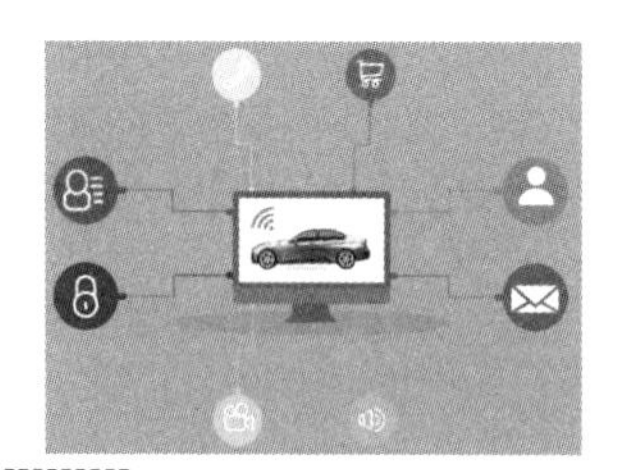

【本章教学要点】

知识要点	掌握程度	相关知识
空间分析概述	掌握	空间分析的概念、分类，与空间模型的区别
叠置分析	重点掌握	基于矢量数据和基于栅格数据的叠置分析
缓冲区分析	重点掌握	缓冲区的定义和建立
网络分析	重点掌握	网络分析的定义、方法及应用
空间统计分析	掌握	空间自相关分析、空间回归分析
空间查询分析	掌握	空间查询的过程、方式、种类
空间分析应用案例	了解	空间分析的步骤和应用案例

【本章技能要点】

技能要点	掌握程度	应用方向
叠置分析	重点掌握	多边形叠置的分类、图层运算
缓冲区分析	重点掌握	点、线、面缓冲
网络分析	重点掌握	路径分析、地址分析等
空间自相关分析	掌握	空间特征分析
空间回归分析	掌握	地理加权回归分析
空间查询分析	掌握	图形查属性，属性查图形
GIS 分析应用	掌握	GIS 分析应用解决问题

【思维导图】

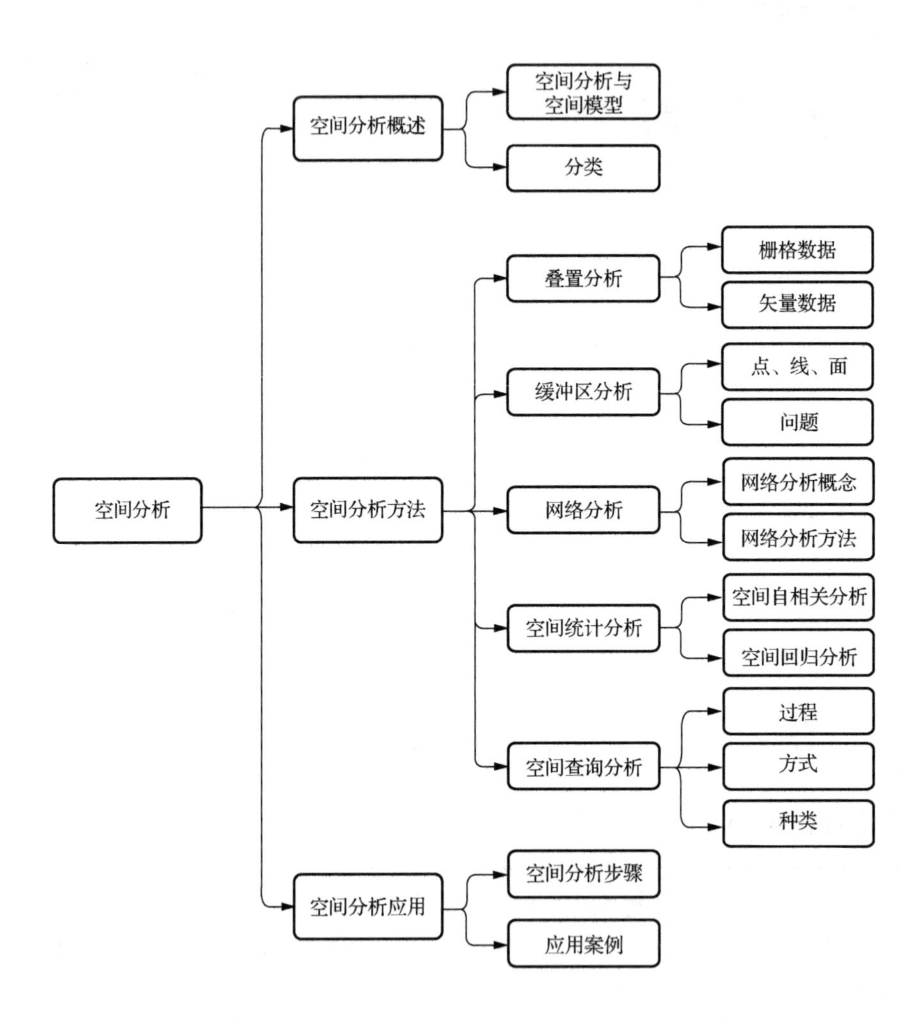

空间分析
空间分析概述
空间分析与空间模型
分类
空间分析方法
叠置分析
栅格数据
矢量数据
缓冲区分析
点、线、面
问题
网络分析
网络分析概念
网络分析方法
空间统计分析
空间自相关分析
空间回归分析
空间查询分析
过程
方式
种类
空间分析应用
空间分析步骤
应用案例

【导入案例】

1854年9月，英国伦敦暴发了一场霍乱疫情，苏豪区的Broad Street尤其严重，在不到两周的时间数百人丧生。当时主流观点认为，霍乱蔓延是瘴气所致。社会各阶层莫衷一是，面对霍乱蔓延束手无策。

斯诺（J. Snow）博士根据伦敦霍乱疫情暴发的数据，绘制了伦敦霍乱地图（图4.1），根据地图上死亡病例（黑色横线）和水井的空间分布格局，采用了类似于如今人们在地理空间分析中熟知的泰森多边形的思路，否定了瘴气致病的说法，确定这次霍乱疫情暴发的根源在水井。

图4.1　伦敦霍乱地图

伦敦霍乱地图是现代传染病学调查的先驱，不仅拯救了英国，而且成为世界公共卫生史上的里程碑，引发了世界公共卫生的变革，使得英国逐步意识到清洁的供水和排水系统的重要性，促使伦敦修建了公共供水设施。斯诺的伦敦霍乱地图探寻了传染病传播与空间的关系，为后来确定霍乱干预措施起到了至关重要的作用，如今还会在公共卫生、地理学、城市规划等课堂上作为经典案例讲解，因为它不仅改变了城市卫生系统、公共设施系统，而且利用图示的方法揭示了数据背后的环境问题，从根本上找到病源和病因，并应用于城市疾病管理，对城市规划和发展影响深远。

GIS 一词在 1854 年并不存在，但针对伦敦霍乱死亡情况的地图使斯诺能够提出问题和解决问题，就像现在我们对 GIS 的应用一样。

思考题

1．GIS 空间分析的目的和定义分别是什么？

2．霍乱地图成为经典案例的理由有哪些？

3．如何制作“疫情地图”？

空间分析是 GIS 的核心功能之一，也是评价 GIS 功能的主要指标之一，更是 GIS 系统与 CAD/CAM/MIS 等系统的主要区别。早期的 GIS 由于空间分析功能比较弱，常常引起与 CAD/CAM 的混淆，因为无论是 GIS、CAD 还是 CAM 都需要数字图形和制图，但是 GIS 的主要目的是分析空间数据，提高空间信息决策能力。因此空间分析是 GIS 区别于其他信息系统的一个主要功能特征。

很多学者对空间分析进行过研究，其中古德柴尔德（M. F. Goodchild）对空间分析的框架作了较系统的研究，将空间分析分为两大类：①产生式分析，包括空间叠置分析、缓冲区分析、网络分析、空间统计分析和数字地面模型分析；②咨询式分析，包括空间集合分析和空间数据查询。前者是指通过分析提取新的信息，尤其是综合信息；后者旨在回答用户提出的问题。根据空间数据的形式空间分析又可分为矢量数据空间分析和栅格数据空间分析。

4.1 空间分析概述

4.1.1 空间分析与空间模型

1. 空间分析

空间分析的根本目的是通过对空间数据的深加工，获取新的地理信息。空间分析是基于空间数据的分析技术，是以地球科学原理为依托，通过分析算法，从空间数据中获取有关地理对象的空间位置、空间分布、空间形态、空间构成、空间演变等信息。

空间分析的对象是一系列跟空间位置有关的数据,包括空间坐标和专业属性两部分,其中空间坐标用于实体的空间位置和几何形态,专业属性是实体某个方面的性质。空间分析主要通过空间数据和空间模型的联合分析来挖掘空间目标的潜在信息,而这些空间目标的基本信息无非是其空间位置、分布、形态、距离、方位、拓扑关系等,其中距离、方位、拓扑关系组成了空间目标的空间关系,它是地理实体之间的空间特性,可以作为数据组织、查询、分析和推理的基础。

将地理空间目标划分为点、线、面等不同类型,可以获得这些不同类型目标的形态结构。将空间目标的空间数据与属性数据结合起来,可以进行许多特定任务的空间计算与分析。为了完成这些运算,GIS 一般以用户和系统交互的形式提供以上分析处理能力。

在空间分析中,如果目标的空间位置发生变化,则分析结果也会随之发生变化,这有别于传统的统计分析方法,在传统的统计分析中,目标的空间位置与统计分析结果无关。另外,在空间分析中,栅格数据结构与矢量数据结构的分析方法不同,一般来说,栅格数据结构的空间分析方法更简单。

2. 空间模型

GIS 作为空间决策支持系统,对应用模型分析、模拟能力的依赖表现得越来越明显。应用模型的发展已成为 GIS 发展的重要前提和现代 GIS 水平的重要标志。空间模型大多为数学模型,除了具有数学模型的一般特征外,还具有 GIS 性质和任务所决定的如下特点。

(1)空间性。空间模型描述的现象或过程往往与空间位置、分布有密切关系,需特别注意模型的空间运算特征。空间关系影响着要素之间的关系,空间尺度影响着模型的外延和应用。

(2)动态性。空间模型描述的现象或过程与时间有密切联系,具有不同动态性的模型在系统中的使用效率有很大差别。设计模型时需考虑时间对目标的影响及数据更新周期等,保证数据在时间上的可比性。

(3) 多元性。空间模型涉及自然、经济、社会、文化等多种因素,如地理环境、资源条件、人口状况、经济发展和政策法规等,应注意通过因素分析调整模型状态。

(4)复杂性。地理空间问题可能相当复杂,与自然、社会和经济等方面密切相关,内容复杂,范围广,涉及学科多,给建模带来相当大的困难,很难用数学方法完全准确、定量地描述,所以空间模型常采用定量与定性结合的形式。

(5)综合性。空间建模过程往往涉及多种模型方法,且与多个子系统的数据有关。应注意模型变量、结构的协调,并保证有充分的数据量。研究对象具有跨学科、多尺度、不确定、非线性等特点,研究内容复杂、范围广,空间模型系统庞大。

空间分析的主要模型如下:①基于地图的空间图形分析模型,如 GIS-T 中的缓冲区分析、叠加分析等模型；②空间动力学分析模型，如空间扩张模型、空间选择行为模型、空间价格竞争模型等；③空间信息分析模型，是指根据数据或统计方法建立的模型，如空间聚类模型、空间自相关模型、回归分析模型等。

3. 空间分析与空间模型

空间分析与空间模型既有区别又有联系，具体如下。

（1）空间分析与空间模型是不同层次上的概念：空间分析是基本的，解决一般问题的理论和方法；空间模型是复杂的，解决专门问题的理论和方法。

（2）空间模型属于应用模型，应用模型不可枚举；空间分析是有限的。

（3）空间模型建立过程比较复杂，有些还不能用数学方法描述；空间分析为解决复杂的应用模型提供基本的分析工具。

（4）GIS 是空间数据处理理论和方法的集成化实现，包含大部分空间分析技术，是 GIS 的技术特色。

4.1.2 空间分析分类

根据作用的数据性质，空间分析可以分为基于空间图形数据的分析运算、基于非空间属性的数据运算、空间和非空间数据的联合运算；根据空间数据结构，空间分析可以分为矢量数据空间分析和栅格数据空间分析。

图 4.2 所示为空间分析类型和方法。

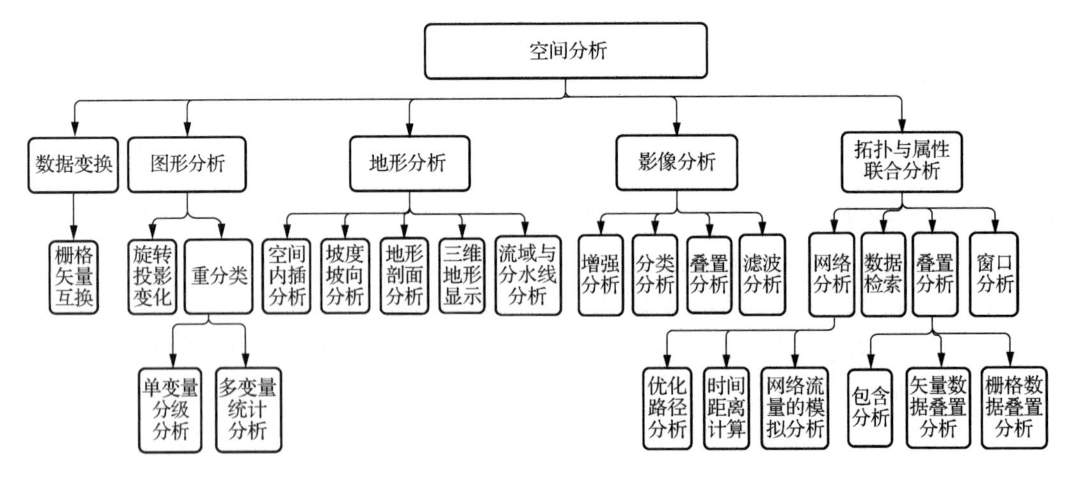

图 4.2 空间分析类型和方法

下面主要介绍空间叠置分析、缓冲区分析、网络分析、空间统计分析、空间查询分析等。

4.2 叠置分析

4.2.1 叠置分析的概念

叠置分析，又称空间叠合分析（spatial overlay analysis）、叠加分析，是在统一空间参照系统条件下，每次将同一地区两个地理对象的图层叠合，以产生空间区域的多重属性特征；或建立地理对象之间的空间对应关系，是将两层或多层地图要素进行叠置产生一个新要素层的操作。具体地说，叠置分析往往是对多个要素层的空间信息和相应的属性信息做交、并、差等集合运算，还可对属性信息做其他数学运算。新要素层上的空间对象通常是由原要素层上的空间对象分割而来的［合成叠置，图 4.3（a）］，其属性综合了原来多层要素具有的属性［统计叠置，图 4.3（b）］。由于叠置分析产生的新要素层综合了原来多个要素层的信息，因此它是一种重要的空间分析手段。

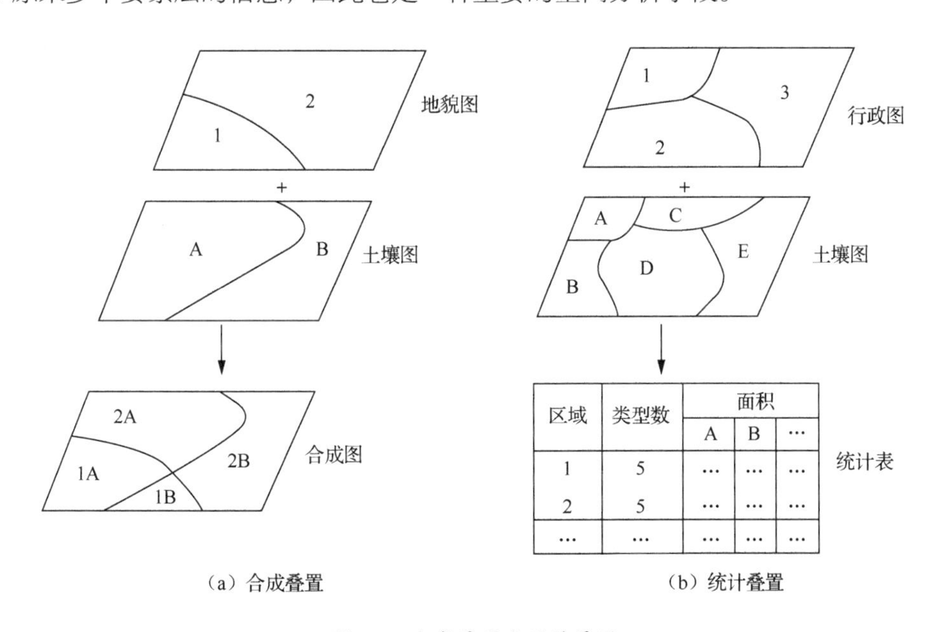

（a）合成叠置 （b）统计叠置

图 4.3 合成叠置和统计叠置

合成叠置可用于搜索同时具有多种地理属性的分布区域，或者对叠合后产生的多重属性进行新的分类，如查找坡度小于 3°且为交通用地的区域。统计叠置用于提取某个区域范围内某些专题内容的数量特征，或者统计分析一种要素在另一种要素中的分布特征（如统计某地区各类土壤的面积等），叠置的结果是统计报表。

从数据结构来看，叠置分析包括矢量叠置分析和栅格叠置分析两种，分别针对矢量数据结构和栅格数据结构。两者都是用来求解多层数据的某种集合，只是矢量叠置可实现拓扑叠置，得到新的空间特性和属性关系，而栅格叠置得到的是新的栅格属性。

4.2.2 基于矢量数据的叠置分析

参加叠置分析的两个图层都应是矢量数据结构。若需进行多层叠置，则两两叠置后与第三层叠置，依此类推，且两个图层应该是同一地区、同一比例尺。按叠置分析中对象图形特征的不同，叠置分析分为如下三种类型。

1. 点与多边形叠置

点与多边形叠置是指将点要素层与多边形要素层进行叠加分析，判断点包含在哪个多边形里，从而为点设置新的多边形属性。例如，城市点与省行政区多边形叠加，可确定每个城市所属省份，实际上属于点和面的包含分析，如图 4.4 所示。

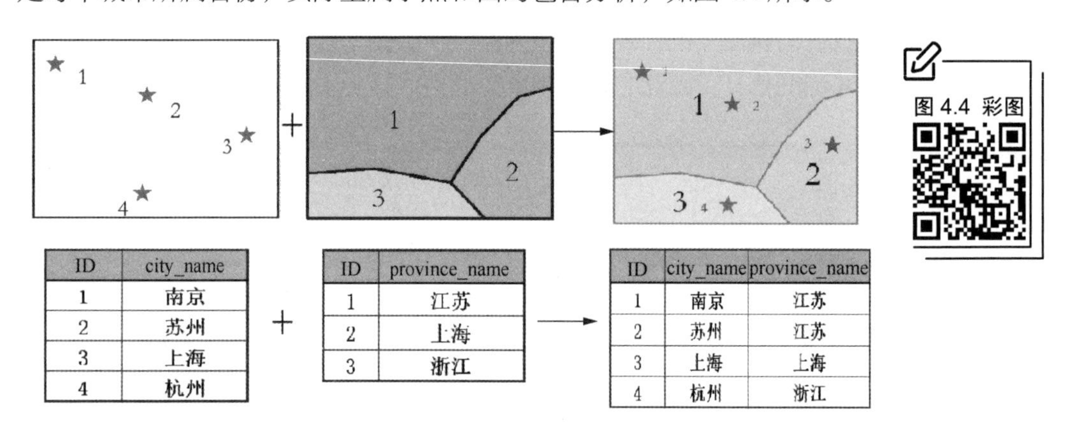

ID	city_name
1	南京
2	苏州
3	上海
4	杭州

ID	province_name
1	江苏
2	上海
3	浙江

ID	city_name	province_name
1	南京	江苏
2	苏州	江苏
3	上海	上海
4	杭州	浙江

图 4.4 点与多边形叠置

2. 线与多边形叠置

线与多边形叠置是指将线要素层与多边形要素层进行叠加分析，以判断线包含在哪个多边形里，从而为线设置新的多边形属性。例如，确定某省行政区内高速公路的里程时，需要将高速公路线图层与省行政区的面图层叠加，计算弧段与多边形边界的交点，在交点处截断弧段，并对弧段重新编号，建立弧段与多边形的归属关系，如图 4.5 所示。

3. 多边形与多边形叠置

多边形与多边形叠置是指将两个多边形要素层进行叠置（图形和属性），并产生一个新的多边形要素层及其属性信息，解决地理变量的多准则分析、区域多重属性的分析，地理特征的动态变化分析，以及图幅要素更新、区域信息提取等（图 4.6）。多边形与多边形叠置具有广泛的应用，是空间叠置分析的主要类型，一般基础的 GIS 软件都提供此功能。例如，ArcGIS 提供的此功能包括以下六种操作命令（图 4.7）。

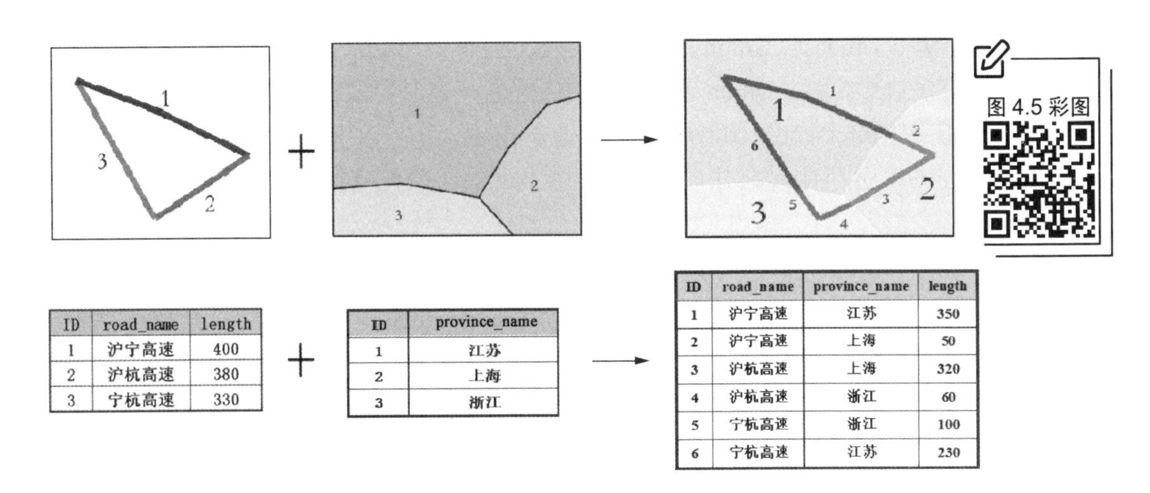

ID	road_name	length
1	沪宁高速	400
2	沪杭高速	380
3	宁杭高速	330

ID	province_name
1	江苏
2	上海
3	浙江

ID	road_name	province_name	length
1	沪宁高速	江苏	350
2	沪宁高速	上海	50
3	沪杭高速	上海	320
4	沪杭高速	浙江	60
5	宁杭高速	浙江	100
6	宁杭高速	江苏	230

图 4.5 线与多边形叠置

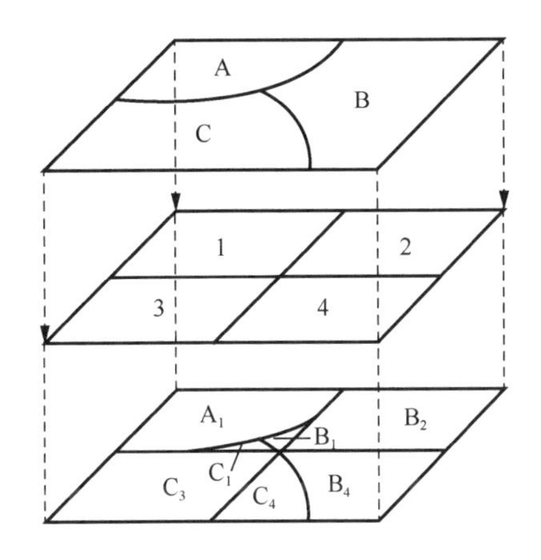

图 4.6 多边形与多边形叠置

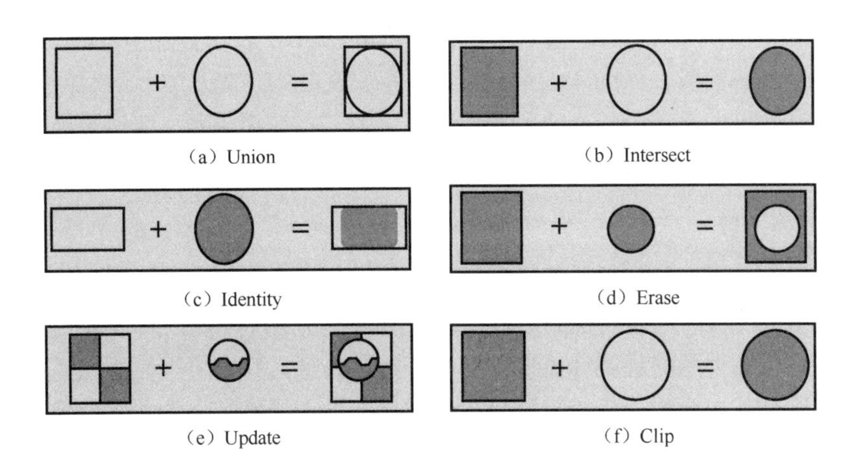

图 4.7 多边形与多边形叠置的操作命令

（1）合并（Union）。Union 是把两幅地图的区域范围联合起来，输出图层保留输入图层的所有多边形要素。Union 要求两个图层均为多边形要素。

（2）相交（Intersect）。Intersect 仅保留落在输入图层和叠加图层的公共地图区域的要素，在 GIS 分析中是常用的叠加方法。Intersect 操作支持点、线和多边形要素的叠加。

（3）一致（Identity）。Identity 仅保留落在由输入图层定义的区域范围内的地图要素，以布尔表达式表示为"（输入地图）AND（叠加地图）OR（输入地图）"。在输入图层区域之外的地图要素不在输出图层表示。Identity 操作支持点、线和多边形要素的叠加。

（4）删除操作（Erase）。Erase 仅保留以叠加图层为控制边界之外的所有多边形要素。在进行 Erase 操作之前，需要将叠加图层中的要素全部删除，可以用布尔表达式表示为"NOT（叠加地图）AND（输入地图）"。Erase 操作的对象必须是多边形要素。

（5）更新操作（Update）。Update 可进行多边的叠加运算，输出图层为一个经过删除处理后的图层与一个新特征图层进行合并后的结果。Update 常用于空间数据的实时更新。

（6）裁剪操作（Clip）。Clip 仅保留叠加图层之内的所有要素，叠加图层必须是多边形要素，对于输入图层可以是点、线和多边形要素。用布尔表达式表示为"（叠加地图）AND（输入地图）OR（叠加地图）"。

4.2.3 基于栅格数据的叠置分析

基于栅格数据的叠置是一个比较简单的过程，层间叠置可通过像元之间的各种运算实现，虽然存储量比较大，但运算过程比较简单。基于栅格数据的叠置分析的目的是产生新的空间信息，又称"地图代数"。栅格数据进行叠置要求栅格图层在同一地区，且栅格单元尺寸相同；不同图层间的对应栅格进行运算，运算结果生成新的栅格图层。设 R，C，S，L，SR，…表示原叠置层上同一坐标处的属性值，F 表示叠加运算函数，E 为叠置后属性输出层的属性值，如图 4.8 所示，则有 $E=F(R,C,S,L,SR,\cdots)$。

基于栅格数据的叠置分析有三种主要变换函数：点变换函数、区域变换函数和邻域变换函数。

1. 点变换函数

点变换只需对相应的栅格单元进行属性值的运算。点变换函数不受邻域点上属性值的影响，也不受区域内一般特征的影响，运算函数可以是加、减、乘、除、指数、对数、三角函数等。运算得到的新属性值可能与原叠置层的意义完全不同，可以是分类值、名称等，也可以是基本元素分析或集群分析的结果。基于栅格数据的叠置得到的新属性值是进一步空间聚类或聚合的依据。

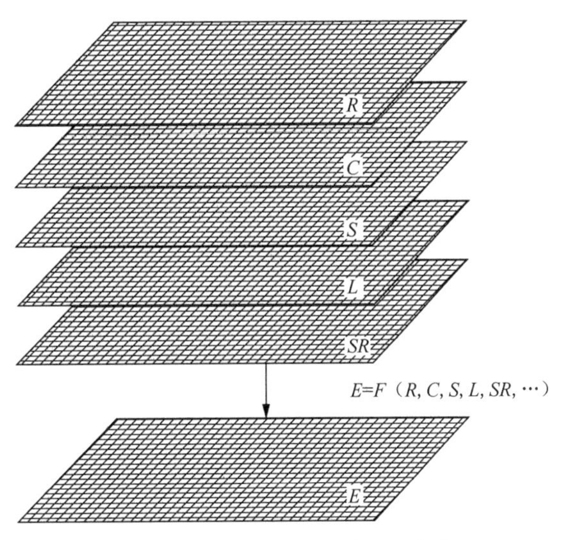

图 4.8　基于栅格数据的叠置分析

例如，若 A、B 两个栅格数据层分别为不同时期的城市建成区，则两个图层进行相减运算后可得到城市建成区的扩展变化。

2. 区域变换函数

区域变换是指在计算新图层属性值时，要考虑整个区域的属性值，不仅要与原叠置层对应的栅格属性值有关，而且要与栅格所在的区域长度、范围、周长、形状等特性有关，还与某图层上等值栅格数有关。

例如，A 表示土地利用现状图，B 表示自然区域或行政区域图，叠置后，用区域变换函数可得到各区域内不同土地利用单元的类型和面积统计结果。

3. 邻域变换函数

邻域变换是指在计算新图层的属性值时，不仅要考虑原叠置层对应栅格本身和其属性值相同的区域，而且要考虑与其属性值不同的邻域栅格。邻域变换函数与区域变换函数的主要区别是计算新函数涉及的区域范围不是由区域边界确定的，而是由指定距离确定的。

邻域变换函数中较简单的运算是加权平均值和最大值/最小值的计算，得到的是叠置栅格周围一定范围内的属性值统计特征量，如邻域范围内栅格属性值的变化和比率等。

基于栅格数据的叠置在方法上比矢量多边形叠置简单，但由于数据量大，因此需要压缩数据量提高运算效率。为了压缩栅格数据量，一般采用游程长度编码或四叉树编码存储栅格数据，从而提高运算效率。

4.2.4　数据结构与叠合分析

基于矢量数据结构的叠合分析，要求参与分析的两个图层均为矢量数据，存储量较小、计算精度较高，但运算过程比较复杂。矢量叠置一般经过三个步骤的计算：①将所有线段在与另一层的线段相交的位置打断；②重新建立弧-多边形拓扑关系；③设置多边形标识点，传递属性。矢量叠置算法的主要时间消耗在前两个步骤上。

基于栅格数据结构的叠合分析，要求参与分析的两个图层均为栅格数据。栅格数据由于自身数据结构的特点，在数据处理与分析中通常以线性代数的二维数字矩阵分析法为数据分析的数学基础，因此运算过程比较简单，且分析处理模式化很强，但数据量大。

4.3 缓冲区分析

4.3.1 缓冲区分析的概念

空间缓冲区分析（spatial buffer analysis）是指根据分析对象的点、线、面实体及指定条件，在周围建立一定距离的带状区（称为缓冲区）以识别这些实体或主体邻近对象的辐射范围或影响程度，为分析或决策提供依据。它是 GIS 重要的、基本的空间分析功能之一。公共设施（商场、邮局、银行、医院、车站、学校等）的服务半径，大型水库建设引起的搬迁，交通线两侧所划定的绿化带，湖泊生态保护区的范围等都可以用缓冲区分析描述。缓冲区的位置形态与原有实体有关，点、线、面实体的缓冲区如图 4.9 所示。

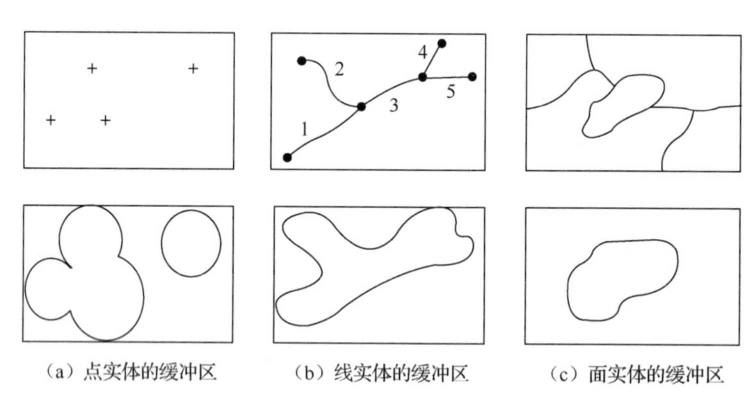

图 4.9　点、线、面实体的缓冲区

（1）点实体的缓冲区：通常是以点实体为圆心、以一定距离为半径的圆，如城市的噪声污染源影响的空间范围。

（2）线实体的缓冲区：通常是距线实体一定距离的平行条带状多边形，如交通线两侧划定的绿化带。

（3）面实体的缓冲区：通常是面实体边界向外或向内扩展一定距离生成的新多边形，如湖泊周围的潮湿地带等。

此外，缓冲区分析还要考虑权重因素，建立非对称缓冲区。例如，城市污染物的扩散存在方向性，在空间上通常是不均匀的，某些方向（如顺风）扩散较远，其他方向扩散不远，于是可以建立污染源周围的非对称缓冲区。与此相反，不考虑权重因素的缓冲区分析称为对称缓冲区。

缓冲区分析算法包括栅格方法和矢量方法。栅格方法又称点阵法，一般通过像元矩阵的加粗变换，得到扩张的像元块，再进行边界提取，即可得到原目标的缓冲区。栅格方法在原理上较简单，计算速度较快，但精度较低且内存开销较大，难以实现大数据量的缓冲区分析。下面主要介绍基于矢量数据的缓冲区生成算法。

4.3.2 缓冲区的建立

空间实体可分为点、线、面三类。点的缓冲比较简单，以点状地物为圆心，以缓冲区距离为半径绘圆即可；线和面的缓冲区分析中，以线状地物或面状地物的边线为参考线，因此线段的缓冲区是一种基本的缓冲区。

常见的矢量缓冲区生成算法有双线算法和叠置算法。双线算法由三步组成，即逐个线段计算简单平行线、尖角光滑校正和自相交处理。尖角光滑校正可采用角平分线法，还可采用圆弧法，但校正过程都很复杂，难以完全实现。叠置方法分两步完成，首先求出点、线等基本元素的缓冲区；然后通过对基本元素缓冲区的叠置运算，计算折线、面边界等复杂目标的缓冲区。下面简单介绍生成矢量缓冲区的叠置算法。

在叠置算法中，线段的缓冲区是一种基本的缓冲区，称为基元，它是两个半圆（在线段的两段）和一个矩形（线段中部）的并集，形如胶囊。半圆的直径与矩形的高度都等于缓冲区的宽度，而单点可看作线段的特例（长度为0）。单点缓冲区的形状由胶囊状退化为圆形，是一个以该点为圆心的圆面，圆的直径等于缓冲区的宽度。采用基元叠置算法，可以合并基元，构造出各种复杂的缓冲区。采用基元叠置算法，可以合并基元，构造出各种复杂的缓冲区。基元叠置算法包括两个基本步骤：基元的生成和基元叠置合并。

1. 基元的生成

基元的基本形状要素包括两个平行的线段和两个以线段端点为圆心的半圆弧。图4.10所示是线段（AB）缓冲区的构成，其中包括缓冲区矩形框 $abcd$、弧段 bc 及弧段 da，假设圆的半径是 r，A 的坐标为（x_A，y_A），B 的坐标为（x_B，y_B）。AB 的倾角为α、圆半径为 r，基元矩形框顶点 a、b、c、d 的坐标就都可以确定了。

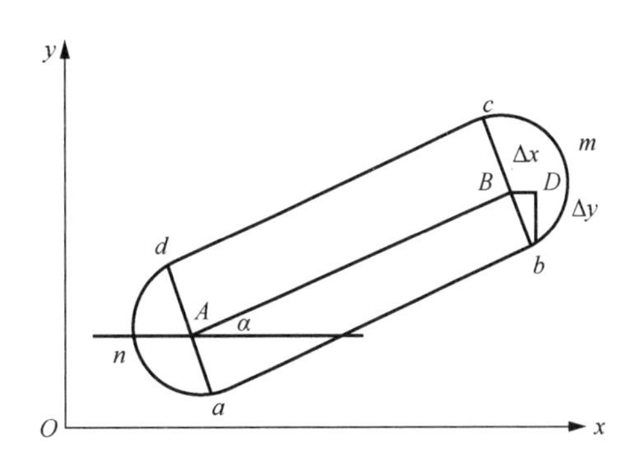

图4.10 线段（AB）缓冲区的构成

2. 基元叠置合并

基元叠置合并是指在交点处将基元边界元素分裂打断，判断其是否落入其他基元内部，并删除落入基元内部的边界元素，基本运算包括求交运算，以及点在多边形内的判断。图 4.11 所示是基元叠置生成折线缓冲区示例。求交运算是基元与其他基元进行比较求交，在交点处将基元边界元素分裂打断，可分为线段与线段的求交、圆弧段与线段的求交、圆弧段与圆弧段的求交，分别依据直线方程和圆方程进行求交点运算。当交点落在直线段或圆弧段上时，在交点处将线段或圆弧段打断，分裂为多个段。圆弧段通常由短小线段构成的折线逼近，这种情况下，求交点的运算全部是直线与直线的交点。由于短小折线数量大，因此求交运算量很大。

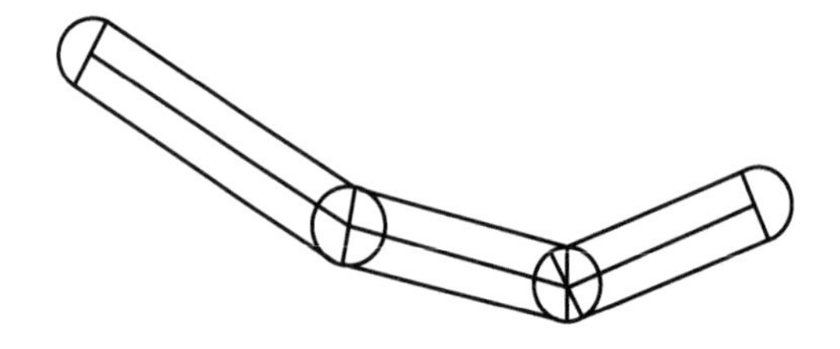

图 4.11　基元叠置生成折线缓冲区示例

基元边界元素各线段落在其他基元内的判断可以分为两步：先判断是否落在其他基元的两个半圆内，再判断是否落在中间的矩形框内，都可以归结为点是否在多边形内的判断。点在半圆内的判断依据是距离：若点到圆心的距离大于圆的半径，则该点不在半圆内。若点不在半圆内，则判断点是否在基元框架的矩形框中。点是否在矩形内的判断依据是面积：如果某点在矩形框中，则它与矩形的四个顶点的连线将矩形分割成四个三角形，其面积之和与矩形面积相等；否则该点在矩形框外。

4.3.3　缓冲区分析需注意的问题

由于空间实体的空间关系复杂，因此在建立和分析缓冲区时需要注意以下几个方面的问题。

1. 缓冲区重叠现象

缓冲区重叠包括多特征缓冲区重叠［图 4.12（a）］和同一特征缓冲区重叠［图 4.12（b）］。

对于前者，首先通过拓扑分析的方法，自动识别出落在某个缓冲区内部的线段或弧段，然后删除这些线段或弧段，得到经处理后的连通缓冲区；对于后者，可通过缓冲区边界曲线逐条线段求交，如果有交点且交点在这两条线段上，则记录该交点，从此点截断曲线，而线段的其余部分是否保留由它位于重叠区内还是重叠区外决定，若位于重叠区内则删除，若位于重叠区外则记录，得到包含岛状图形的缓冲区。

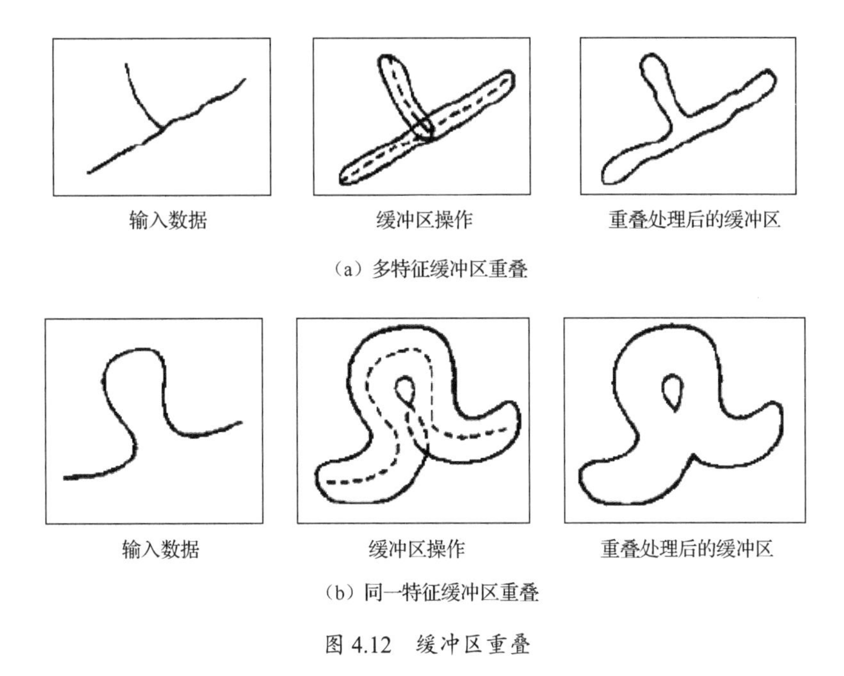

图 4.12 缓冲区重叠

2. 缓冲区失真现象

当折线的曲率很大时，在尖锐转角处易出现缓冲区失真的情况。如图 4.13（a）所示，折线 *abc* 在 *b* 点曲率很大，所求平行线交点形成折线 a'、b'、c'，使 bb' 远大于 D（$a'b'$ 与 ab 之间的距离）。通常当 $bb'>1.5D$ 时，用 $b_1'\ b_2'$ 代替 $b_1'\ b'\ b_2'$，如图 4.13（b）所示。

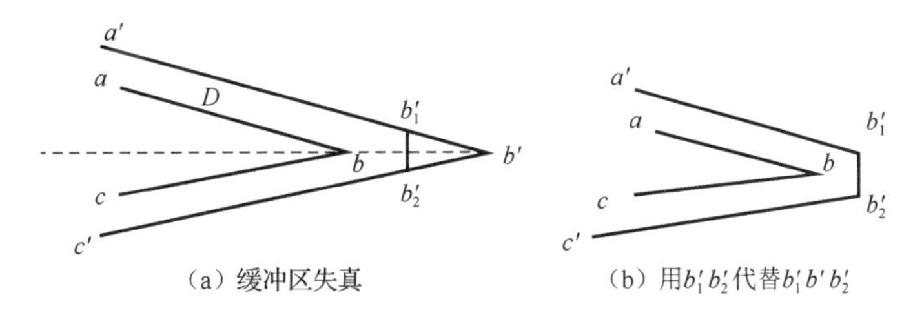

图 4.13 缓冲区转角的处理

在很多实际应用中，需要建立不对称的缓冲区（如城市规划中道路两侧的拆迁范围不同），在轴线两端以内的地方，缓冲区边界的生成方法与对称缓冲区方法一致，而在轴线两端处，由于左右缓冲距离不相等，轴线两端会产生尖角现象。

3. 地理事物特征要求不同宽度的缓冲区

在进行缓冲区分析时，经常出现不同级别的同一类要素有不同的缓冲区尺寸的现象。例如，在城市土地地价评估时，沿主要街道两侧的通达度、繁华度的辐射范围大，而小街道的较小，这与要素的类型和特点有关。在建立这种缓冲区时，首先应建立要素属性表，根据不同属性确定不同的缓冲区宽度，然后产生缓冲区。不同宽度的缓冲区处理示例如图 4.14 所示。

街道代码	街道级别	缓冲区宽度/m
1	2	500
2	3	300
3	2	500
4	1	800
5	1	800
6	1	800
7	4	100
8	2	500
9	2	500
10	3	200

（b）街道属性表

（a）街道原型图

（c）缓冲区

图 4.14　不同宽度的缓冲区处理示例

4. 复杂图形缓冲区的标识

复杂图形经缓冲区分析后产生许多多边形，这些多边形相互交织在一起，为了区分缓冲区和非缓冲区，需对每个多边形加以特征属性的标识。如图 4.15 所示，为了标识哪些区域在缓冲区内，哪些区域在缓冲区外，在多边形属性表中加入标识码，标识码 1 表示属于非缓冲区多边形，标识码 100 表示属于缓冲区多边形。

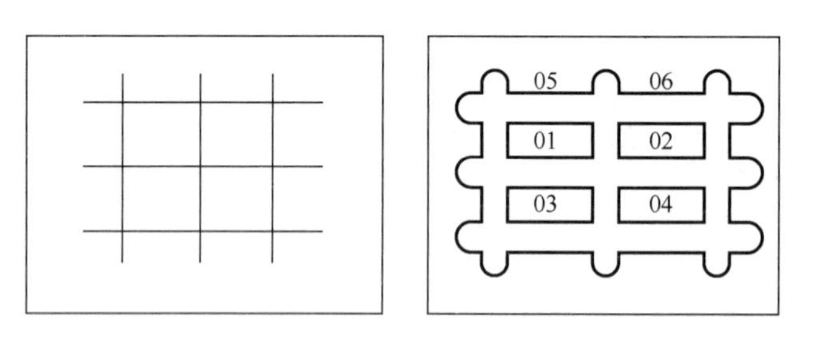

多边形号	标识码
01	1
02	1
03	1
04	1
05	100
06	1

图 4.15　复杂图形缓冲区的内外标识处理示例

4.4 网络分析

4.4.1 网络分析的概念

网络分析（network analysis）是 GIS 空间分析的重要组成部分，在 GIS 中有着广泛的应用。网络是一个由点、线二元关系构成的系统，通常用来描述某种资源或物质在空间中的运动。交通网络（如铁路网、公路网、航空网、水运网等），各类地下管网系统，流域的水网，以及电力网、电话网、供排水管网、燃气管网、货物销售网、邮政传递网等，都可以用网络表示，网络是现代生产、生活不可缺少的条件。

网络分析是利用网络模型，将网上的物流和数据流与网络显示功能结合，对真实网络世界的模拟，因此，网络分析是空间分析的重要方面。网络分析是运筹学模型的一个基本模型，它的根本目的是研究、筹划一项网络工程，并使运行效果最好，基本思想在于人类活动总是趋于按一定目标选择达到最佳效果的空间位置，主要应用是选择最佳路径和选择最佳布局中心位置。所谓最佳路径，是指从起始点到终点的距离最短或花费最少的路线；最佳布局中心位置是指各中心覆盖范围内任一点到中心的距离最近或花费最少，通常涉及路径分析、资源分配分析、地址匹配分析等。网络分析的基础理论是图论，所用数据结构为非线性图数据结构。

链（边）和节点是网络的基本元素，空间网络除具有一般网络的边、节点间抽象的拓扑特征之外，还具有 GIS 空间数据的几何定位特征和地理属性特征。各类空间网络虽然形态各异，但是网络的基本元素主要包括链、节点、站点、拐角点、中心和障碍等元素，如图 4.16 所示。

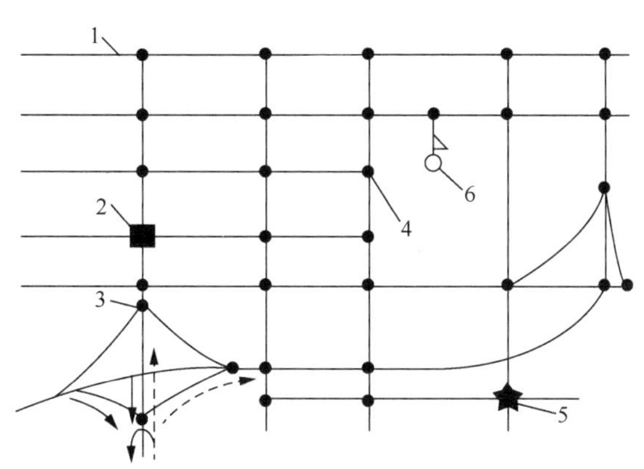

1—链；2—障碍；3—拐角点；4—节点；5—站点；6—中心

图 4.16　网络的基本要素

1. 链（link）

网线构成网络的骨架，是资源传输通道或实体间连接的纽带，可以代表街道、公路、铁路、航线、电话线、水管、煤气管、河流等，其状态属性有阻力和需求：时间耗费、成本速度等可表示为阻力；人流量、物流量、信息量等是需求的一些例子。

2. 节点（node）

节点是网线的端点或者网线交汇点，可以表示交通运输枢纽、交叉路口、中转站、货物汇合点等。可以根据实际需要，将其中一些节点设置为站点、拐角点、中心、障碍等元素。

3. 站点（stop）

站点表示在资源传输路径上可以进行资源装卸的地点，如火车站、汽车站、仓库等，其状态属性一般有需求（资源装卸量）和阻力（阻碍强度）。

4. 拐角点（tum）

拐角点出现在网线的所有交汇点上，其状态属性有阻力，如角度、拐弯时间和方向限制等拐角数据可以细致地模拟资源流动时的转向特性。

5. 中心（center）

中心在资源分配中表示资源集散地点，是接受或分配资源的位置，如交通客货站、水库、商业中心、电站等，其状态属性包括资源容量、阻力限额等。阻力限额是资源流入或流出该中心所能克服的最大累积阻碍，如最大距离或时间限制。

6. 障碍（barrier）

障碍是对资源传输起阻断作用的点，不带状态属性数据，如被破坏的桥梁、禁止通行的关口等。

网络中的状态属性分为阻力和需求，实际的状态属性可通过空间属性和状态属性的转换，根据实际情况赋到网络属性表中。

4.4.2 网络分析的基本方法

1. 路径分析

在空间网络分析中，路径问题占有重要位置。人们常想知道在空间网络的两指定节点间是否存在路径，如果有则希望找出其中的最短路径。这种路径问题对交通、消防、救灾、抢险、信息传输、物流配送等都有着重要意义。常见的路径分析如下。

（1）静态求最佳路径：由用户确定权值关系，即给定每条弧段的属性，当需求最佳路径时，读出路径的相关属性，求最佳路径。

（2）*N* 条最佳路径分析：确定起始点、终点，求代价较小的几条路径，在实践中往往仅求出最佳路径并不能满足要求，可能因为某种因素不走最佳路径，而走近似最佳路径。

（3）最短路径：确定起始点、终点和所要经过的中间点、中间连线，求最短路径。

（4）动态最佳路径分析：实际网络分析中，权值是随着权值关系式变化的，而且可能会临时出现一些障碍点，所以往往需要动态地计算最佳路径。

路径分析就是为资源寻找通过网络的最佳路径，它的核心是求解网络中的最短路径问题，实际上是求加权后的最短路径。例如，在交通运输中，从 A 地到 B 地的最短路径不一定是最佳路径，因为道路上可能有上坡、下坡、路面质量，还要考虑由车流量引起的拥挤等因素。为此，可对两点之间赋权重值，以表示两点之间有效距离、可能花费的时间或费用等。从而，若两点之间有很多道路可通，可求出什么路线距离最短、什么路线花费的时间最少、什么路线最节省费用等。最佳路径求解算法有 Dijkstra 算法、Floyd 算法、Dantzig 算法、Doublesweep 算法等。其中 Dijkstra 算法在常规 GIS 系统中被广泛采用，其基本思路是由近及远寻找起始点到其他所有节点的最佳路径，直至目标节点。

2. 地址匹配

地址匹配的实质是对地理位置的查询，涉及地址的编码。地址匹配与其他网络分析功能结合起来，可以满足实际工作中非常复杂的分析要求。所需输入的数据包括地址表和含地址范围的街道网络及待查询地址的属性值。

3. 资源分配

网络模型由中心点（分配中心）及其状态属性和网络组成。分配有如下两种方式：一种是由分配中心向四周输出；另一种是由四周向中心集中。资源分配可以解决资源的有效流动和合理分配，在地理网络中的应用与区位论中的中心地理论类似。

资源分配是根据中心的容量，以及网线和节点的需求，将网线和节点分配给最近的中心，分配过程中阻力的计算是沿最佳路径进行的。网络元素被分配给某个中心时，该中心拥有的资源减少，减小量等于降低被分配来的网络元素的需求量。随着网络元素由近及远被分配到某个中心，该中心的资源量逐渐耗尽，直到无法将新的网络元素分配到该中心。但分配过程不一定持续到中心的资源量耗尽，可以通过中心的阻碍限度控制分配范围，当超过阻碍限度时分配停止。

网络资源分配可以模拟资源在中心及周围的网络元素之间流动。例如，资源分配模型可用来计算中心地的等时区、等交通距离区、等费用距离区等，可用来分析城镇中心、商业中心或港口等地的吸引范围，以寻找区域中最近的商业中心，进行各种区划和港口腹地的模拟。另外，消防站分布和救援区的划分，垃圾收集点分布，中、小学招收学生的小区划分，停水、停电对区域社会、经济影响的估计等，都可看成利用网络和相关数据进行资源分配。求解资源分配方案时，可以采用 Dijkstra 算法，其由近及远的搜索过程正好与资源分配从中心向四周扩展的过程吻合。

4. 网络选址分析

网络选址可用来确定机构设施的最佳平面地理位置。对于任何生产性机构或服务性机构来说，其需求点与供给点的分布总是存在着一定的差异，因此需要考虑需求与供给的相互作用，据此选择需求点或供给点的最佳地理位置，以获得最大经济效益或最小运输费用。平面网络选址问题的实质是通过对一个设施或一个设施平面网络的供给和需求两方面的相互作用实现位置分布模式的优化。其中位置-分配问题可以描述为：在网络中给定一定数量的需求点，求一定数量的供给点及供给点的需求分配，以完成某个规划方案。在网络图形分析中的选址问题一般限定设施必须位于某个节点或某条网线上，或者限定在若干候选地点中选择位置。选址问题因具体要求不同，求解方法及其复杂程度差别很大，可根据具体情况采用矩阵约简方法、整数规划方法等。

网络分析的具体门类对象、要求变化非常多，一般的 GIS 软件往往只能提供一些常用的分析方法或描述网络的数据模型和存储信息的数据库。其中，常用的方法是线性阻抗法，即资源在网络上的运输与所受的阻力和距离（或时间）成线性正比关系，在此基础上选择路径、估计负荷、分配资源、计算时间和距离等。对于特殊的、精度要求极高的、非线性阻抗的网络，需要特殊的算法分析。

4.5 空间统计分析

4.5.1 空间统计分析概述

GIS 得以广泛应用的重要技术支撑之一就是空间统计分析。例如，在区域环境质量现状评价工作中，可将地理信息与大气、土壤、水、噪声等环境要素的监测数据结合在一起，利用 GIS 软件的空间分析模块，对整个区域的环境质量现状进行客观、全面的评价，以反映区域的污染程度及空间分布情况。通过叠加分析，可以提取该区域内大气污染分布图、噪声分布图；通过缓冲区分析，可以显示污染源影响范围等。

空间统计分析（spatial statistical analysis）是空间分析的主要手段，贯穿于空间分析的各个主要环节。空间统计分析方法不仅限于常规统计方法，而且包括利用空间位置的空间自相关分析、空间回归分析等。空间统计分析可包括空间数据的统计分析及数据的空间统计分析。GIS 的空间统计分析侧重于数据的空间统计分析。

空间数据的统计分析侧重于空间物体和现象的非空间特性的统计分析，解决以数学统计模型描述和模拟空间现象及过程，即将地理模型转换成数学统计模型，以便定量描述和计算机处理，注重常规的统计分析方法，尤其是多元统计分析方法对空间数据的处理，而空间数据描述的事物的空间位置在这些分析中不起制约作用。从这个意义上讲，空间数据的统计分析在很多方面与一般的数据分析并无本质差别，但是对空间数据的统计分析结果的解释必然依托地理空间进行，在很多情况下，分析的结果以地图方式描述和表达。因此，尽管空间数据的统计分析在分析过程中没有考虑数据抽样点的空间位置，但描述的仍然是空间过程，揭示的也是空间规律和空间机制。

数据的空间统计分析是直接从空间对象的空间位置、联系等方面出发，研究具有随机性、结构性或空间相关性和依赖性的自然现象。其核心是认识与地理位置相关的数据间的空间依赖、空间关联或空间自相关特性，通过空间位置建立数据间的统计关系。空间统计分析的任务是运用有关统计方法建立空间统计模型，从数据中挖掘空间自相关与空间变异规律。数据的空间统计学区别于经典统计学的最大特点是，空间统计分析既考虑到样本值，又重视样本空间位置及样本间的距离。

空间数据具有空间依赖性（空间自相关）和空间非均质性（空间结构）。托布勒（W. R. Tobler）在 1970 年提出地理学第一定律：所有事物或现象在空间上都是有联系的，但相距近的事物或现象间的联系一般较相距远的事物或现象间的联系要紧密。在空间统计学中，相似事物或现象在空间上集聚（集中）的性质称为空间自相关。在地理学中，每个空间位置上的事物（现象）都具有区别于其他位置上的事物（现象）的特点，这种差异性称为空间异质性，与地理学第一定律描述的空间依赖性相对应，将空间异质性概括为地理学第二定律。

经典统计学的数据符合标准的正态分布，其模型以经典统计理论为基础，是在观测结果相互独立的假设基础上建立的，但时间上地理现象之间（空间数据）大多不具有独立性，空间数据的空间依赖性和空间异质性，扭曲了经典统计方法的假设条件，使得经典统计模型对空间数据的分析产生虚假的解释。空间统计学研究的基础是空间对象间的相关性和非独立的观测，它们与距离有关，并随着距离的增大而变化。这些问题被经典的统计学忽视，但成为空间统计学的核心。

借助空间统计分析可以更好地理解地理现象，空间统计不仅让我们知道“怎么样”，而且让我们知道“哪里怎么样”。空间统计学可以帮助我们准确地判断具体地理模式的原因。例如，1854 年的英国伦敦霍乱病毒流行时，从斯诺制作的伦敦霍乱地图中发现霍乱病仅发生在靠近水井、河流的街区，推断出水中的寄生物可能是病源。空间统计学可以帮助我们处理复杂数据集，这是 GIS 经常面对的事情。

4.5.2 空间自相关分析

根据地理学第一定律的距离越近越相似，即空间中相距较近的样本数据点（简称样点）具有某种相似性，相距较远的样点往往不相似，这就是空间自相关。空间自相关是指一些变量在同一个分布区内的观测数据之间具有潜在的相互依赖性。从而引申出新的问题：空间自相关使得传统的统计学方法不能直接用于分析地理现象的空间特征，如果满足空间自相关，就不能用传统的统计学方法，因为传统的统计学方法的基本假设就是独立性和随机性。

空间自相关分析（spatial autocorrelation analysis）是一种空间统计方法，对空间自相关的研究是揭示空间数据分布的一个很重要的概念，可以揭示空间变量的区域结构形态。空间自相关分析也是检验某个要素属性值是否与其相邻空间点上的属性值关联的重要指标，正相关表明某单元的属性值变化与其相邻空间单元具有相同的变化趋势，代表了空间现象存在集聚性；负相关则相反。空间自相关分析可以分为全局空间自相关分析和局部空间自相关分析。计算空间自相关中的关联性程度是研究空间自相关的主要方法，可以使用多种指数，较常用的是莫兰指数（Moran’s I）。下面介绍空间权重矩阵和莫兰指数。

1. 空间权重矩阵

在度量空间自相关时，需要解决地理空间结构的数学表达，定义空间对象的相互关系，因此引入了空间权重矩阵。通常定义一个二元对称空间权重矩阵 $\boldsymbol{W}$ 来表达 n 个空间对象的空间邻近关系。空间权重矩阵的表达形式为

$$\boldsymbol{W}=\begin{bmatrix} w_{11} & w_{12} & \cdots & w_{1n} \\ w_{21} & w_{22} & \cdots & w_{2n} \\ \vdots & \vdots & \ddots & \vdots \\ w_{n1} & w_{n2} & \cdots & w_{nn} \end{bmatrix}$$

式中，w_{ij} 为区域 i 与 j 的邻近关系。空间权重矩阵有多种规则，下面介绍几种常见的空间权重矩阵设定规则。

（1）根据邻接标准。当空间对象 i 和空间对象 j 相邻时，空间权重矩阵的元素 w_{ij} 为1，其他情况为0，表达式为

$$w_{ij}=\begin{cases} 1, & i \text{与} j \text{相邻} \\ 0, & i=j \text{或} i \text{与} j \text{不相邻} \end{cases}$$

（2）根据距离标准。当空间对象 i 和空间对象 j 在给定距离 d 之内时，空间权重矩阵的元素 w_{ij} 为1，否则为0，表达式为

$$w_{ij}=\begin{cases} 1, & i \text{与} j \text{相邻距离小于} d \\ 0, & \text{其他} \end{cases}$$

（3）如果采用属性值 x_i 和二元空间权重矩阵定义一个加权空间邻近度量方法，则对应的空间权重矩阵可以定义为

$$W_{ij}=\frac{w_{ij}x_j}{\sum_{j=1}^{n} w_{ij}x_j}$$

2. 莫兰指数

莫兰指数是由澳大利亚统计学家莫兰（P. A. P. Moran）提出的，分为全局莫兰指数（Global Moran’s I）和局部莫兰指数（Local Moran’s I）。

全局莫兰指数的计算公式为

$$I=\frac{n\sum_{i=1}^{n}\sum_{j=1}^{n}w_{ij}\left(x_i-\overline{x}\right)\left(x_j-\overline{x}\right)}{\sum_{i=1}^{n}\sum_{j=1}^{n}w_{ij}\sum_{i=1}^{n}\left(x_i-\overline{x}\right)^2}$$

式中，I 为莫兰指数，$\overline{x}=\frac{1}{n}\sum_{i=1}^{n}x_i$。

全局莫兰指数用来测度全局空间自相关，全局空间自相关可检验空间邻接或空间相邻的区域单元属性值空间相关性是否存在，概括了在一个总的空间范围内的空间依赖程度。

局部莫兰指数的计算公式为

$$I_i=\frac{n\left(x_i-\overline{x}\right)\sum_{j}w_{ij}\left(x_j-\overline{x}\right)}{\sum_{i}\left(x_j-\overline{x}\right)^2}$$

局部莫兰指数可用来测度局部空间自相关。局部空间自相关可以描述一个空间单元与其邻域的相似程度，能够表示每个局部单元服从全局总趋势的程度（包括方向和量级），并提示空间异质，说明空间依赖是如何随位置变化的。局部空间自相关可以用来识别不同空间位置可能存在的不同空间关联模式（或空间聚集模式），从而允许观察不同空间位置的局部不平稳性，发现数据之间的空间异质性，为分类或区划提供依据。局部空间自相关除了可以识别要素聚类或分散的位置外，还可以判断要素聚类的程度（热点、冷点）。

莫兰指数是一个有理数，通过方差归一化操作之后，其值将分布在[−1,1]，用来判别空间是否存在自相关。当值大于 0 时，表示数据呈空间正相关，值越大，空间相关性越明显；当值小于 0 时，表示数据呈空间负相关，值越小，空间差异越大；当值等于 0 时，表示数据是随机分布的，不存在空间相关性。还可以对莫兰指数进行显著性检验，检验统计量为

$$Z=\frac{I-E\left(I\right)}{\sqrt{\operatorname{var}I}}$$

当 Z 值为正且显著时，表明存在正的空间自相关；当 Z 值为负且显著时，表明存在负的空间自相关；当 Z 值为零时，观测值呈独立随机分布。

构成的莫兰散点图可以划分为四个象限，对应四种区域空间差异类型：高高（区域自身和周边地区的属性水平均较高，二者空间差异程度较小）、高低（区域自身属性水平高，周边地区属性水平低，二者空间差异程度较大）、低低、低高。高高关联、低低关联属于正的空间关联，高低关联、低高关联属于负的空间关联。

空间差异和空间异质性是不同的概念，空间差异是指不同地域范畴因为发展水平及其结构不同而产生的差异，而空间异质性是指因为空间位置的不同而引发的不同。

下面以 2019 年济南市小学分布情况为例进行分析。2019 年济南市（八区、两县，不包括莱芜区和钢城区）小学分布如图 4.17（a）所示，对其进行空间自相关分析，可得莫兰指数为 0.71，即济南市小学的空间分布呈正相关且相关性较强，小学的分布有聚类趋势。

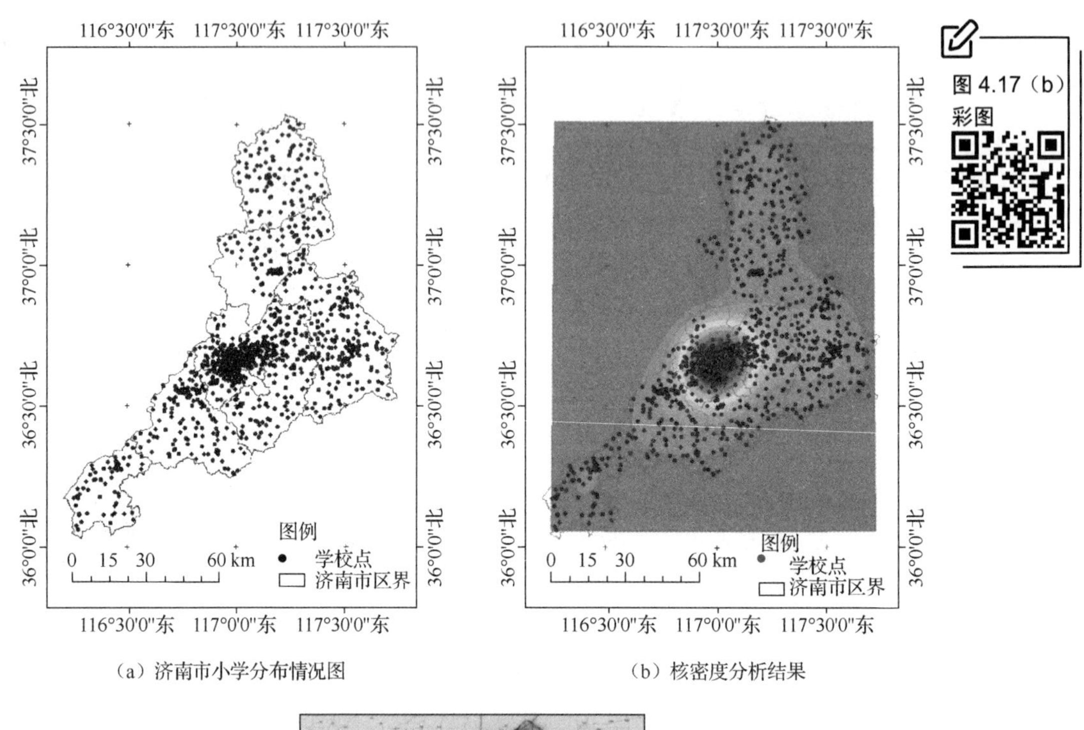

（a）济南市小学分布情况图

（b）核密度分析结果

图 4.17（b）彩图

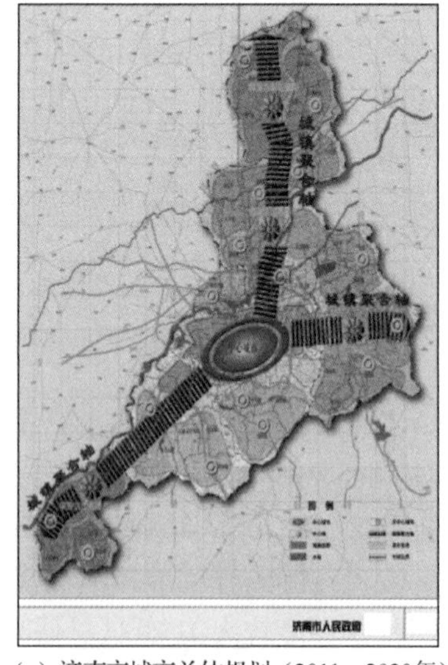

（c）济南市城市总体规划（2011—2020年）

图 4.17（c）彩图

图 4.17 2019 年济南市小学分布情况分析及城市总体规划（2011—2020 年）

对小学分布情况进行核密度分析（空间分析的一种，可以体现出分析目标在空间上的集聚情况）的结果如图 4.17（b）所示，济南市城市总体规划（2011—2020 年）如图 4.17（c）所示，可见教育设施的分布符合济南市总体的“东拓、西进、南控、北跨、中优”的城市空间发展战略，空间结构布局也符合市域空间结构构筑“一心、三轴”的市域城镇空间结构。

4.5.3 空间回归分析

回归分析是研究两个或两个以上变量之间相关关系的一种方法，用数学方程式表达变量 y 和 x 的这种不确定的共变关系。由于空间变量具有诸多特殊性质，在很多情况下不能直接用回归分析方法研究空间问题，否则将会得出错误的结论，因此研究空间变量之间的关系需要在回归分析模型的基础上发展出能够描述空间变量特征的回归分析模型。下面主要介绍普通回归分析模型和地理加权回归（geographically weighted regression，GWR）模型。

1. 普通回归分析模型

回归分析用于研究两组或者两组以上变量之间的相互关系，常见的回归分析有线性回归、指数回归、对数回归、多元回归等，下面主要介绍线性回归。线性回归分为一元线性回归和多元线性回归。

一元线性回归是指一个解释变量（自变量）对被解释变量（因变量）的影响，多元线性回归是指多个解释变量对被解释变量的影响。一元线性回归是多元线性回归的基础，从研究最简单的一元线性回归出发，但在实际问题中，影响因变量的因素往往有多个。多元线性回归就是研究在线性相关条件下，两个或两个以上自变量对因变量的数量变化关系，表现该数量关系的数学公式称为多元线性回归模型，它是一元线性回归模型的扩展。一元线性回归参数的假设检验也可以推广到多元线性回归。

计算一元线性回归方程的最小二乘法是整个回归思想的核心，在多元线性回归方程中，由于变量增加，多元线性回归会出现异方差性、时序性等影响回归方程的拟合度，还会出现一些一元线性回归没有的问题，如多重共线性，即多个自变量之间具有线性关系。多元回归模型的公式如下

$$y = \beta_0 + \beta_1 x_1 + \cdots + \beta_n x_n + \varepsilon$$

式中，β_0 是回归截距；β_1，$\beta_2,\cdots,\beta_n$ 是 n 个回归系数；ε 是残差。

回归截距表示所有解释变量均为零时因变量的预期值。回归系数可使用回归工具计算，是一些数值，表示解释变量与因变量之间的关系强度和类型，且每个解释变量都有一个对应的回归系数。通常回归系数的估计方法有两种：最小二乘法和最大似然函数法。残差是为随机误差项。与一元线性回归一样，多元线性回归方程中的未知参数 $\boldsymbol{\beta}$ 可用最小二乘法来估计，表示为

$$\hat{\boldsymbol{\beta}} = (\boldsymbol{X}^{\mathrm{T}}\boldsymbol{X})^{-1}\boldsymbol{X}^{\mathrm{T}}\boldsymbol{Y}$$

最小二乘法又称最小平方法，是一种数学优化技术，是对过度确定系统，即其中存在比未知数更多的方程组，以回归分析求得近似解的标准方法。它通过最小化误差的平方和寻找数据的最佳函数匹配。利用最小二乘法可以简便地求得未知的数据，并使其与实际数据之间的误差的平方和 Q 最小。

$$\begin{aligned} Q(\boldsymbol{\beta}) &\triangleq \sum_{i=1}^{n}\varepsilon_i^2 = \boldsymbol{\varepsilon}^{\mathrm{T}}\boldsymbol{\varepsilon} = (\boldsymbol{Y}-\boldsymbol{X}\boldsymbol{\beta})^{\mathrm{T}}(\boldsymbol{Y}-\boldsymbol{X}\boldsymbol{\beta}) \\ &= \sum_{i=1}^{n}(y_i - \beta_0 - \beta_1 x_{i1} - \beta_2 x_{i2} - \cdots - \beta_n \beta_{in})^2 \end{aligned}$$

由于 $Q(\boldsymbol{\beta})$ 是关于 $\beta_0, \beta_1, \cdots, \beta_{\mathrm{n}}$ 的非负二次函数，因此必定存在最小值，利用微积分的极值求法，可得

$$\frac{\partial Q(\hat{\boldsymbol{\beta}})}{\partial \beta_{\mathrm{j}}} = -2\sum(y_i - \hat{\beta}_0 - \hat{\beta}_1 x_{i1} - \hat{\beta}_2 x_{i2} - \cdots - \hat{\beta}_n x_{in})x_{ij} = 0$$

式中，$\hat{\beta}_{\mathrm{j}}(j = 0,1,\cdots,n)$ 是 $\beta_{\mathrm{j}}(i = 0,1,\cdots,n)$ 的最小二乘估计。对 $Q(\boldsymbol{\beta})$ 求偏导，求解方程组的过程可用矩阵代数运算进行，矩阵表示为

$$\boldsymbol{X}^{\mathrm{T}}(\boldsymbol{Y} - \boldsymbol{X}\hat{\boldsymbol{\beta}}) = 0$$

移项得正规方程组

$$\boldsymbol{X}^{\mathrm{T}}\boldsymbol{X}\hat{\boldsymbol{\beta}} = \boldsymbol{X}^{\mathrm{T}}\boldsymbol{Y}$$

即

$$\hat{\boldsymbol{\beta}} = (\boldsymbol{X}^{\mathrm{T}} - \boldsymbol{X})^{-1}\boldsymbol{X}^{\mathrm{T}}\boldsymbol{Y}$$

2. 地理加权回归模型

空间统计区别于经典统计学的两大特征是空间相关性和空间异质性。莫兰指数可以量化空间相关性，地理加权回归可以量化空间异质性。由于存在空间异质性，不同的空间子区域上解释变量和因变量的关系可能不同，因此产生了这种空间建模技术直接使用与空间数据观测关联的坐标位置数据建立参数的空间变化关系，也就是 GWR，其本质是局部模型。

GWR 是一种空间分析技术，广泛应用于地理学及涉及空间模式分析的相关学科，可以量化空间异质性。GWR 模型是对普通线性回归模型的扩展，数据的空间位置嵌入回归参数，利用局部加权最小二乘法进行逐点参数估计，其中权是回归点所在的地理空间位置到其他各观测点的地理空间位置之间的距离函数，由于它考虑到了空间对象的局部效应，因此具有更高的准确性。GWR 具有较强的空间数据局部分析能力，通过建立空间范围内每个点的局部回归方程，研究对象在某个尺度下的空间变化及相关驱动因素，能够很好地揭示空间异质性条件下的空间关系，并预测未来结果。

$$y_i=\beta_0(u_i,v_i)+\sum_{k=1}^{p}\beta_k(u_i,v_i)x_{ik}+\varepsilon_i,\quad i=1,2,\cdots,n$$

式中，y_i 为因变量在 i 点的值；$\beta_0(u_i,v_i)$ 为样点 i 坐标；$\beta_k(u_i,v_i)$ 为样点 i 上的第 k 个回归参数；ε_i 为第 i 个样点的随机误差；(u_i,v_i) 为第 i 个样点的坐标（如经纬度）。为表述方便，将上式简写为

$$y_i=\beta_0+\sum_{k=1}^{P}\beta_{ik}\chi_{ik}+\varepsilon_i,\quad i=1,2,\cdots,n$$

若 $\beta_{1k}=\beta_{2k}=\cdots=\beta_{nk}$，则 GWR 退变为普通线性回归模型。

普通线性回归模型的回归系数是固定的，但 GWR 中回归参数在每个样点上都是不同的，因此未知参数的数量 $n(p+1)$ 远远大于观测数 n，不能直接利用参数回归估计方法估算其中的未知参数。GWR 是因空间异质性发展起来的，其本质是局部模型，继续应用局部回归的思想，但是在局部窗口的模式下遵循地理学第一定律，即近处的数据比远处的数据对结果的影响大。以空间关系为权重加入运算中，即距离矩阵，通常称为空间权重矩阵。空间权重矩阵是空间关系的概念化，表示为

$$\boldsymbol{w}_j=\begin{bmatrix} w_{j_1} & 0 & 0 & \cdots & 0 \\ 0 & w_{j_2} & 0 & \cdots & 0 \\ 0 & 0 & w_{j_3} & \cdots & 0 \\ \vdots & \vdots & \vdots & \ddots & \vdots \\ 0 & 0 & 0 & \cdots & w_{j_n} \end{bmatrix}$$

地理加权回归模型的核心是空间权重矩阵，它通过选取不同的空间权函数表达数据的空间关系，空间权函数的正确选取对地理加权回归模型参数的正确估计影响很大。下面介绍常见的空间权函数计算方法。

（1）距离阈值法。

距离阈值法是最简单的空间权函数，它的关键是选取合适的距离阈值(D)，再与数据点 j 和回归点 i 之间的距离 d_{ij} 比较，若 D 小于 d_{ij} 则权重为 0，否则为 1，即

$$w_{ij}=\begin{cases}1, & d_{ij}\leqslant D \\ 0, & d_{ij}>D\end{cases}$$

这种权重函数的实质就是一个移动窗口，计算简单，其缺点是函数不连续。

（2）距离反比法。

根据地理学第一定律空间相距较近的地物比相距较远的地物相关性强，得出估计回归点 i 的参数时，应对回归点的邻域给予更多关注，人们采用距离衡量这种空间关系。

$$w_{ij}=1/d_{ij}^{\alpha}$$

式中，α 为合适的常数，当 α 取值为 1 或 2 时，对应的是距离倒数或距离倒数的平方。

距离反比法简洁明了，但在回归点本身也是样点的情况下，会出现回归点观测值权重无穷大的现象，若从样本数据中剔除，则会大大降低参数估计精度，所以不适合在 GWR 模型参数估计中直接采用，需要对其进行修正。

（3）高斯（Gauss）函数法。

高斯函数法（高斯空间权重函数法）是表示 w_{ij} 与 d_{ij} 之间的连续函数，可以克服上述空间权函数不连续的缺点。高斯函数图形如图 4.18（a）所示，表达式为

$$w_{ij}=\exp\left[-(d_{ij}/b)^2\right]$$

高斯函数式中描述权重与距离之间函数关系的非负衰减参数称为带宽，带宽越大，权重随距离增大衰减得越慢；带宽越小，权重随距离增大衰减得越快。

（4）截尾函数（bi-quare）。

在实际中，往往截掉对回归参数估计几乎没有影响的样点，不予计算，并以有限高斯函数代替高斯函数，常采用截尾函数。截尾函数图形如图 4.18（b）所示，表达式为

$$w_{ij}=\begin{cases}\left[1-(d_{ij}/b)^2\right]^2, & d_{ij}\leqslant b\\ 0, & d_{ij}>b\end{cases}$$

截尾函数可以看成距离反比法和高斯函数法的结合，带宽范围内的回归点可以通过有限高斯函数计算权重，带宽之外的样点权重为 0。

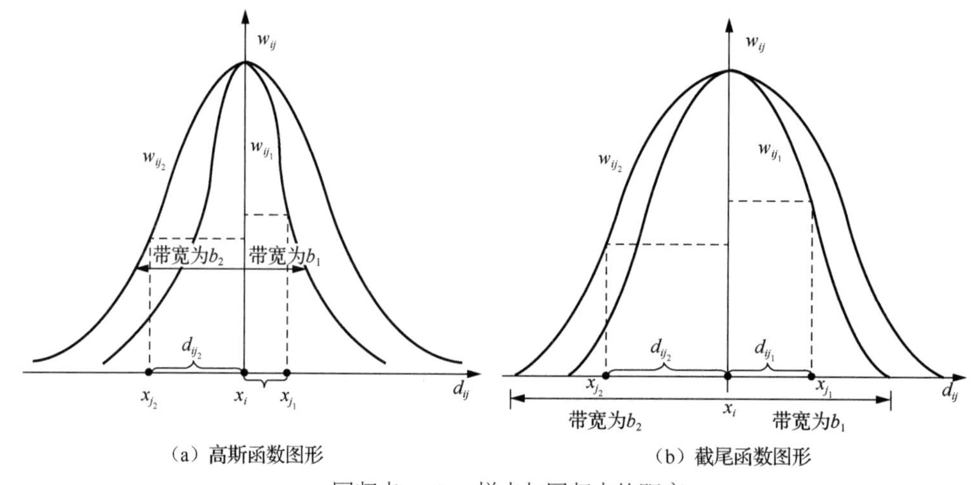

（a）高斯函数图形 （b）截尾函数图形

x_i—回归点；d_{ij}—样点与回归点的距离；

x_{j_1}，x_{j_2}—样点；w_{ij}—样点的权重

图 4.18 高斯函数和截尾函数的函数图形

随着研究和应用的不断深入，GWR 技术不断得到扩展，如求解的精度、增强模型的适用性等。目前 GWR 技术的扩展应用主要有基于灵活距离度量选择的 GWR、多尺度 GWR、时空 GWR、混合 GWR 等。

4.6 空间查询分析

在 GIS 中，为进行分析，往往需要查询定位空间对象，并用一些简单的量测值（如

长度、面积、距离、形状等）描述地理分布或现象。实际上，空间分析始于空间查询与量算，它是空间分析的定量基础。

4.6.1 空间查询过程

空间查询是GIS的常用功能，也是与其他数字制图软件区别的主要特征之一。空间查询过程大致可分为三类：①直接复原数据库中的数据及所含信息，回答部分简易问题；②通过一些逻辑运算完成一定约束条件下的查询；③对根据数据库中现有的数据模型进行有机组合，构造出复合模型，模拟现实世界的一些系统和现象的结构、功能，回答一些“复杂”问题，预测一些事物发生、发展的动态趋势。

空间数据的查询属于数据库的范畴，一般定义为从数据库中找出所有满足属性约束条件（带比较运算符的逻辑表达式）和空间约束条件（带空间谓词的逻辑表达式）的地理对象。空间谓词由地理对象间的空间关系演变而来，如包含、相交、相离、重叠、距离、方向等。空间查询过程如图4.19所示。

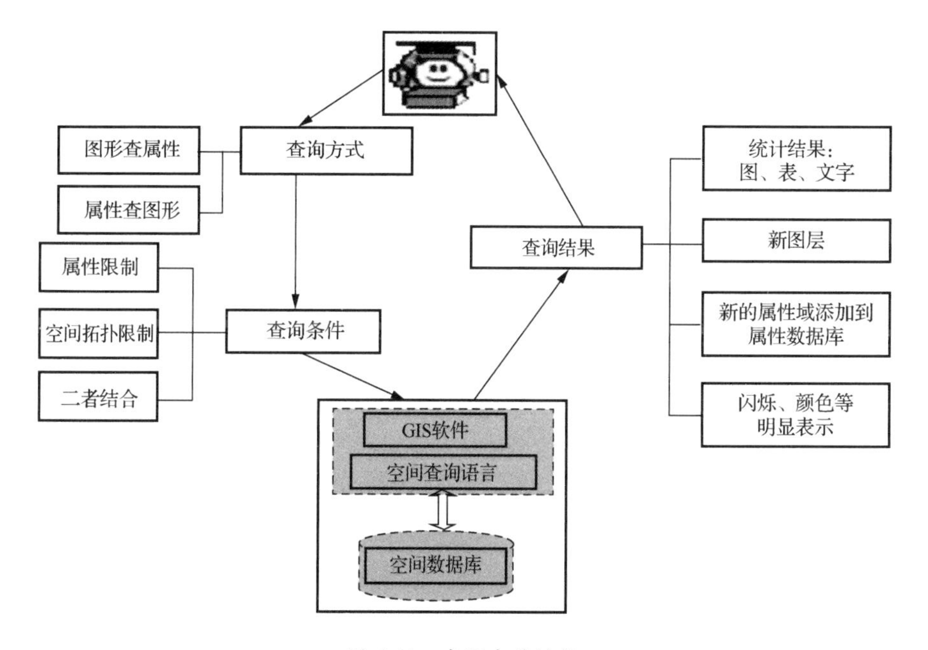

图4.19 空间查询过程

4.6.2 空间查询方式

空间查询方式主要有两大类，即图形查属性和属性查图形。

图形查属性（给出图形信息）是根据对象的空间位置查询有关属性信息，可以通过点、矩形、圆和多边形等图形（图形可通过鼠标点取、拉框等方式选取）查询所选空间对象的属性，也可以查找空间对象的几何参数（如两点间的距离、线状地物的长度、面状地物的面积等）及空间拓扑关系（如包含、相邻等）等。图形查属性通常分为两步，首先借助空间索引，在地理信息系统数据库中快速检索出被选空间实体；然后根据空间实体与属性的连接关系得到所查询空间实体的属性列表。

属性查图形（给出属性特征条件）是按属性信息的要求查询定位空间位置，主要用SQL语句进行简单和复杂的条件查询，可分为单纯查询和联合查询。单纯查询是指单纯地查询属性或只查询空间拓扑关系，如在我国行政区划图上查询人口大于4000万的省份或查询山东省包括的地区。联合查询是指将空间数据与属性数据联合查询，如在我国行政区划图上查询人口大于4000万且与陕西省相邻的省份。

4.6.3 空间数据查询种类

空间数据查询可分为几何参数查询、空间定位查询、空间关系查询、属性查询、地址匹配查询等。

1. 几何参数查询

几何参数查询包括点的位置坐标、两点间的距离、一个或一段线目标的长度、一个面目标的周长或面积等，可通过查询属性库或空间计算实现，如在我国道路图中查询某条高速公路的长度、查询某个收费站的位置等。

2. 空间定位查询

空间定位查询是指给定一个点或一个几何图形，检索该图形范围内的空间对象及其属性，可分为按点查询（给定一个鼠标点，查询离它最近的对象及属性——点的捕捉）和开窗查询（按矩形、圆形、多边形查询，可分为窗口包含和穿过）。空间定位查询时，往往需要考虑仅检索包含在该窗口内的地物还是只要该窗口涉及的地物（无论是被包含的还是穿过的）都检索出来。

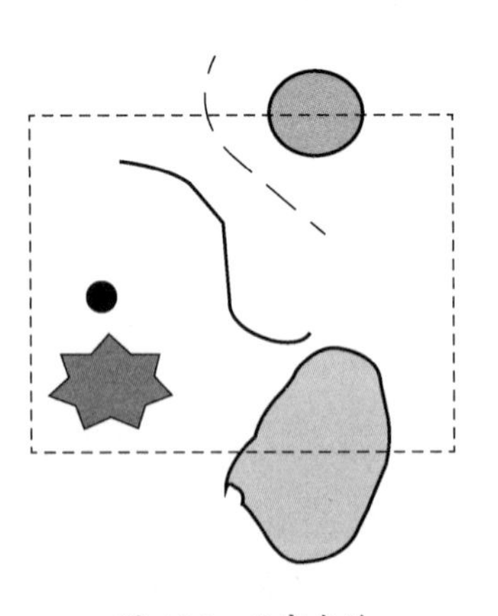
图4.20 开窗查询

例如，给定一个矩形窗口，查询该窗口内的所有对象，区域内包括的地物实体与窗口的空间关系分为包含和穿过，即开窗查询，如图4.20所示。点、黑实线、七角形等地物包含在窗口内，黑虚线、椭圆和不规则多边形地物穿过方框。它涉及点在多边形内、线在多边形内、多边形在多边形内的判别计算等。

空间定位查询非常有用，用户需要经常查询某个面状地物，特别是行政区涉及的某类地物，如查询通过山东省的主要公路。

开窗查询的实现：根据空间索引，检索哪些对象可能位于该窗口，再根据点、线、面在查询开窗内的判别计算，检索到目标。

3. 空间关系查询

空间实体间存在多种空间关系，包括拓扑、顺序、距离、方位等。空间关系查询和定位空间实体是 GIS 不同于一般数据库系统的功能，具体分类如下。

（1）相邻分析检索。

相邻分析检索通过检索拓扑关系实现，可分为面—面（如查询与面状地物相邻的多边形）、线—线（如与某河流的干流相连的所有支流）、点—点（如 A 与 B 两点是否相通）。

（2）相关分析检索。

相关分析检索是指不同要素类型之间的关系可通过检索拓扑关系实现，包括：线—面（如我国边境线总长度），点—线（如城市交通道路网中，与某交通枢纽相关的道路），点—面（如湖泊岸边的码头）。

（3）包含关系查询。

包含关系查询用于查询某个面状地物包含的空间对象，如查询山东省内的加油站点，可通过叠置分析实现检索查询。它实际上与前面所述的按多边形定位查询相似，使用空间运算执行。

（4）穿越查询。

穿越查询可用于查询某条铁路穿越的省份、黄河流经的省份等，可采用空间运算的方法执行，根据一个线目标的空间坐标，计算哪些面或线与之相交。

（5）落入查询。

落入查询可用于查询一个空间对象落入哪个空间对象之内，通过空间运算实现。例如，查询一个测量钢标落在哪个乡镇的地域内，以便找到相应行政机关给予保护。执行该操作可采用空间运算，即使用点在多边形内、线在多边形内或面在多边形内的判别方法。

（6）缓冲区查询。

缓冲区查询是指根据用户给定的一个点、线、面缓冲的距离，形成一个缓冲区的多边形，再根据多边形检索原理，检索该缓冲区内的空间实体，如查询某噪声污染范围内的地物。

4. 属性查询

GIS 的一个主要功能是根据图形查询到属性和根据属性条件查询到相应的图形。前面介绍的都是根据空间图形查询空间关系及相应的属性，下面介绍根据属性查找图形。

传统关系数据库的标准 SQL 不能处理空间查询，这是由关系数据库技术的弱点造成的，对于 GIS 而言，需要对 SQL 进行扩展。对于传统的 SQL，要实现空间操作，需要将 SQL 命令嵌入一种编程语言（如 C 语言）；而新的 SQL 允许用户定义自己的操作，并嵌入 SQL 命令。

查找是最简单的由属性查询图形的操作，不需要构造复杂的SQL命令，仅需选择一个属性表，给定一个属性值，找出对应的属性记录和空间图形。该操作先执行数据库查询语言，找到满足条件的数据库记录，得到它的目标标识，再通过目标标识在图形数据文件中找到对应的空间对象并显示出来。查找的另一种方式是当屏幕上已显示一个属性表时，用户根据属性表的记录内容，用鼠标在表中任意点取某个或某几个记录，图形界面即高亮显示被选取的空间对象。

GIS软件通常支持标准的SQL，常用SQL查询语句有Select（需显示的属性项）、From（属性表）、Where（条件）、or（条件）、and（条件）。

一般的GIS软件都设计了比较好的用户界面，交互式选择和输入上面Select语句有关的内容，代替输入完整的Select语句。在输入了与Select语句有关的内容和条件后，系统转换为标准的关系数据库SQL查询语句，由数据库管理系统执行，查询得到满足条件的空间对象。

5. 地址匹配查询

地址匹配查询是指根据街道的地址查询事物的空间位置和属性信息，是GIS特有的一种查询功能，利用地理编码，输入街道的门牌号码，即可知道大致位置和所在街区。它对空间分布的社会、经济调查和统计很有帮助，只要在调查表中填入地址，GIS就可以自动从空间位置的角度统计分析各种经济社会调查资料。另外，地址匹配查询还经常用于公用事业管理、事故分析等，如邮政、通信、供水、供电、治安、消防、医疗等领域。

4.7 空间分析应用

4.7.1 空间分析的步骤

空间分析的目的是解决某类与地理空间有关的问题，通常涉及多种空间分析操作的组合。空间分析的步骤如下。

（1）明确分析的目的和评价准则。

（2）准备分析数据。

（3）进行空间分析操作。

（4）对操作结果进行分析，解释、评价结果［如有必要，返回步骤（1）］。

（5）结果输出（地图、表格和文档）。

下面举两个空间分析应用的案例，以加深对空间分析的目的、步骤等的理解。

4.7.2 道路拓宽改建过程中的拆迁指标计算

通过建立缓冲区、拓扑叠加和特征提取，计算道路拓宽改建中的拆迁指标。

（1）明确分析的目的和标准。

目的：计算由于道路拓宽而需拆迁的建筑物面积和房产价值。

道路拓宽改建的标准如下。

① 道路从原有的 10m 拓宽至 50m。

② 拓宽道路应尽量保持直线。

③ 部分位于拆迁区内的 10 层以上的建筑不拆除。

（2）准备进行分析的数据。

本案例涉及两类数据，一类是现状道路图，另一类是分析区域内建筑物分布图及相关数据。

（3）进行空间操作。

① 选择拟拓宽的道路（中心线），根据拓宽半径建立缓冲区。

② 将缓冲区与建筑物数据进行叠合，产生一幅新图，包括全部或部分位于拆迁区内的建筑物信息。

（4）进行统计分析。

对全部或部分位于拆迁区内的建筑物进行选择，删除部分落入拆迁区且楼层高于 10 层以上的建筑物，并对道路的拓宽边界进行局部调整。

（5）解释、评价结果。

对所有需拆迁的建筑物进行拆迁指标计算，得出需要拆迁的建筑物面积和房产价值。

（6）结果输出。

以地图和表格的形式输出分析结果。

4.7.3 辅助建设项目选址

利用空间操作和特征提取功能，为一个轻度污染的建设项目选择最佳的建设位置。

（1）明确分析的目的和标准。

目的：确定一些具体地块，作为一个轻度污染的建设项目可能的建设位置。

工厂选址标准如下。

① 地块建设用地面积不小于 10000m^2。

② 地块的地价不超过 10000 元/m^2。

③ 在道路 20m 以外。

④ 地块周围不能有幼儿园、学校等公共设施，以免受到工厂生产的影响。

（2）准备分析数据。

为达到选址的目的，需准备如下三种数据：包括全市所有地块信息的数据层，全市道路网数据，全市公共设施（包括幼儿园、学校等）的分布图。

（3）进行空间操作。

需要进行特征提取、缓冲区分析和空间拓扑叠加，具体如下。

① 从地块图中选择所有满足标准（1）和（2）的地块。

② 对全市的道路网以道路中心线，建立缓冲区。

③ 对提取的满足标准（1）和（2）的地块与道路缓冲区进行叠加，然后与公共设施层数据进行叠合。

（4）结果分析。

对叠加的结果进行分析和特征提取，选择出满足要求的地块。

（5）结果输出。

以地图和表格形式输出选择的地块及相关信息。

【本章小结】

本章主要介绍 GIS 的常用空间分析（空间叠置分析、缓冲区分析、网络分析、空间统计分析、空间查询分析）及 GIS 空间分析应用案例。

空间分析的目的是通过对空间数据的深加工，获取新的地理信息。

从数据结构来看，叠置分析包括矢量叠置分析和栅格叠置分析两种。基于矢量数据的叠置分析又包括点与多边形叠置、线与多边形叠、多边形与多边形叠置、多边形与多边形叠置。其中，多边形与多边形的叠置分析具有广泛的应用，是空间叠置分析的主要类型。基于栅格数据的叠置分析的目的是产生新的空间信息，又称“地图代数”。

缓冲区主要包括点、线、面的缓冲区，常见的有双线算法和叠置算法，在建立和分析缓冲区时需要注意缓冲区重叠现象、缓冲区失真现象、地理事物特征要求不同宽度的缓冲区、复杂图形缓冲区的标识等问题。

网络分析是 GIS 空间分析的重要组成部分，网络分析的基本方法有路径分配、地址匹配、资源分配、网络选址分析等。

空间统计分析是空间分析的主要手段，不仅包括常规统计方法，而且包括利用空间位置的空间自相关分析、空间回归分析等。空间自相关常用的是莫兰指数。地理加权回归模型广泛应用于地理学及涉及空间模式分析的相关学科，可以用来量化空间异质性。

空间查询分析始于空间查询与量算，是空间分析的定量基础。空间查询是 GIS 的常用功能，空间查询的方式主要有两大类，即图形查属性和属性查图形。空间数据查询可分为几何参数查询、空间定位查询、空间关系查询、属性查询、地址匹配查询等。

空间分析的目的是解决某类与地理空间有关的问题，通常涉及多种空间分析操作的组合，一般可分为五步，以道路拓宽改建过程中的拆迁指标计算和辅助建设项目选址为例。

【关键术语】

空间分析（spatial analysis）
空间叠合分析（spatial overlay analysis）
缓冲区分析（buffer analysis）
网络分析（network analysis）
空间统计分析（spatial statistical analysis）
空间自相关分析·（spatial autocorrelation analysis）
地理加权回归（geographically weighted regression，GWR）

【习题】

1. 填空题

（1）GIS 中网络分析的功能一般包括网络跟踪、____________、____________、定位配置分析和地址编码。

（2）空间数据查询的方式主要有____________和____________两大类。

（3）空间数据的拓扑关系包括____________、关联和____________。

（4）多边形叠置分析通常有合并、____________、____________、相减和更新五种叠合方式。

（5）空间自相关分析是检验某个要素属性值是否与其相邻空间点上的属性值关联的重要指标，正相关表明某单元的属性值变化与其相邻空间单元具有相同的变化趋势，代表了空间现象存在____________；负相关代表了空间现象____________，较常用的是____________。

（6）空间数据查询可分为几何参数查询、__________、空间关系查询、__________、地址匹配查询等。

2. 名词解释

（1）空间分析。
（2）叠置分析。
（3）缓冲区分析。
（4）网络分析。
（5）地理加权回归分析。

3. 简答题

（1）空间分析应用的一般步骤是什么?

（2）缓冲区分析需注意哪些问题?

（3）多边形叠置分析的常见操作有哪些? 并以图形表示。

4. 思考题

（1）地理加权回归模型与普通回归分析模型的区别是什么?

（2）详细叙述在 ArcGIS 中进行最短路径查询分析的步骤。

第5章 交通地理信息系统应用

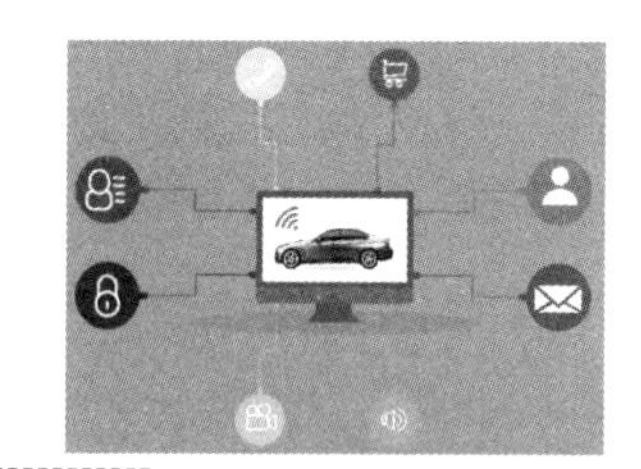

【本章教学要点】

知识要点	掌握程度	相关知识
关键技术	了解	动态分段、大数据、数据挖掘
系统开发	了解	体系结构，系统设计的步骤
产品输出	了解	输出形式
行业应用	了解	GIS-T 应用

【本章技能要点】

技能要点	掌握程度	应用方向
动态分段	了解	GIS-T 应用
制图输出	重点掌握	GIS-T 产品
系统开发	了解	GIS-T 系统设计与开发

【思维导图】

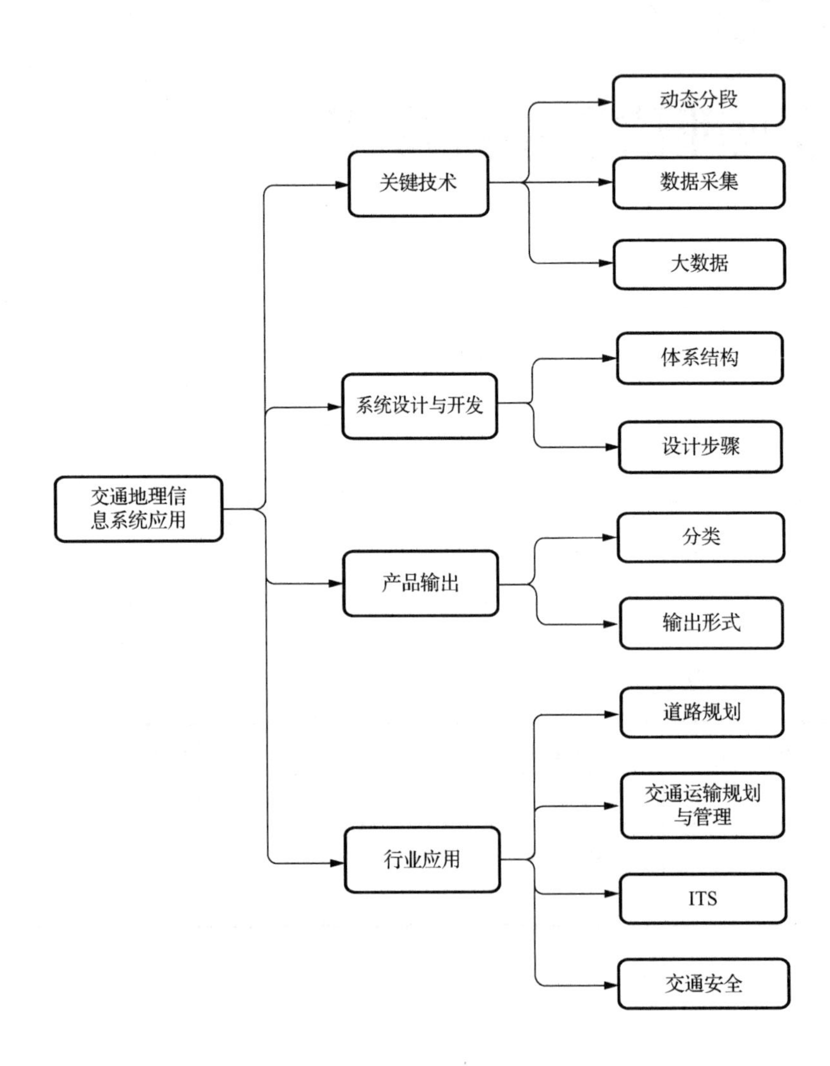

交通地理信息系统应用
关键技术
动态分段
数据采集
大数据
系统设计与开发
体系结构
设计步骤
产品输出
分类
输出形式
行业应用
道路规划
交通运输规划与管理
ITS
交通安全

【导入案例】

交通拥堵热力图能比较直观地查看一个地区的交通拥堵情况，是GIS在交通出行方面的简单应用。济南市交通拥堵热力图如图5.1所示。

思考题

1．如何制作交通拥堵热力图?

2．GIS在交通方面的应用有哪些?

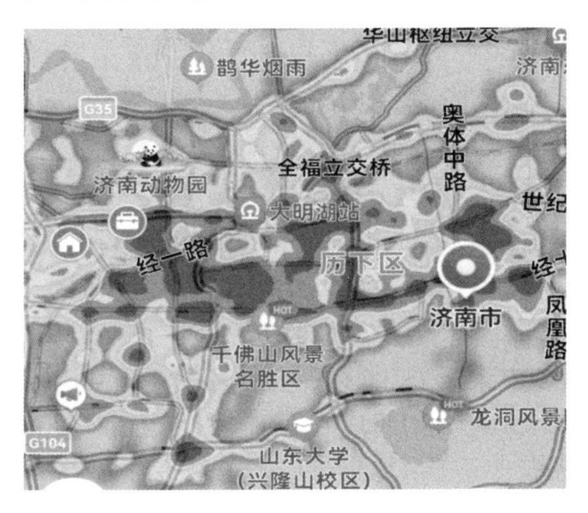

图5.1 济南市交通拥堵热力图

交通运输行业作为国民经济重要组成部分，其管理和建设都涉及大量的GIS，GIS在交通行业中的应用也越来越广泛。采用GIS技术和方法研究道路规划与设计、工程管理、交通运输、交通安全等领域的相关问题，具有快速灵活、客观定量、强大的空间分析及模拟能力、可视化的操作平台和良好的用户界面等特点，与其他传统的方法相比，具有无可比拟的优点。根据交通类别及业务范围，GIS在交通领域的应用如图5.2所示。

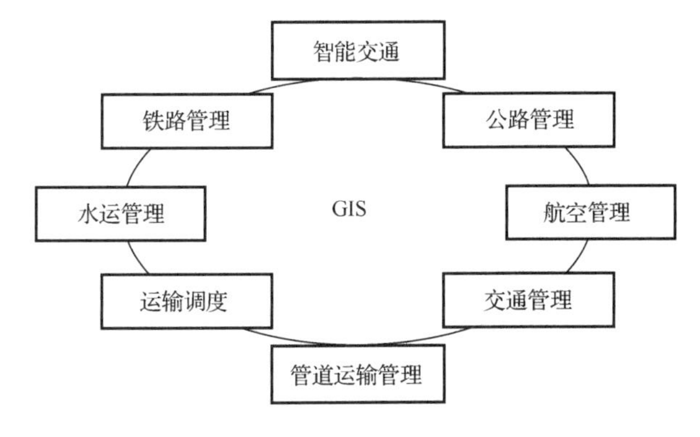

图5.2 GIS在交通领域的应用

5.1 交通地理信息系统实现的关键技术

5.1.1 动态分段

交通部门一般用线性参照系统确定沿道路和交通发生的事件（如事故和塌方等）及设施（如桥梁和涵洞）。线性参照系统从已知点（如路径的起点、里程标志或道路交叉）用距离量测确定事件的位置，如事故的地址包括路名和离开里程标志的距离，而 GIS 用坐标系统的（x, y）坐标定位点、线和多边形。在传统 GIS 中，线状特征是以弧段为基本单位存储和管理的，即在空间数据库中的每条弧段，最多存在一条记录与它对应。交通地理信息虽然具有线性分布特征，但目前有关公路的非空间信息（或属性数据）多以里程桩为参照系统进行采集，且公路属性数据具有多重性，即所有有关公路的属性特征按一定的标准分为多个属性集分别建库，每个属性集中都包含了公路的多项特征，各属性数据库对应的路段变化点里程不同，是随着属性数据的变化而变化的。传统 GIS 处理线性特征的这种模式在公路信息的管理应用中遇到了强烈挑战。动态分段技术（dynamic segmentation）的出现为 GIS 在公路、铁路、河流和管道等领域的应用开辟了广阔的前景。

动态分段的思想是由弗莱特（Flett）于 1987 年提出的。动态分段不是在线性要素沿线上某种属性发生变化的地方进行物理分段，而是在传统 GIS 数据模型的基础上，利用线性参考系统的思想及算法，将属性及其对应的线性要素位置存储为独立的事件属性表（事件表），在分析、显示、查询和输出时，在不改变要素位置（坐标）的前提下，建立线性要素上任意路段与多重属性信息之间的关联，直接依据事件属性表中的距离值对线性要素进行动态逻辑分段，动态地计算出属性数据的空间位置。简单来说，动态分段是在地图上动态显示线性参考要素的过程，是线性参考技术的应用，在不改变要素原有空间数据结构的条件下，建立线性要素上任意路段与多重属性信息之间的关联关系。该技术极大地增强了线性特征的处理功能，解决了传统 GIS 在处理线性特征时遇到的问题，是一种新的线性特征的动态分析、显示和绘图技术。

动态分段模型用路径、量度和事件把投影坐标系统与线性参照系统组合在一起。动态分段实际上是建立在弧段-节点数据结构上的一种抽象方法，通过一定的映射关系，将动态分段对应回原有 GIS 数据库中。在动态分段数据结构中，空间实体类型包括节点、弧段、链、环及多边形，此外，还引入了点状事件、线状事件等概念，可在不改变原有空间数据结构的条件下，方便地处理与表达多重属性关系。

动态分段涉及 GIS 三方面的数据处理方法：联结、分段，以及显示和空间分析。

（1）联结是指 GIS 可将线性对象与以距离为参照系统的属性信息建立关联。

（2）分段是指 GIS 能根据属性信息的查询条件，自动分割线段生成新的点状或线性对象。

（3）显示和空间分析是指 GIS 能根据联结及分段的结果，在二维空间中精确表示线性对象，并能进行进一步的空间分析。

5.1.2 基于多传感器的交通时空数据采集

交通时空数据主要包括具有地理标识的交通基础空间数据和反映道路运行状况的动态交通信息。交通基础空间数据是路网基础地理信息、逻辑网络或线路中几何位置与空间关系的几何信息，处理拓扑关系的路网几何规则语义信息等信息的集合，而路况信息、交通规则信息和交通管制信息等构成了路网中道路运行状态的交通信息。

传统交通信息的采集以环形线圈和视频为代表，经过几十年的发展已经相对成熟，并在交通系统中得到广泛应用。其存在的主要问题是成本高、使用寿命短、数据处理复杂及实时分析困难等。“3S” 技术的发展为交通信息采集提供了新的手段，特别是近年来航空航天技术的飞速发展，使得交通基础空间数据的获取在采集方式、数据精度和时效性等方面都有了长足进步。利用安装了 GPS/INS、立体摄影和无线通信设备的移动测量系统和运用航空航天技术获取影像相结合的方式，采集路网、交通设施及交通背景要素等基础地理数据，既缩短了采集时间，又提高了更新效率，同时增强了数据的现势性。利用安装了 GPS 和无线通信设备的移动车辆［称为浮动车（floating car）］采集实时交通信息是一种全新的方法。基于浮动车的交通信息采集方式具有建设周期短、覆盖范围广、采集效率高、数据精度高和实时性强等优点。将航空摄影、卫星遥感等手段应用于交通信息的采集，对浮动车数据进行了有效补充，从多时相、高分辨率的航空航天影像中进行交通要素的识别、监测，提取车辆类型、运行速度等特征，获取道路流量信息和拥堵状况等实时交通信息。通过地球空间信息技术采集交通信息，根据不同数据的特征、层次及状态进行筛选和融合，是对传统交通信息获取方法的重要拓展，丰富了交通信息采集的手段和方法，保证了高质量、高精度和现势性交通信息的生成。

5.1.3 交通大数据信息处理与挖掘

随着智慧交通系统的出现，交通大数据已经成为基础性资源，并应用于物流、保险、金融等行业。交通大数据内容丰富、结构复杂，具备多源异构的特点，在数据资源中占有举足轻重的作用和地位。交通大数据是所有服务于交通管理的数据的统称，种类丰富，包括车辆大数据、高速大数据、运政大数据、ETC 大数据等。交通运行过程中积累的数据（图像、视频及多种非结构化数据）具有多类型、多源异构的特性。不同信息源提供的数据在各自参考框架内，致使多源、异构的交通大数据时空基准和尺度不统一、空间覆盖区域不全面，对不同来源和粒度的交通大数据进行数据预处理、数据多维融合等是进行数据分析的基础。

对海量的交通大数据进行汇集、预处理、清洗、转换、关联、比对、标识，将其变为有价值的信息资产是后续数据分析的关键。多源交通信息数据的融合处理主要涉及定位参考融合、多源数据类型融合和语义融合。定位参考融合主要是指对交通信息的空间基准和线性参照进行统一，便于多模态的路网管理；多源数据类型融合是指将矢量地图数据、遥感影像数据、视频录像和感应线圈信息等多种来源的数据进行集成；语义融合体现在多种数据信息的属性一致性，数据标准统一，从而满足不同应用需求，实现数据共享。

数据挖掘与知识发现（data mining and knowledge discovery，DMKD）技术是一种有效、方便、快捷的数据分析手段，可以从海量数据中获取有用的知识用于决策分析和管理，它与空间信息结合，已发展为一门新的学科——空间数据挖掘。其理论支持有概率论、证据理论、空间统计学、规则归纳、聚类分析、决策树、空间分析、模糊集理论、粗糙集理论、神经网络、遗传算法、可视化理论、云模型、数据场、文本数据挖掘和 Web 数据挖掘等。利用空间数据挖掘技术探索交通信息逐渐成为交通领域的研究热点。

交通大数据挖掘很大程度上依赖空间数据信息，可以将其认定为空间数据挖掘的一个特殊层面，它能有效地进行路网的交通流状态（如平均行程速度、平均行程时间等）估计，同时配合实时获取的车辆状态和路况信息，为动态路径规划和实时动态路径优化提供必要的信息支持。另外，从采集的车辆、行人和路网等多源信息中寻找规律并挖掘联系，描述人们的出行规律，预测某时段或某路段的交通流量，发现交通事故频发地点等特征，为交通管理和道路规划部门提供决策依据。

5.2 交通地理信息系统设计与开发

5.2.1 GIS-T 体系结构

GIS 按功能和内容，可以分为基础型 GIS 和应用型 GIS。基础型 GIS 是指 ArcGIS 等 GIS 软件平台。应用型 GIS 是指在基础型 GIS 的基础上，利用 GIS 的技术和方法，经过二次开发，建成满足专门用户、解决特定实际问题的 GIS，如常见的基于 GIS 技术的人口资源管理信息系统、地下管网管理系统、国土资源管理信息系统、高速公路管理系统等。因此，应用型 GIS 的主要特点是具有特定的用户和应用目的，具有为适应用户专门需求而开发的地理空间实体数据库和应用模型，它继承基础型 GIS 开发平台提供的部分功能，并具有专门开发的用户界面。

GIS-T 从功能角度上属于应用型 GIS。GIS-T 是在通用 GIS 平台上，根据交通需求设计的一种解决交通专门问题的地理信息系统，具有地理空间信息实体和解决空间信息分布规律、空间分布特征，以及空间信息相互依赖的应用模型和方法。从构成上，

GIS-T 体系由三个主体部分组成：GIS-T 数据库、GIS 平台和 GIS-T 应用系统，如图 5.3 所示。

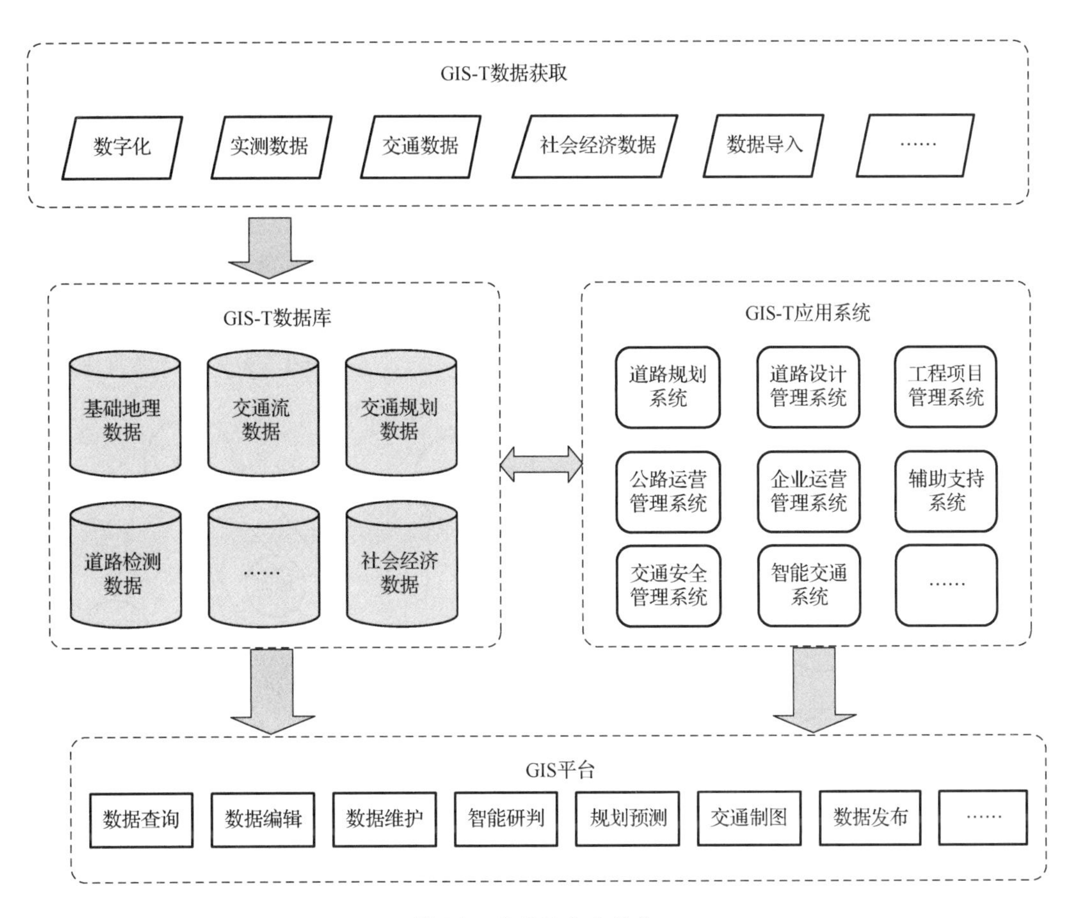

图 5.3 GTS-T 体系结构

GIS-T 数据库是 GIS-T 运行的数据支持，一般由交通数据获取、交通数据存储、交通数据管理等内容组成，其数据有交通地理空间数据和交通专题数据两类。交通地理空间数据可通过全国统一的交通电子地图导入或扫描数字化输入；交通专题数据有静态数据和动态数据之分，大范围的静态数据可通过交通部公路数据库导入，动态数据包括 GPS、PDA 采集数据，各种传感器数据，路面检测车数据等，一般通过外部专用接口设备实现数据互传。

GIS 平台为 GIS-T 提供 GIS 基本功能和开发环境，主要包括数据查询、数据编辑、数据维护、智能研判、规划预测、交通制图、数据发布等。

交通应用系统是结合交通专业模型、业务流程等所设计和开发的专门服务于交通规划、设计、管理等的软件系统，依托于 GIS-T 数据库和 GIS 平台，贯穿交通的全过程。

5.2.2 GIS-T 开发内容与设计步骤

作为一个应用型 GIS，GIS-T 开发内容如下：①需求分析；②系统总体结构描述；③软硬件配置，包括 GIS 平台选型；④数据源、信息分类、规范、标准和内容的确定；⑤数据库结构设计；⑥应用方法选择和应用模型设计；⑦用户界面设计；⑧数据标准化和数据质量保证等。

GIS-T 类型很多，应用领域广泛，不同系统技术相差较大。系统开发并没有一成不变的模式可循。然而作为信息系统的一类，其设计与开发遵循信息系统的一般过程：系统调查、系统分析、系统设计、系统实施、系统维护与评价，如图 5.4 所示。

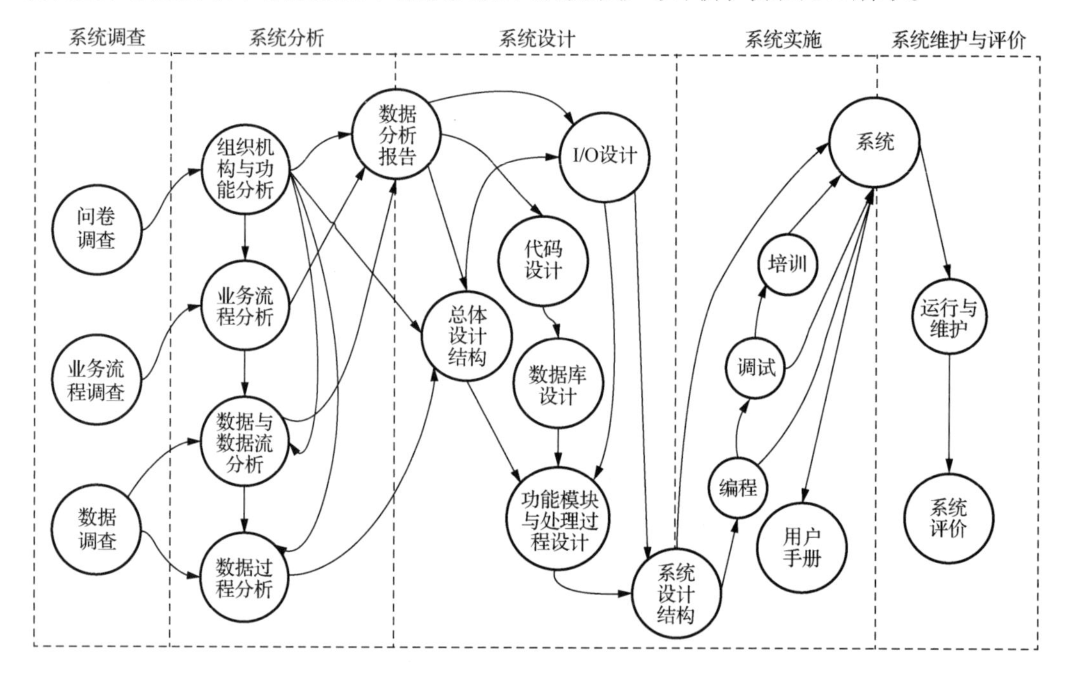

图 5.4　GIS-T 设计与开发流程

相应的每个阶段都会形成一定的文档资料，以保证 GIS 开发成功，尽量经济地花费人力、物力、投资，便于维护和运行。

5.2.3 获取方式

GIS-T 的获取一般可以采取三种方式：一是通过购买；二是请软件开发商开发；三是由组织内部的人员开发，可以是专业的地理信息系统人员，也可以是最终用户。其中购买 GIS-T 又可以分为购买 GIS-T 软件进行二次开发、购买完整的 GIS-T 软件产品及购买 GIS-T 服务。

5.3 交通地理信息系统产品输出

GIS-T 处理的交通信息及分析结果都需要向用户展示，因为它处理的是与空间位置相关的信息，所以它的输出结果都与空间数据相关，空间数据的输出不能单纯地用文字或表格完成，还需要通过包括专题地图在内的多种地图形式来表达。GIS-T 产品主要指经过交通数据处理和分析产生的可以供各专业人员或决策人员使用的地图、图表、图像、数据报表、文字等。输出的内容主要包括空间数据和属性数据两个部分；输出的类型按照载体的不同可分为纸质地图和数字地图；按照输出的内容形式不同可分为各类交通专题地图、统计图表、数据报表等。

地图的图形输出是 GIS-T 产品输出的主要表现形式。纸质地图是 GIS-T 的一种重要输出形式，属于可视化产品，但随着计算机技术图形学技术和图像处理技术的发展，动态的、交互式的 GIS-T 数字地图成为输出的主流产品。GIS-T 的空间数据输出需要遵守地图学和地图制图学的基本理论，由于它是一种依托于计算机技术的包含多种信息的数据输出，因此在原有地图学的基础上，要对更加丰富和多样的空间数据进行科学管理和输出。GIS-T 图形输出设计直接关系到 GIS-T 产品输出的质量，而图形输出设计需要考虑图形坐标系统、地图符号系统的设计、制图综合等方面。

5.4 地理信息系统在交通领域的应用

下面主要介绍 GIS 在交通领域的应用。

5.4.1 GIS 与道路规划

1. GIS在道路规划中的应用

GIS 技术应用于道路规划运输，可以实现道路规划及运输设计和管理的自动化，形成道路规划与运输计划、道路区域管理、领导决策等多层次、多目标的区域 GIS。可以在一般通用 GIS 软件的基础上，扩充道路规划运输系统软件，以工具箱的形式连接在系统数据库上，构成一个功能强大的数据系统，具体内容如下。

（1）利用航测遥感和 GIS 技术对区域的地形地貌、河流、城镇、公路、铁路等进行全面调查，获取区域交通路线的空间分布。

（2）根据研究区域范围内各地的经济指标、发展速度指标、人口分布状况与构成、现有道路的运营状况，找出道路与各地经济发展和人口之间的关系、运输与经济和人口的关系及存在的问题，为规划者和运输决策者提供道路规划及运输规划的依据。

（3）分析道路和运输动态变化，包括对道路变迁、车辆变迁、运输变迁、经济和人口变迁的分析和快速决策。分析过程中，应用遥感摄影测量与计算机数字处理结合的技术手段，对多数据源、多时态信息进行复合、分解，为规划运输的决策者提供道路和运输变迁的原因和规律。

（4）提出区域道路规划纲要。首先对现有道路作出科学的评价，然后根据各地的经济发展、人口状况、军事需要、两点之间的地形、地貌、地质条件，作出各个时期道路等级最合理的动态规划分析结果。

（5）根据区域运输体系和现在的道路状况，对区域道路和运输进行科学管理。在建立区域运输和道路的数据库的基础上，建立区域运输与道路的预测模型，提出区域的运输与道路养护等方面的发展方针和要解决的问题，并且对区域道路交通事故发生进行预测预报，为管理者的决策提供依据。

道路规划中的数据主要有两类：属性数据和图形数据。组织这两类数据并表现出数据对象的特征，方便道路规划运算和统计表现是道路规划 GIS 的关键。国内现有的传统方法是将这两类数据分开处理，属性信息和图形很难对应，还没有实现图文一体的功能。要使 GIS 比较完善地应用于道路规划，就要将路网规划中涉及的社会、经济、人口、区域面积、现状路网、规划路网等属性信息与地理空间位置相连，组成完整的路网规划专用信息数据库，再利用 GIS 的功能进行查询、分析、调用和图形表现。要在 GIS 的条件下，实现图形和数据的有机结合，使路网的图形数据和属性数据之间可进行双向的数据转换，即所谓的图文转换。

GIS 技术不仅要应用于道路规划方面，而且要面向整个交通规划领域，包括公共交通、土地使用、区域人口、交通路口的微观信息等大量与交通规划有关的方面。要直接把这些基础数据与目前应用较成熟的交通规划软件包连接，为交通规划提供成形的数据信息，从整体上提高交通规划的工作效率。

2. GIS与道路红线规划

道路红线是指道路用地与城市其他用地的分界线，道路红线的宽度决定了道路的规划路幅宽，为道路及市政管线设施用地提供了法定依据、正确定位。描述规划城市道路和路面特征（道路坐标、道路宽度、横断面等）对规划部门尤为重要。

根据规划道路红线的特点，可以将道路红线分为空间数据库和属性数据库。空间数据库是将道路红线的空间位置分为点和线两种空间实体。点表示道路红线的桩点，即每条道路的拐角点或交叉点；线表示道路红线，又可分为道路中线、道路边线等，用来精确表示规划道路的空间位置。用属性数据库描述道路路面特征信息，如道路名称、道路长度、道路宽度、路面材料及道路状况等，利用这些属性数据可以表示道路的所有信息，并且可以利用这些属性进行相应的查询、统计、分析、设计等。

道路横断面信息的表现形式比较特殊，不是以单纯的文本，而是以图形形式表示的。

所以，在设计并实现横断面数据的描述时，要采用结合空间数据显示的索引技术，可以用GIS中的点、线、面作出每种横断面类型的图形，再利用GIS数据库将这些图形文件按索引存放，并且给每种横断面类型定义一个名称，从而通过名称找到相应横断面的图形文件并显示，供规划部门规划管理与设计时参考。

设计好规划道路红线数据，就可以利用GIS对规划道路进行各种功能操作与数据处理，以满足规划审批与规划设计的要求。

（1）设计。

因为空间数据库是采用大地坐标系精确建立起来的，所以每条道路红线都能精确地表示实际道路位置，包括道路拐角、交叉口、立交桥等，复杂的路况都可以参照空间数据定位。在规划辅助设计中，也可以参照规划道路红线定位，设计出规划审批中的用地红线、建筑红线、市政红线等。设计过程中，可以利用GIS的空间实体模型进行相应的规划设计，主要是利用相应的道路指标（如道路车流量、车速、道路类别等）设计出道路的具体宽度、拐角转弯处的平曲线半径、道路横断面等，并在这些道路规划指标的基础上，设计出复杂、漂亮、与周边环境协调的立交桥等具有景观艺术性的市政公用建筑。经过科学规划设计出来的道路会对城市的总体规划及控制规划都起到可非常重要的作用。

（2）输出。

可以将设计好的道路红线数据按照任意比例尺输出，为规划部门野外实地测量、监察工作等提供客观的科学依据。

（3）查询。

通过对道路中线属性的查询，快速定位，可以非常方便地列出道路的具体信息，以供城市规划部门参考与决策。例如，通过道路名称查询，可以非常迅速地查找出每条道路所在城市电子地图的具体位置，还可以查出这条道路的宽度、横断面类型等属性。

（4）统计。

根据规划道路红线的数据进行相应的统计，可以反映城市的发展规模及整个城市的规划情况。例如，统计道路宽度大于40m的所有道路的位置、具体的道路数目等。

利用计算机技术、GIS技术模拟整个城市道路的状况成为道路规划设计的一种精确、方便的手段。通过GIS技术能精确定位道路的实际坐标，科学地作出最佳道路设计方案，还能利用三维虚拟技术显示整个道路网的三维效果，可以说，GIS技术是城市规划道路红线设计中的支撑技术。利用GIS技术建立起城市规划道路数据库，为城市规划管理部门的规划辅助设计、辅助决策和辅助审批提供规范、精确的根据。

5.4.2 GIS与交通运输规划与管理

交通拥挤和交通事故仍是困扰各大城市的难题，为解决该问题，人们进行了许多研究并提出各种方法，主要有如下两种方法：一是利用行政手段改变交通流的运动规律；二是利用先进技术改善现有交通运输系统的状况，这一方法应用较多。

（1）交通运输网络规划。

交通运输网络规划是对区域和城市运输系统的预测及优化研究，分为近期规划和远期规划。近期规划是一个实时处理系统，根据各段道路车辆通行情况、物流、人流，实时调度车辆；远期规划是通过长期对各路段交通状况数据进行统计分析，结合经济、人口发展状况进行道路路网的规划。另外，利用 GIS 的缓冲区分析功能，在公路网规划中，以道路中心线为主体，产生该中心线的等距线可确定公路的用地范围，或据此判断拓宽道路要动迁多少居民等。

（2）事故的定位、预测和分析。

将交通事故数据文件和 GIS 集成为一个整体，开发出事故定位系统，可以形象、直观地报告事故地点、性质和原因，并对各事故点的发生频率进行比较，找出事故多发地段，结合现有道路条件进行事故预测。

（3）对车辆的诱导。

车辆行驶中，GIS 系统提供的有关道路图、停车设施、道路属性、购物及游览等信息直观地呈现在驾驶人面前，并通过 GPS 实时提示车辆的当前位置，帮助驾驶人搜索到达目的地的最佳路径。

（4）道路设施管理。

将路网实体数据和属性数据以分路段的方式与地理坐标联系起来，可以进行路面质量管理和路面维修管理，以及对交通信号、各种安全装置和桥梁的维护进行管理。

（5）环境监控。

把 GIS 应用于交通，能同时分析和处理空间信息和非空间信息（如自然、社会和经济等属性信息），并且结果大多以图形方式表示，直观上除了反映量的概念，还能反映区域分布的差异性，比以统计报表输出的管理信息系统便于应用。所以 GIS 技术的诞生，以及为解决交通问题进行的 GIS 功能二次开发，为处理具有地理特征的交通运输管理信息提供了新的技术手段。

5.4.3 GIS 与 ITS

ITS 是一个非常庞大、复杂的技术系统，主要是由电子地图数据库存储、导航定位、地图匹配、路径规划与引导、移动通信等模块的关键技术构成的，这些关键技术的解决需要靠 GIS 和 GPS 技术实现。

电子地图是 ITS 的一个必不可少的组成部分，是建立 ITS 的重要基础。路径引导、路径规划、地图匹配等功能模块都是在电子地图的基础上实现的。电子地图库是利用现有地图，应用 GIS 的矢量化地图数据采集功能进行矢量化，以点、线、面的数字化形式表达地图，并建立点、线、面之间的包含和邻接等拓扑关系，便于计算机进行自动存储、检索、处理等的数据库。电子地图将车站、道路等实物抽象为节点、弧段形状点，用连续的坐标表示出来，可以进行相关检索、显示和查询。电子地图可以作为ITS共用信息的集成平台子系统，为其他子系统提供参考和应用。

（1）电子地图的主要作用。

电子地图在ITS中的主要功能包括显示车辆动态轨迹、目标查询、最优路径查询和选择等。

① 车辆动态轨迹在电子地图中的显示可以分为定位和地图匹配两步。系统中的车辆接收GPS和推算定位（dead reckoning，DR）等相关定位信息，以及车载计算机的分析处理，得到车辆定位信息，并与电子地图进行匹配，确定车辆的动态位置，实时提供给用户动态地图位置信息，由车载通信设备向控制中心送回实时动态信息，完成特种车辆、公交车辆的监控。

② 目标查询包括属性查询和拓扑查询等。属性数据是在建立电子地图库时融入其关系模型中，分别存储和管理地图和属性数据，在两者之间建立关联关系，可以相互查询（即由地图查属性或由属性查地图）。拓扑查询是在建立拓扑关系后，对其邻接、包含等区域进行查询和显示。

③ 最优路径查询也是用户查询的一个重要内容，最优路径选择并不是简单意义上的寻找最短行车路程或距离。选择最优路径时要综合考虑路况、时间、外界干扰、车流量等要素，通常的做法是通过已有资料，分析某个时间段内路网资源的运输能力，确定相应的权函数，求出到达目的地的加权最小距离累积和。当出现突发事件或交通堵塞时，改变相应的权为无穷大，阻塞此路段。控制中心加工这些信息后，返回给用户。在此路段适当的范围内建立缓冲区，提示缓冲区内的用户重新选择最优路径。缓冲区外的用户进入此缓冲区时，触发相应的阻塞信息，防止用户进入阻塞路段。阻塞路段恢复正常后，取消触发机制，恢复原来的权值。

以上这些功能都是GIS具备的基本功能，流行的GIS工具软件一般都有此功能。

（2）电子地图库的存储和检索。

电子地图及相关属性数据构成了电子地图库。由于电子地图库中包含丰富的图形和属性数据，因此必然会出现图形数据和属性数据等海量数据的存储及检索问题。数据存储的基本要求是准确且便于快速检查。在建立电子地图时，需要采用合理的数据结构，对电子地图进行分层管理或面向对象的管理，这些要求对流行的GIS工具软件来说都可以实现，或加以二次应用开发实现，从而提高检查效率。在车载系统中，计算机把即将进入的路段图形数据调入缓冲区，不调入其他附属的图形和属性数据，提高调用工作效率；只有车载系统进入查询状态时，计算机才将相应的信息调入缓冲区，从而提高电子地图库的检查速度。

5.4.4 GIS与交通安全

GIS 是交通安全管理的辅助工具，不仅能为各级管理部门和事故处理部门的宏观管理、微观分析及决策提供全面服务，而且能为工程技术人员提供事故分析的工具。

1. 交通安全管理GIS的功能

（1）交通事故数据的检索和显示功能。

各种交通事故数据和有关因素数据都能方便地查询和以图形方式显示。图形显示可任意放大、缩小，不同事故类型可分别显示或整体显示，可以在道路所处的空间位置观察交通事故的空间分布，以最大限度地提高工程技术人员的事故分析水平和安全管理人员的决策能力。

（2）事故统计、报表功能。

事故的统计方法应严格依照我国公安部的统计规范，并应具有事故预测预报功能。报表功能应包括定期报表和特殊报表功能。定期报表可采用表格形式或地图形式，这些报表使管理者能够全面地了解本地区或某个地点的事故概况和事故频率，并能帮助工程技术人员确定需要整治的地点和必要措施。特殊报表通常是应某特殊要求快速形成报表的功能。

（3）事故多发点识别功能。

系统应设计成可以统计各个点、交叉口、路段和整个区域的事故总数，并以一定的事故数或事故量为标准，自动筛选出事故多发点，并自动标识于地图上。

（4）多种信息显示功能。

多种信息显示功能可以有机地反映事故信息及其相关信息，例如，可同时标注交通事故点以及与之相近的学校，还可同时显示追尾事故发生点和交叉路口的结构，以提高软件的分析能力。

（5）扩展功能。

考虑到不同用户的具体要求，结合每个地区的道路条件和交通状况，考虑到扩展事故控制对策知识库和其他功能的需要，系统应预留充足的接口。

2. GIS在交通安全管理中的应用

运用GIS进行交通安全管理，首先应建立某地区的地理信息系统，从而在GIS的基础上开发道路交通安全管理系统。

对某城市的道路交通安全管理而言，首先需要对该城市的地图进行数字化，所选用的比例尺可视情况和需要而定。为弥补纸质地图精度的不足，可利用军用地图、GPS或外业测量等手段对各街道和交叉路口的坐标进行修正。

在道路数据准备中，应该将道路按顺序编制成具有唯一标识的路段，每个路段都对应唯一的识别号码。建立道路的属性数据文件，属性数据包括道路的宽度、人行道宽度、自行车道宽度、车道数、是否单向交通等信息。道路两侧建筑物由另外的文件对应，并能通过道路名和建筑物的顺序自动转换为 GIS 中的坐标值。

交叉路口是交通安全研究的重要地点。交叉路口的数据包括交叉路口的类型、相交叉的道路数目、交通控制信息和交通流量等。

交通事故数据可以从交警部门获得，形成事故文件。

运用输入的数据构造道路层、交叉路口层和事故层，对三层分别进行叠加，得出交叉口的事故分布状况、道路事故分布状况和路网交通事故分布状况等。同时，事故的详细资料通过属性数据库连接，可方便地查询和分析。

一般直观的事故分布状况用地图进行人工标识，但不易复制和处理事故类型，所能表述的信息较少。交通安全管理 GIS 能以丰富的色彩和图识明确标识事故，并能方便地查询事故的详细记录。基于 GIS 的交通安全管理系统对提高道路安全管理的水平，减少交通事故黑点和降低事故率，从而对提高道路的交通安全起到重要作用。

【本章小结】

本章主要简绍了交通地理信息系统实现的关键技术、交通地理信息系统的设计与开发、交通地理信息系统产品输出及地理信息系统在交通领域的应用案例等内容。

【关键术语】

动态分段（dynamic segmentation） 浮动车（floating car）
数据挖掘与知识发现（data mining and knowledge discovery，DMKD）

【习题】

1. 名词解释

（1）动态分段。
（2）浮动车。
（3）ITS。
（4）道路红线。

2. 简答题

（1）实现 GIS-T 的关键技术是什么？
（2）GIS-T 设计与开发的主体内容一般包括哪些方面？

3. 思考题

应用 GIS-T 时需要解决哪些关键问题？

第二篇　实验教程

实验一 ArcGIS软件简介

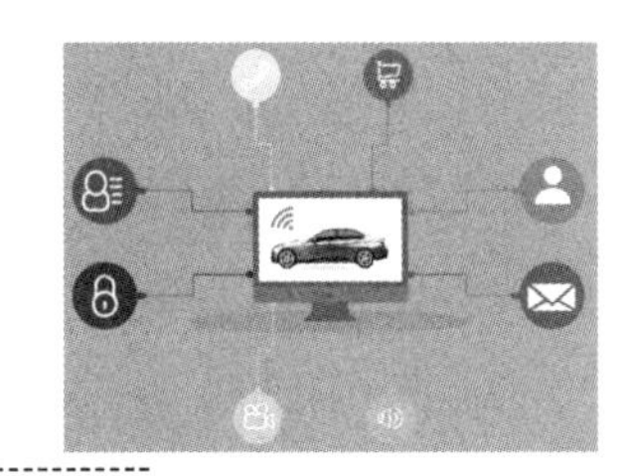

1.1 实验目的

熟悉桌面 GIS 软件 ArcGIS 的相关知识和界面环境，初步掌握 ArcGIS 的主要工具、菜单等的使用方法，了解 ArcGIS 的功能，为今后的实习、操作做准备。

1.2 实验内容

1. 了解 ArcGIS 基本功能。
2. 熟悉 ArcGIS 的主要菜单命令和操作使用方法。
3. 了解 ArcGIS 的相关知识。

1.3 ArcGIS 概述

ArcGIS 是美国环境系统研究所公司（environmental systems research institute，Inc.，ESRI）开发的 GIS 软件，功能强大、易学易用，整合了数据库、软件工程、人工智能、网络技术、移动技术、云计算等主流 IT 技术，旨在为用户提供一套完整的、开放的企业级 GIS 解决方案。

1981 年 10 月—1982 年 6 月，ESRI 开发出 ARC/INFO 1.0，这是世界上第一个具有现代意义的 GIS 软件，也是第一个商品化的 GIS 软件。2010 年，ESRI 推出 ArcGIS 10，并同步发行法语、德语、日语、西班牙语和简体中文版本，这是世界上首款支持云架构的 GIS 平台，在 Web 2.0 时代实现了 GIS 由共享向协同的飞跃；同时 ArcGIS 10 具备真正的 3D 建模、编辑和分析能力，并实现了由三维空间向四维时空的飞跃；真正的遥感与 GIS 一体化让 RS+GIS 价值凸显。ArcGIS Online 具有诸多突破性功能，包括迈进真正云 PaaS（platform as a service，平台即服务）平台；Portal for ArcGIS 正式纳入 ArcGIS 产品体系，开启企业级 GIS 应用新模式；ArcGIS Server 具备大数据实时分析和处理能力、灵活多样的开发工具，让 GIS 的应用遍地开花。ArcGIS 是目前流行的 GIS 平台软件，也是应用广泛的 GIS 软件之一。

下面主要介绍 ArcGIS 软件体系、ArcGIS Desktop 软件体系等方面的内容，以使初学者对 ArcGIS 有个总体了解，便于后续章节的学习。

1.3.1 ArcGIS 软件体系

ArcGIS 是一整套 GIS 软件产品系列，这些产品构成了一个完整的 GIS 平台，其中主要由以下几个部分组成。

（1）ArcGIS Desktop：一套集成的、桌面端的专业 GIS 应用程序。

（2）ArcGIS Server：以 Web 服务形式发布 GIS 信息和地图，并且支持企业级数据管理。

（3）ArcGIS Mobile：为野外计算提供移动 GIS 工具和应用程序。

（4）ArcGIS Online：提供可通过 Web 访问的在线云 GIS 功能。

（5）开发工具：为使用 C++、.NET 或 Java 语言的 ArcGIS 开发人员提供软件组件库。

ArcGIS Desktop 目前有两个主要桌面应用程序：一个是 ArcMap 及其子套件，另一个是 ArcGIS Pro，且二者均为 ArcGIS Desktop 的一部分。前者包括 ArcCatalog、ArcScene 和 ArcGlobe 等传统产品，后者是新软件，是新一代 WebGIS 平台。

ArcGIS for Server 是一个基于 Web 的企业级 GIS 解决方案，为创建和管理基于服务器的 GIS 应用提供了一个高效的框架平台，充分利用了 ArcGIS 的核心组件库 ArcObjects，并且基于工业标准提供 WebGIS 服务，实现了无论从数据维护和管理上还是从系统升级上，都只需在服务器端进行集中的处理，降低了成本，提高了数据的一致性。

开发工具是为开发者提供的，用户可以应用 ArcGIS Desktop 的开发包 SDK 扩展 ArcGIS Desktop 的功能，支持 COM 和.NET 开发。自 2004 年 ESRI 发布 ArcGIS Engine 后，ArcGIS Engine 开发包提供了一系列可以在 ArcGIS Desktop 框架外使用的 GIS 组件，主要功能有分图层显示专题图；浏览、缩放地图；查看地图上的特征要素信息；在地图上检索、查找特征要素；通过 SQL 语句查找要素；使用各种渲染方式绘制地图图层等。

ArcGIS Desktop、ArcGIS Engine、ArcGIS Server 都是基于核心组件库 ArcObjects 搭建的。

ArcGIS 的基础架构如实验图 1.1 所示。

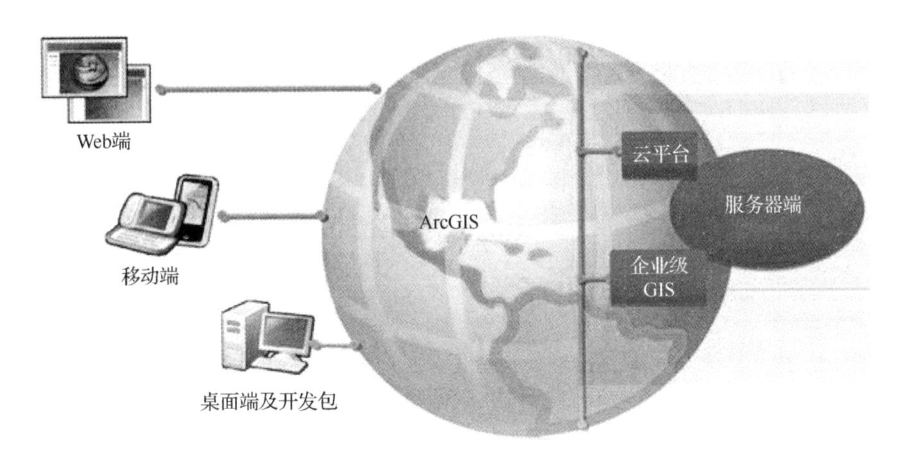

实验图 1.1　ArcGIS 的基础架构

1.3.2　ArcGIS Desktop

ArcGIS Desktop 是 ArcGIS 的桌面端软件产品，对于利用 GIS 信息进行编辑、设计的 GIS 应用人士来说，桌面 GIS 占有主导地位。ArcMap（及其子套件）和 ArcGIS Pro 是为 GIS 人员准备的两款主要桌面应用程序，都是 ArcGIS Desktop 的一部分。ArcMap 与其配套应用程序 ArcCatalog、ArcGlobe 和 ArcScene 可配合使用，共同提供全套 GIS 功能。

ArcGIS Pro 是 ESRI 提供的专业桌面 GIS 应用程序，是新一代 Web GIS 平台，面向 GIS 专业人士（如 GIS 工程师、GIS 科研人员、地理设计人员、地理数据分析师等），全新打造的一款具有高效、强大生产力的桌面应用程序。ArcGIS Pro 除了良好地继承了传统桌面软件（ArcMap）强大的数据管理、制图、空间分析等能力外，还具有特色功能，如多窗口标签操作、二三维一体化、矢量切片制作及发布、任务工作流、Web 3D 内容制作、大数据工具调用等；并且整合了 ArcGlobe、ArcScene、ArcCatalog、City Engine 等软件的功能，使得制作与开发更加便捷。ArcGIS Pro 在外观上采用了 Ribbon 这种更现代化、交互更友好的界面。ArcGIS Pro 基于.NET Framework 框架，重构了底层，是真正的 64 位、多线程应用程序，ArcGIS Pro 的运算及渲染效果更加强大，是 GIS 专业人员的主要应用程序，并能够与 ArcMap 在同一个环境下工作，不存在环境冲突。ArcGIS Pro 和 ArcMap 的比较见实验表 1.1。

实验表 1.1　ArcGIS Pro 和 ArcMap 的比较

项目	ArcGIS Pro	ArcMap
系统	64 位	32 位

续表

项目	ArcGIS Pro	ArcMap
界面	Ribbon 界面	传统 Windows 界面
新手入门	简单	较困难
用户群体	GIS 相关专业人士	GIS 需求用户
计算机硬件需求	硬件要求较高，2X 超线程六核、8GB+内存，DirectX 11 等	一般学生机配置
软件配置	Microsoft .NET 4.6.1 或 Windows 8 以上	.Net，Windows 7 以上
许可获取	单机许可、Named User 许可、浮动许可	单机许可
工具	矢量和栅格大数据工具	Pro 工具占比 80%
存储	工程项目组织方式	地图文档
二三维联动	支持	不支持
空间分析	支持大数据分析、时空数据分析	传统 GIS 分析
数据分享	支持 Scene Service、Web Scene、矢量切片	ArcGIS Online，ArcGIS Server
备注	两者可以安装在一台计算机上	

总体而言，与 ArcMap 相比，ArcGIS Pro 具有更快、更美观、更立体等优势，在大数据处理、人工智能、三维分析上具有优势，但对硬件要求高，至少需要 16GB 内存+固态硬盘才能保障运行流畅，且价格高，对于非 GIS 专业人员来说，ArcMap 的桌面版更实用。下面有关 ArcGIS Desktop 的介绍，以 ArcMap（及其子套件）为例。

ArcGIS Desktop 是一个集成众多高级 GIS 应用的软件套件，包含一套带有用户界面组件的 Windows 桌面应用（如 ArcMap、ArcCatalog、ArcToolbox、ArcGlobe）。ArcView、ArcEditor、ArcInfo 是根据功能水平的不同层次区分的三个独立软件产品。ArcInfo 是一个全功能的 GIS 产品，具备 ArcView 和 ArcEditor 的所有功能，并增加了高级的地理处理能力和数据转换能力。

ArcMap 及其配套应用程序 ArcCatalog、ArcGlobe 和 ArcScene 可配合使用，共同提供全套 GIS 功能。ArcMap 是 ArcGIS Desktop 中的一个主要应用程序，具有基于地图的所有功能，包括数据输入、编辑、查询、分析等操作，实现地图制图、地图编辑、地图分析等功能。ArcMap 界面如实验图 1.2 所示。

ArcCatalog 是地理数据的资源管理器，帮助组织和管理所有 GIS 文件信息，如地图、数据集、模型、元数据、服务等。ArcCatalog 提供一个完整且统一的视图，显示可提供给用户的所有数据文件、数据库和 ArcGIS 归档。ArcCatalog 使用两个主要面板来导航和处理地理信息项目，界面如实验图 1.3 所示。

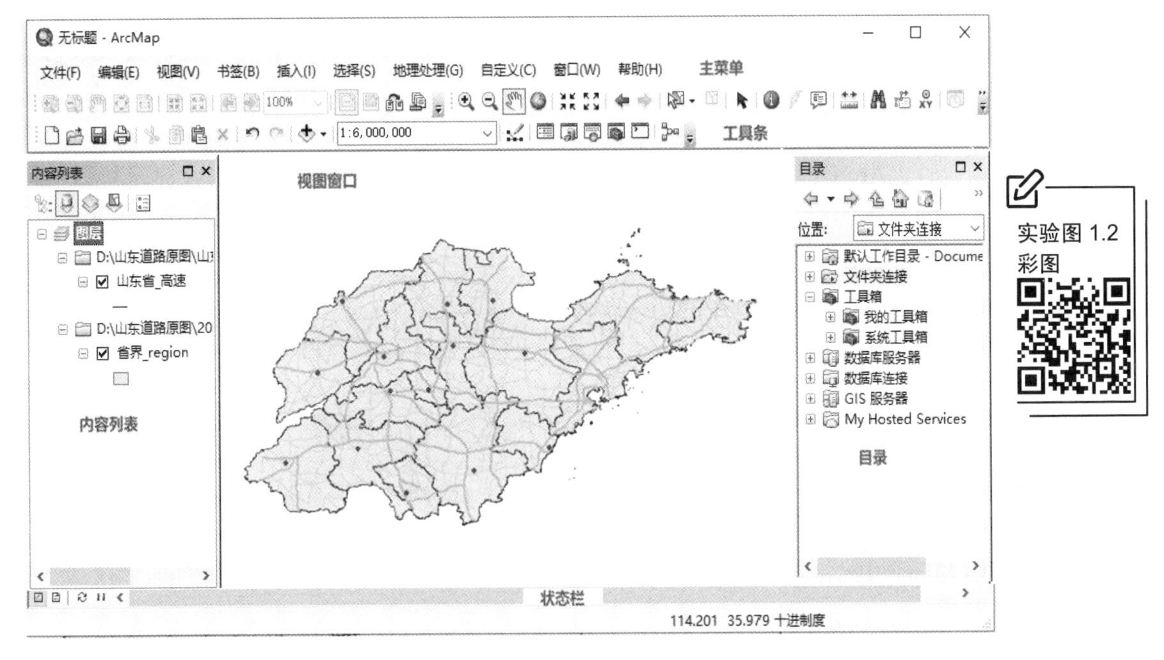

实验图 1.2 ArcMap 界面

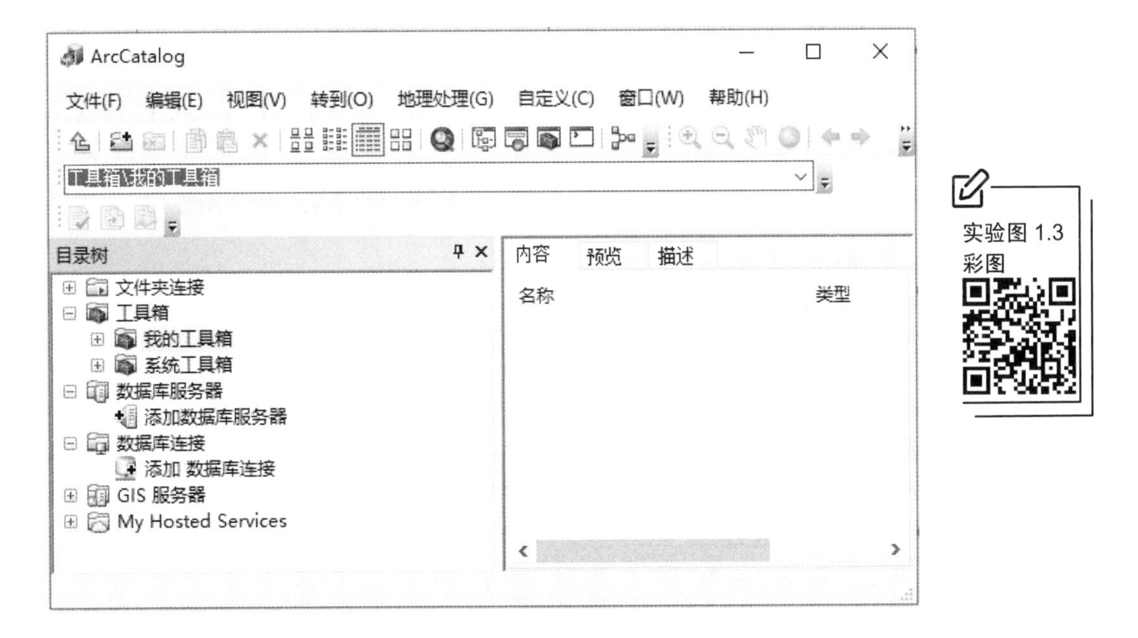

实验图 1.3 ArcCatalog 界面

ArcGlobe 和 ArcScene 都是可用于三维场景展示的程序。ArcGlobe 是在 ArcGIS 9.0 之后出现的产品，具有用于展示大数据量的场景，支持对栅格数据和矢量数据无缝显示。

ArcGlobe 基于全球视野，所有数据均投影到全球立方投影（world cube projection）下，并分级分块显示数据。为提高显示效率，ArcGlobe 按需将数据缓存到本地，矢量数据可以进行栅格化。ArcScene 是一个适合展示三维透视场景的平台，可以在三维场景中漫游，并与三维矢量数据和栅格数据进行交互。ArcScene 基于 OpenGL 且支持 TIN 数据显示。显示场景时，ArcScene 会将所有数据加载到场景中，矢量数据以矢量形式显示，栅格数据默认降低分辨率显示，以提高效率。

目前 ArcGIS Desktop 有中文安装包，由于本书针对 GIS 初学者，因此下面涉及的软件部分以中文版说明，本实验操作以 ArcGIS 10 为例。

1.4 实验步骤

1.4.1 ArcMap 基础功能

ArcMap 的核心应用包括空间数据编辑、查询、显示、分析、报表和制图等 GIS 功能。

1. 启动ArcMap

启动 ArcMap 的方式有以下三种。

（1）ArcGIS Desktop 软件安装完成后，双击 ArcMap 桌面快捷方式图标，启动 ArcMap 应用程序。

（2）单击 Windows 任务栏中的【开始】→【所有程序】→【ArcGIS】→【ArcMap10】命令，启动 ArcMap 应用程序。

（3）在 ArcCatalog 工具栏中单击启动 ArcMap 按钮，启动 ArcMap 应用程序。

2. 创建地图文档

可以通过以下两种方式创建地图文档。

（1）启动 ArcMap 时，自动打开【ArcMap-启动】对话框，如实验图 1.4 所示。在【ArcMap-启动】对话框中，单击【新建地图】→【我的模板】选项，在右边面板中单击【空白地图】图标，单击【确定】按钮，完成空白地图文档的创建。也可以使用软件自带的模板创建地图文档，左边面板的【模板】根据地图文档排版布局方式分为【Standard Page Sizes】和【Traditional Layouts】两种组织方式，两种组织方式按照布局进行组织，可以根据需要选择合适的模板，也可以创建并保存自己的模板。

（2）在 ArcMap 界面中，单击工具栏上的按钮或在主菜单中单击【文件】→【新建】命令，打开【新建文档】对话框，可以创建一个新的地图文档或选择一个已有模板，也可以通过快捷键 Ctrl+N 创建或选择。

创建地图文档以后，打开 ArcMap 界面，如实验图 1.2 所示。

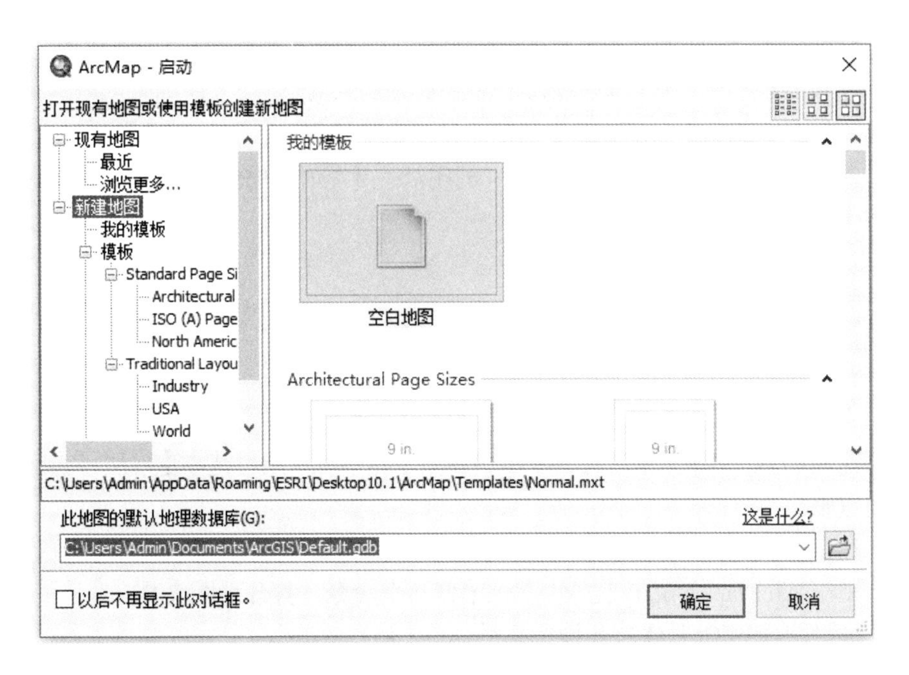

实验图 1.4 【ArcMap-启动】对话框

注意事项如下。

①【模板】是 ArcMap 中的一种地图文档，用于快速创建新地图，包含数据、自定义界面、地图元素（如指北针、比例尺等）。

②【ArcMap-启动】对话框底部的【此地图的默认地理数据库】下拉列表框中的选项为所选地图文档加载时的默认地理数据数据库。从 ArcGIS 10 开始，每个地图文档（*.mxd）、Scene 文档（*.sxd）和 Globe 文档（*.3dd）都具有默认地理数据库。由于默认地理数据库是处理文档时主要使用的地理数据库，因此，如果地图文档中的大部分甚至所有数据均来自特定地理数据库，则应将该地理数据库指定为地图文档的默认地数据库。

3. 保存地图文档

如果对打开的 ArcMap 地图文档进行过一些编辑操作或创建了新的地图文档，就需要保存当前编辑的地图文档。另外，如果已制作完一幅完整的地图，则可将其导出。

（1）地图文档保存。

如果要将编辑的内容保存在原来的文件中，则单击工具栏上的按钮或在 ArcMap 主菜单中单击【文件】→【保存】命令，保存地图文档。

（2）地图文档另存为。

如果需要将地图内容保存到新的地图文档中，则在 ArcMap 主菜单中单击【文件】→【另存为】命令，打开【另存为】对话框，输入文件名，单击【确定】按钮，即可将地图文档保存到一个新的文件中。

（3）导出地图。

如果在布局视图下已经为地图添加了图例、图名、比例尺等地图辅助要素，生成了一幅完整的地图，则可在ArcMap主菜单中单击【文件】→【导出地图】命令，打开【导出地图】对话框，将当前地图按各种图片输出。在【导出地图】对话框中选择保存类型后，可在【选项】区域进行相应的设置。

4. 打开地图文档

可通过以下五种方式打开已创建的地图文档。

（1）在【ArcMap-启动】对话框中，单击【现有地图】→【最近】选项打开最近使用的地图文档，也可单击【浏览更多】选项定位到地图文档所在文件夹，打开地图文档。如果不想在启动ArcMap后弹出【ArcMap-启动】对话框，则可选中【以后不再显示此对话框】复选框。

（2）在工具栏中单击按钮，打开地图文档。

（3）单击ArcMap主菜单【文件】→【打开】命令，打开地图文档。

（4）通过快捷键Ctrl+O打开地图文档。

（5）双击已有地图文档，打开地图文档，这是常用的打开地图文档的方式。

1.4.2 ArcMap窗口组成

ArcMap窗口主要由主菜单、工具条、内容列表、目录、视图窗口、状态栏六部分组成。其中目录和搜索为ArcMap 10中新增加的内容，与ArcCatalog中的目录树和搜索窗口功能相同。

主菜单包括文件、编辑、视图、书签、插入、选择、地理处理、自定义、窗口、帮助10个子菜单。

（1）文件菜单。

文件菜单中的子菜单见实验表1.2。

实验表1.2 文件菜单中的子菜单

图标	名称	功能描述
	新建	新建一个空白地图文档
	打开	打开已有地图文档
	保存	保存当前地图文档
—	另存为	将当前文档保存为另一个地图文档
—	保存副本	将地图文档保存为ArcGIS 10或以前的版本

续表

图标	名称	功能描述
—	添加数据	向地图文档添加数据
	登录	登录 ArcGIS Online 共享地图和地理信息
	ArcGIS Online	ArcGIS 系统的在线功能
	页面和打印设置	页面设置和打印设置
	打印预览	预览打印效果
	打印	打印地图文档
	创建地图包	将当前文档及地图文档引用的数据创建为地图包，方便与其他用户共享地图文档
—	导出地图	将当前地图文档输出为其他格式文件
	地图文档属性	设置地图文档的属性信息
—	退出	退出 ArcMap 应用程序

（2）编辑菜单。

编辑菜单中的子菜单见实验表 1.3。

实验表 1.3　编辑菜单中的子菜单

图标	名称	功能描述
	撤销	取消前一个操作
	恢复	恢复前一个操作
	剪切	剪切所选内容
	复制	复制所选内容
	粘贴	粘贴所选内容
—	选择性粘贴	将剪贴板上的内容以指定的格式粘贴或链接到地图中
×	删除	删除所选内容
	复制地图到粘贴板	将地图文档作为图形复制到粘贴板
	选择所有元素	选择所有元素
	取消选择所有元素	取消选择所有元素
	缩放至所选元素	将选择的元素居中且以其地理范围显示

在 ArcGIS 中，元素（element）和要素（feature）是两个完全不同的概念。元素是保存在地图文档中的图形、标注等内容，可以用来修饰地图文档；要素是具有地理实体意义的点、线、面或体数据。

（3）视图菜单。

视图菜单中的子菜单见实验表 1.4。

实验表 1.4　视图菜单中的子菜单

图标	名称	功能描述
	数据视图	切换到数据视图（数据处理与空间分析时常用）
	布局视图	切换到布局视图（打印地图时常用）
—	图	创建和管理图
—	报表	创建、加载、运行报表
✔	状态栏	勾选启用状态栏
 ✔	滚动条	勾选启用滚动条
	标尺	添加标尺
	参考线	添加参考线
	格网	添加格网
	数据框属性	打开【数据框属性】对话框
	刷新	修改地图后刷新地图

ArcGIS 提供数据视图和布局视图（制图输出时使用）两种视图方式。

（4）书签菜单。

书签菜单中有【创建】和【管理】两个子菜单。通过书签可快速定位至所创建的书签位置视图，以实现地图的快速定位功能。

（5）插入菜单。

插入菜单中的子菜单见实验表 1.5。其中，标题、动态文本、内图廓线、图例、指北针、比例尺、比例文本只在布局视图中适用。

实验表 1.5　插入菜单中的子菜单

图标	名称	功能描述
	数据框	向地图文档中插入一个数据框
Title	标题	为地图添加标题

续表

图标	名称	功能描述
A	文本	为地图添加文本文字
—	动态文本	为地图添加动态文本，如当前日期、坐标系等
□	内图廓线	为地图添加内图廓线
	图例	为地图添加图例
	指北针	为地图添加指北针
	比例尺	为地图添加比例尺
1:n	比例文本	为地图添加比例文本
	图片	为地图添加图片
	对象	为地图添加图表、文档等对象

（6）选择菜单。

选择菜单中的子菜单见实验表 1.6。

实验表 1.6　选择菜单中的子菜单

图标	名称	功能描述
	按属性选择	使用 SQL 按照属性信息选择要素
	按位置选择	按照空间位置选择要素（空间关系查询）
	按图形选择	使用所绘图形选择要素
	缩放至所选要素	在地图显示窗口中将选择要素缩放至显示窗口的中心
	平移至所选要素	在地图显示窗口中将选择要素平移至显示窗口的中心
Σ	统计数据	统计选择要素
	清除所选要素	清除对选择要素的选择
—	交互式选择方法	设置选择集创建方式
—	选择选项	打开【选择选项】对话框，设置选择的相关属性

（7）地理处理菜单。

地理处理菜单中的子菜单见实验表 1.7。其中，裁剪、相交、联合、合并、融合工具只适用于二维要素类。

实验表 1.7 地理处理菜单中的子菜单

图标	名称	功能描述
	缓冲区	打开【缓冲区】工具创建缓冲区
	裁剪	打开【裁剪】工具裁剪要素
	相交	打开【相交】工具用于要素求交
	联合	打开【联合】工具用于要素联合
	合并	打开【合并】工具用于要素合并
	融合	打开【融合】工具用于要素融合
	搜索工具	打开【搜索】窗口搜索指定工具
	ArcToolbox	打开【ArcToolbox】窗口
	环境	打开【环境设置】对话框，设置当前地图环境
	结果	打开【结果】窗口，显示地理处理结果
	模型构建器	打开【模型】构建器窗口，用于建模
	Python	打开【Python】窗口，编辑命令
—	地理处理资源中心	ArcGIS 在线帮助地理处理资源中心
	地理处理选项	打开【地理处理选项】对话框，用于地理处理各项设置

（8）自定义菜单。

自定义菜单中的子菜单见实验表 1.8。

实验表 1.8 自定义菜单中的子菜单

名称	功能描述
工具条	加载需要的工具条
扩展模块	打开【扩展模块】对话框，启用 ArcGIS 扩展功能
加载项管理器	打开【加载项管理器】对话框管理加载项
自定义模式	打开【自定义】对话框添加自定义命令
样式管理器	打开【样式管理器】对话框管理样式
ArcMap 选项	打开【ArcMap 选项】对话框设置 ArcMap

（9）窗口菜单。

窗口菜单中的子菜单见实验表 1.9。

实验表 1.9　窗口菜单中的子菜单

图标	名称	功能描述
—	总览	查看当前地图总体范围
—	放大镜	将当前位置视图放大显示
—	查看器	查看当前地图文档内容（包括简单的查看工具）
	内容列表	打开【内容列表】窗口
	目录	打开【目录】窗口
	搜索	打开【搜索】窗口
	影像分析	打开【影像分析】对话框，显示影像并进行各项处理操作

（10）帮助菜单。

帮助菜单中主要包括 ArcGIS 自带的帮助和 ArcGIS Desktop 资源中心，用户使用帮助菜单可以方便地获得相关信息。另外，使用【这是什么?】可以调用实时帮助，如果想了解 ArcMap 的版本与版权信息等，可以单击【关于 ArcMap】菜单获得相关信息。

1.4.3　ArcToolbox

ArcToolbox 是 GIS 处理的核心功能和工具模块，是 ArcGIS 的精华。ArcToolbox 面板如实验图 1.5 所示。

实验图 1.5　ArcToolbox 面板

思考题

1. 国产 GIS 软件有哪些?
2. 国产 GIS 软件有什么特点?

实验二 地图数字化

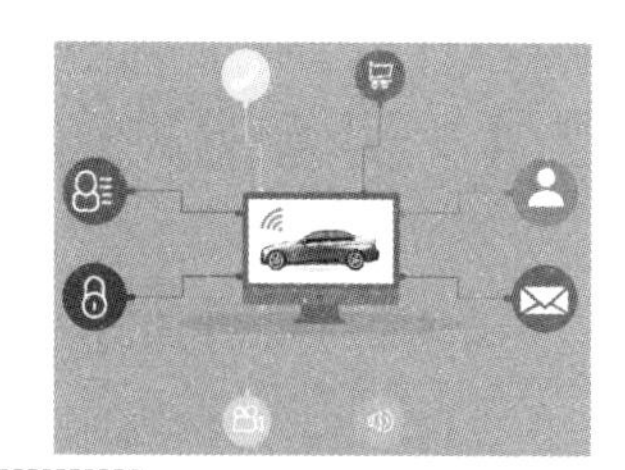

2.1 实验目的

掌握坐标系统、图像配准、地图数字化、地图分层、制图等的基本方法和步骤，熟悉 ArcGIS 工具、菜单的使用方法等，具体如下。

（1）掌握坐标系统的知识，学会为图建立坐标系。

（2）熟悉地理配准的原理和操作。

（3）熟练掌握 ArcGIS 主要绘图和编辑工具的使用方法，以及属性表的相关操作。

（4）掌握地图的拓扑检查。

（5）熟悉数据入库的操作方法。

（6）掌握制图的规范。

2.2 实验内容和数据

使用 ArcGIS 软件，利用给定的济南市影像图对济南市地图（JPG 格式）的道路网进行数字化（屏幕跟踪数字化）。实验所用的数据为纸质版济南市道路网地图或在线地图。

2.3 实验要求

1. 对 JPG 格式的济南市地图进行配准和校正。

2. 建立数字化后分层的济南市道路网地图文件，包括济南市公路网（线状要素）、济南市铁路网（线状要素）、济南市行政区（面状要素）。

3. 对数字化后的数据进行拓扑检查。

4. 将矢量文件放入数据库管理。
5. 制图输出，完成图例、比例尺等要素的配置并输出。

2.4 实验相关知识

2.4.1 地理配准

地理配准是指通过建立关联控制点，为原来不含有地理坐标信息的扫描地图赋予地理坐标信息的过程。

由于扫描后的图像坐标是基于扫描仪坐标，没有地理意义，因此扫描图像（待数字化的图像）要先进行校正与配准，以确保矢量化工作顺利进行。地理配准实际上是将控制点配准为参考点的位置，从而建立两个坐标系统之间一一对应的关系，将影像平移、旋转和缩放定位到给定的坐标系统中，使影像的每个像素点都具有真实的地理坐标，从而具有可量测性。地理配准主要用在数字化地图前，校正地图的坐标和投影，使地图坐标点准确，地图拼接准确。地理配准的一般步骤如下。

（1）选取地面控制点，确定空间坐标。

（2）利用控制点数据对图像进行空间变换。

（3）图像重采样。

1. 控制点选取

（1）控制点选取原则。

① 最大范围控制整幅图像。

② 均匀布点，控制点不能集中，在图像整幅范围内尽量均匀分布。

③ 易分辨、易定位的特征点，如道路的交叉口、水库坝址、河流弯曲点等。

④ 应在特征变化大的地区多选点。

⑤ 在图像的边缘也要选点，以避免外推。

（2）控制点选取数量。

控制点选取数量与图像空间变化选择的校正方程有关，一般选择多项式法。多项式的阶数 t 与所需选取的最少控制点个数 GCPnums 的关系为

$$\text{GCPnums} = (t+1)(t+2)/2$$

式中，t 为多项式阶数。

一阶多项式不少于 3 个点、二阶多项式不少于 6 个点、三阶多项式不少于 10 个点，这只是控制点的最小数量，生产过程中，控制点的数量远大于此。

（3）控制点选取途径。

常用的控制点选取途径有以下四种。

① 从已经经过几何配准的遥感图像上选取地面控制点。

② 从电子地图中读取地面控制点的坐标。

③ 从地形图读取地面控制点的坐标，数据可通过键盘、数字化仪输入。

④ 野外 GPS 定点数据采集。

控制点的地理坐标与地图投影的要求必须一致。

2. 空间变换

图像的空间变换多采用多项式法，其公式为

$$X = L_1(x,y) = \sum_{i=0}^{n}\sum_{j=0}^{n-i} a_{ij} x^i y^j$$

$$Y = L_2(x,y) = \sum_{i=0}^{n}\sum_{j=0}^{n-i} b_{ij} x^i y^j$$

式中，x，y 为像元原始坐标；X，Y 为同名像元的参考图坐标；n 为多项式的阶。一阶多项式为线性变换，二阶多项式或三阶多项式为非线性变换。

当 n=1 时，为线性变换

$$X = a_{00} + a_{10}x + a_{01}y$$

$$Y = b_{00} + b_{10}x + b_{01}y$$

式中包含 a_{00} 、 a_{10} 、 a_{01} 、 b_{00} 、 b_{10} 、 b_{01} 六个未知数，至少需要三个已知点建立方程式，以求解未知数。

常用二阶多项式，即至少需要六个已知点求解方程。

3. 图像重采样

为了使校正后的输出图像像元与输入的未校正图像对应，根据确定的校正公式，对输入图像的数据重新排列。通常有如下三种方法。

（1）邻近元法。

在待求点的四邻像素中，将距离该点最近的相邻像素灰度赋予该点。

邻近元法的优点是计算简单，不丢失细节；缺点是具有明显的不连续性，特别是线状地带常出现断点或阶梯状抖动，适用于分类前的采样和定性分析。

（2）双线性内插。

用双线性函数在 2×2 窗口内四个像元的灰度值进行加权线性内插。

双线性内插的优点是具有平滑作用，因而不会出现锯齿状边缘，在空间上比邻近元法准确；缺点是比邻近元法计算稍复杂，且由于是像元亮度值的加权平均，因此有低频卷积作用，从而出现模糊现象，适用于像元大小有改变的情况。

（3）立方卷积法。

用 16 个像元（即 4×4 窗口内的像元亮度值）采用立方函数进行加权平均，即利用三阶多项式 $S(x)$逼近理论上的最佳插值函数 $\sin(x)/x$。

立方卷积法的优点是可以比较完整地复原图像，立方曲线加权使得图像锐化并平滑噪声；缺点是计算复杂，适用于像元大小变化较大的情况。

2.4.2 常见的数字化错误

在数字化的过程中，经常容易出现如下错误。

（1）伪节点（pseudo node）：当一条线没有一次录入完毕时，会产生伪节点。

（2）悬挂节点（dangling node）：当一个节点只与一条线连接时，该节点称为悬挂节点，有过头和不及、多边形不封闭、节点不重合等情形。

（3）碎屑多边形（sliver polygon）：也称条带多边形，因为前后两次录入同一条线的位置不可能完全一致，所以会产生碎屑多边形，即由重复录入引起。

（4）不正规的多边形（weird polygon）：在输入线的过程中，点的次序倒置或位置不准确会产生不正规的多边形。

2.4.3 拓扑关系

“拓扑”（topology）一词来自希腊文，原意是“形状的研究”。拓扑学是几何学的一个分支，是研究图形在保持连续状态下变形时的不变性质，也称“橡皮板几何学”。在地图上仅用距离和方向参数描述目标之间的关系还不够，因为图上两点之间的距离和方向会随着地图投影的不同而发生变化，所以仅用距离和方向参数不能确切地表示它们之间的空间关系。但无论怎么变化，地图上地理实体的邻接、关联、包含等关系都不改变拓扑关系。拓扑关系能够从质的方面和整体的概念上反映空间实体的空间结构关系。

ArcMap 利用拓扑结构在两个简单的坐标要素——弧线和节点的基础上表示附加的地理信息，也就是说，地理数据作为（X，Y）坐标对序列进行存储，分别代表点、线、多边形。这些地理特征之间的关系通过拓扑结构表达。相关表格数据存储在表格中，通过内部标识号连接到地理特征。

拓扑结构数据模型可以更有效地存储数据，如拓扑结构模型由组成多边形边界的弧的列表来构建多边形。当两个多边形共享一条公共边时，系统只存储一次公共弧坐标值。

获取空间数据有多种方法，但无论采用哪种方法，获取的数据都可能存在各种问题或误差，如数字化错误、数据格式不一致、比例尺或投影不统一、数据冗余等。因此只有对空间数据进行处理才能使空间数据符合 GIS 数据库的要求，才能实现 GIS 的各种功能。拓扑关系的建立属于空间数据处理的内容。

2.5 实验步骤

2.5.1 地图扫描及数据添加

利用扫描仪扫描济南市地图。为了学生操作方便，也可采用高德地图或百度地图截屏的方法获取，再在 ArcMap 中依次打开待配准的地图和参考影像。

（1）单击【连接到文件夹】→【目录】→【jinan.jpg】（待配准的图像）→【拖动到图层列】命令。也可以单击按钮把图片添加到软件，文件添加方法类似。

（2）单击【目录】→【数据】→【jn.tif】（济南市遥感影像图——参考影像）→【拖动到图层列】命令。

2.5.2 地理配准及校正

1. 打开【地理配准】工具条

单击【自定义】→【工具条】→【地理配准】菜单命令，弹出【地理配准】工具条，如实验图 2.1 所示。

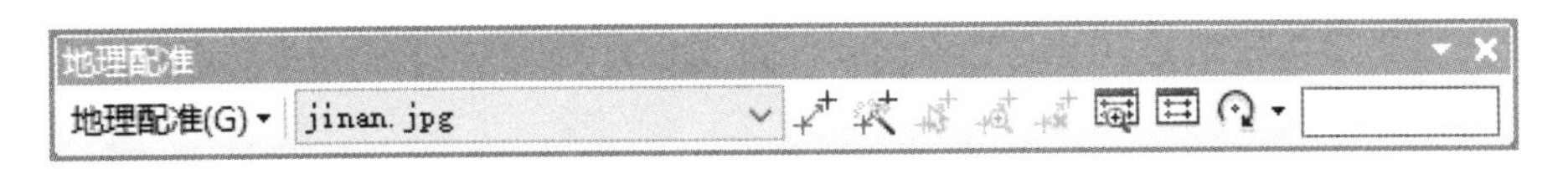

实验图 2.1 【地理配准】工具条

2. 选择控制点

在出现的工具条内单击需要修改的图层，需要配准的图层可通过右击图层，在弹出的快捷菜单中单击【缩放至图层功能】命令，在工具条内添加控制点（先单击需要校正的影像上的控制点，一般找水库、大明湖，至少需要四个控制点，如实验图 2.2 所示。

3. 保存控制点文件

单击【地理配准】工具条内的查看链接表按钮，打开链接表，在此对话框中可以查看控制点的残差，如实验图 2.3 所示，单击按钮，弹出【另存为】对话框，将文件命名为 kzd.txt，单击【保存】按钮。

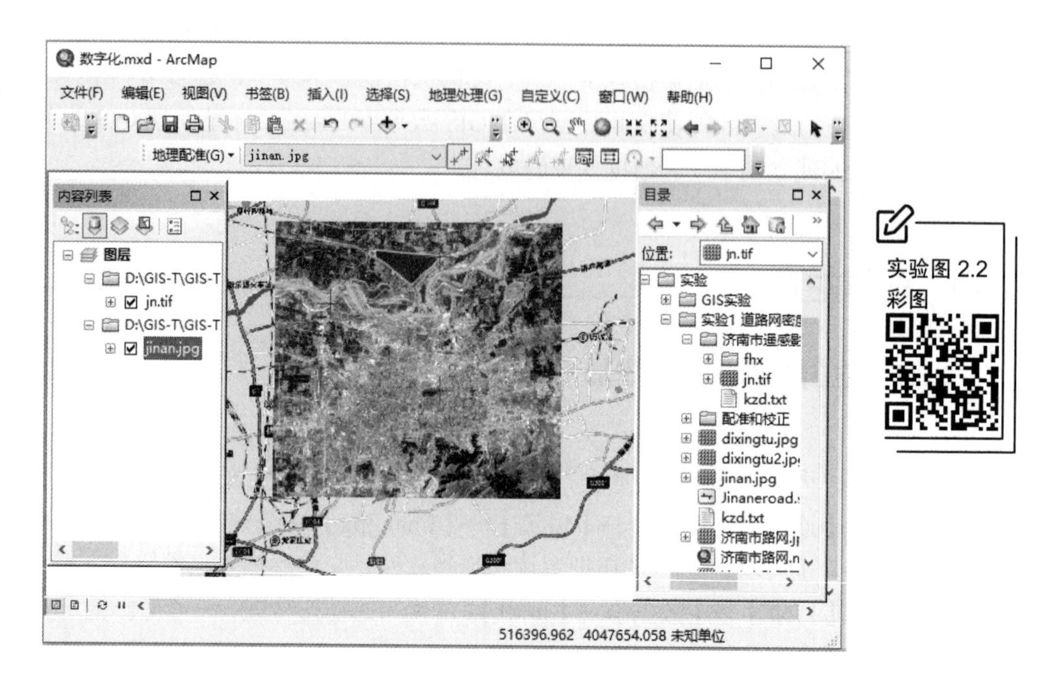

实验图 2.2 添加控制点

实验图 2.2
彩图

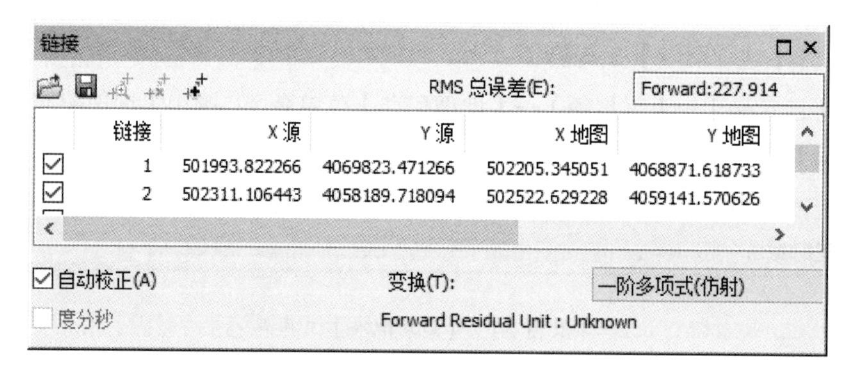

实验图 2.3 查看残差

一般地图制图需要将误差控制在一个像元之内。

4. 校正

在【地理配准】工具条中单击【地理配准】→【校正】命令，打开【另存为】对话框，如实验图 2.4 所示。在【输出位置】文本框中输入校正后的文件的保存路径（为说明方便，保存路径为 JinanRoadwet 文件夹）；在【名称】文本框中输入校正后的文件名称；在【格式】下拉列表框中选择校正后的文件的存储格式，默认为 TIFF；在【压缩类型】下拉列表框中选择文件的压缩方法，默认为 NONE。

实验图 2.4 【另存为】对话框

2.5.3 地图矢量化（数字化）

1. 添加线图层

在【目录】窗口中，右击 JinanRoadwet 文件夹，在弹出的菜单中，选择【新建】命令。接着在弹出的对话框中选择【Shapefile 文件】，弹出【创建新 Shapefile】对话框，如实验图 2.5 所示。在【名称】文本框中命名新的图层为 Road，在【要素类型】下拉列表中选择【折线】，这时【空间参考】显示为未知坐标系。

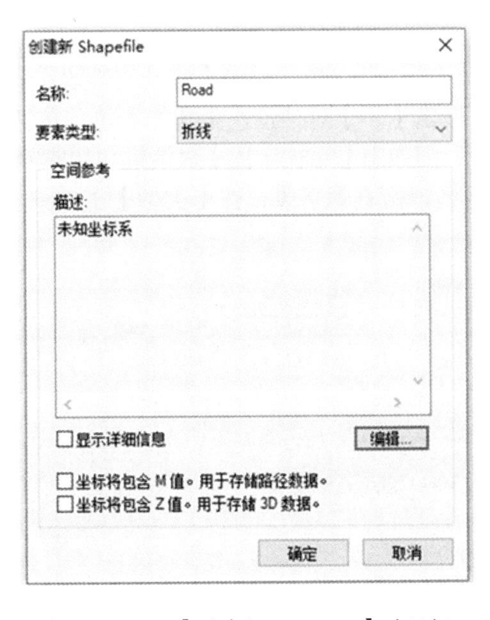

实验图 2.5 【创建新 Shapefile】对话框

2. 编辑坐标系统

单击【编辑】按钮打开【空间参考属性】对话框，如实验图 2.6 所示，可导入已有的坐标系统，单击 按钮，选择【导入】，在弹出的【浏览数据集或坐标系】对话框中选择有坐标系统的文件，在该文件中的坐标系统即可导入【当前坐标系】中；也可直接选择坐标系统，分别点击【地理坐标系】和【投影坐标系】，选择合适的地理坐标和投影坐标。

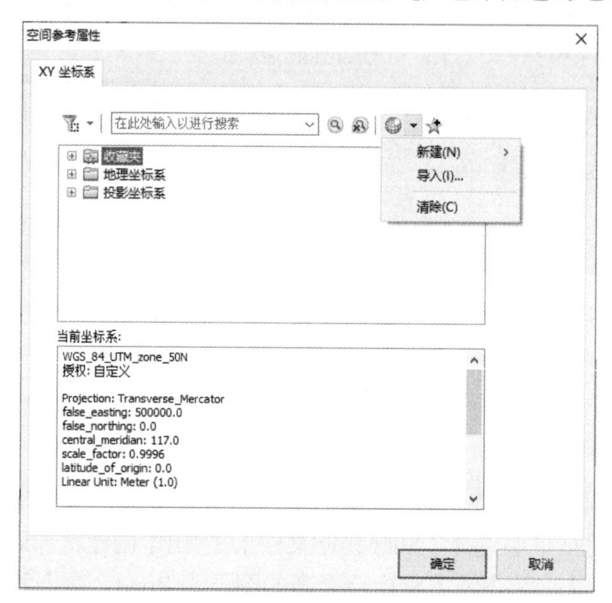

实验图 2.6 【空间参考属性】对话框

3. 添加字段

选中图层右击，在弹出的快捷菜单中单击【打开属性表】命令，弹出【表】对话框，如实验图 2.7（a）所示。单击【表】对话框左上角的表选项按钮 ，在弹出的菜单快捷中单击【添加字段】命令，则弹出【添加字段】对话框，如实验图 2.7（b）所示，在【名称】文本框中分别输入路名、路宽等字段，在【类型】下拉列表框中选择字段的属性。

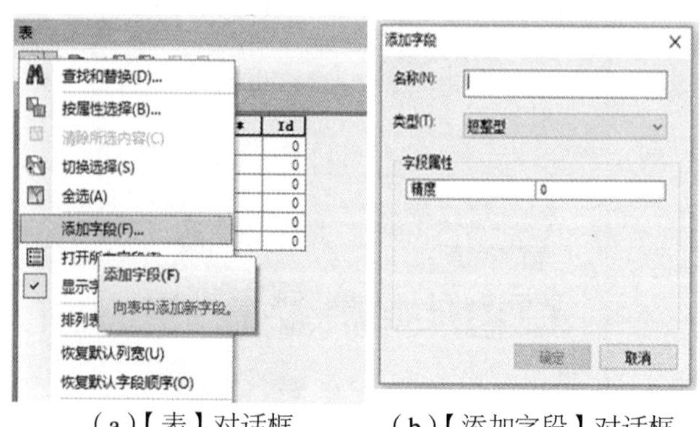

（a）【表】对话框　　（b）【添加字段】对话框

实验图 2.7 添加字段

4. 开始编辑

单击【自定义】→【工具条】→【编辑器】命令，弹出【编辑器】工具条，单击【编辑器】→【开始编辑】命令，选择【Road】图层。在【编辑器】工具条中单击创建要素按钮，弹出【创建要素】对话框，选择【Road】图层，在【构造工具】面板中选择【线】选项，如实验图 2.8 所示。

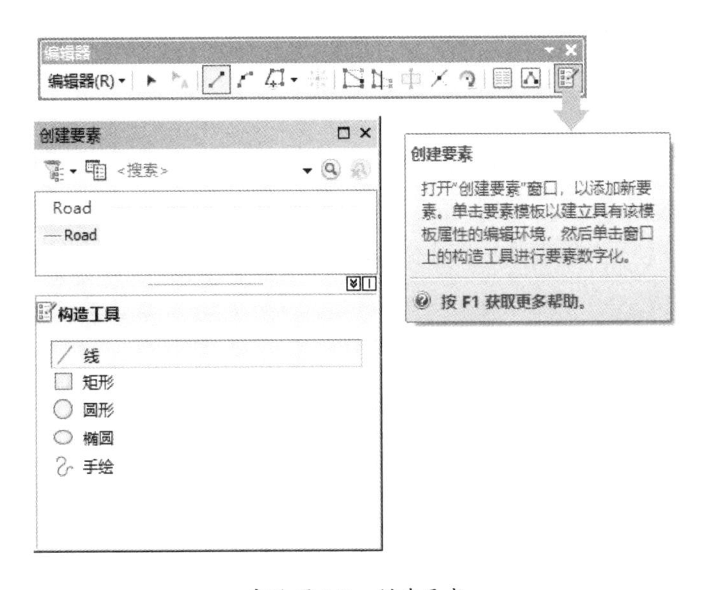

实验图 2.8　创建要求

5. 数字化

根据校正后的济南市地图进行道路网的数字化处理，每数字化一条路就双击，或者右击，在弹出的快捷菜单中单击【完成草图】命令，如实验图 2.9 所示（仅做展示用，可根据个人所用的扫描图对道路网进行数字化）。

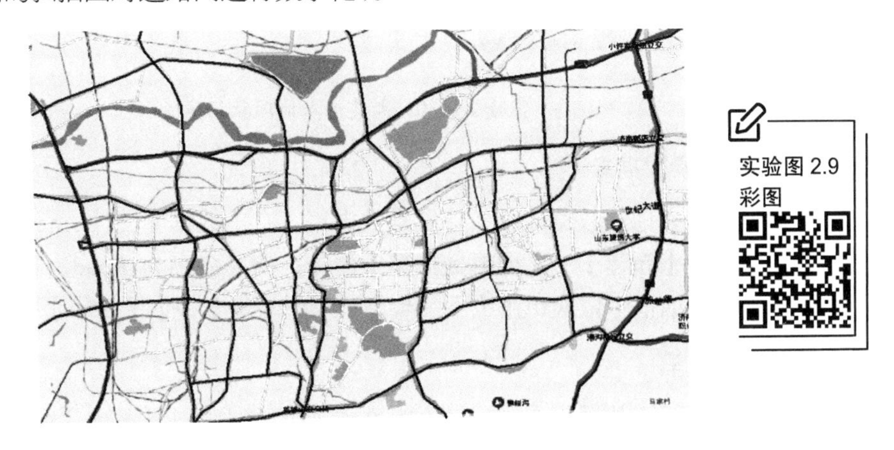

实验图 2.9
彩图

实验图 2.9　数字化道路网

6. 保存

停止编辑，保存数据，完成道路网的数字化工作。数字化工作过程中，尽量多次保存文件，以免因为意外情况丢失数据。

济南市各行政区边界的数字化，需要新建面图层 Reg.shp，具体操作步骤与线图层（Road）类似，不再详细说明。

2.5.4 数据入库及拓扑检查

1. 新建数据库

在 JinanRoadwet 文件夹下新建数据库（包括文件地理数据库和个人地理数据库），选择建立个人地理数据库即可，步骤如下：右击 JinanRoadwet 文件夹，在弹出的快捷菜单中单击【新建】→【个人地理数据库】命令，将其命名为 Jinanroad，如实验图 2.10 所示。

实验图 2.10 新建个人地理数据库

2. 新建要素数据集

在新建的个人地理数据库中新建要素数据集。右击数据库文件 Jinanroad，在弹出的快捷菜单中单击【新建】→【要素数据集】命令，将其命名为 Road，如实验图 2.11 所示，在弹出的对话框中依次单击【下一步】→【下一步】→【下一步】→【完成】按钮。

3. 导入数据

右击新建的要素数据集 Road，在弹出的快捷菜单中单击【导入】命令，根据导入内容选择【要素类（单个）】或【要素类（多个）】命令，如实验图 2.12 所示。

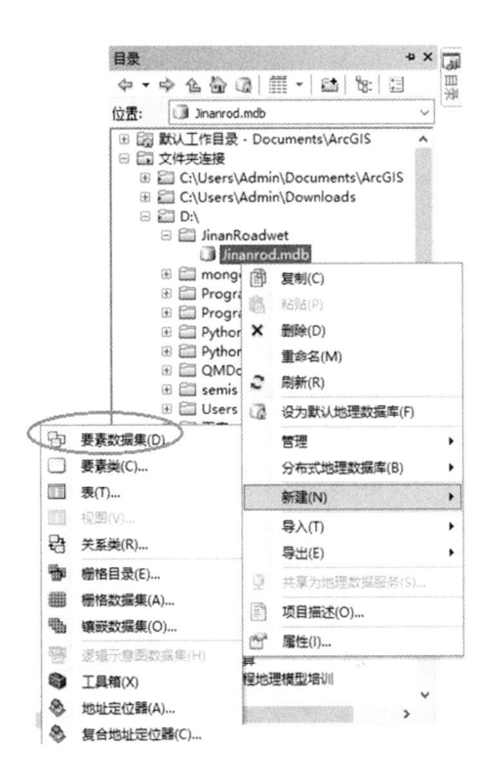

实验图 2.11　新建要素数据集

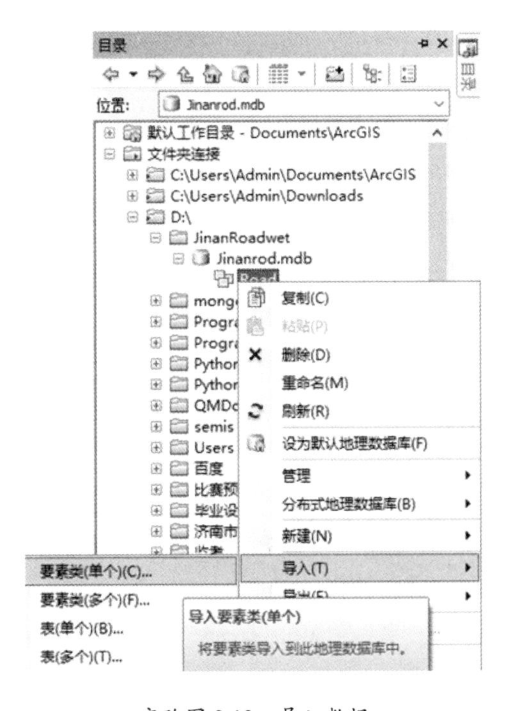

实验图 2.12　导入数据

4. 新建拓扑

右击要素类数据集，在弹出的快捷菜单中单击【新建】→【拓扑】命令，如实验图 2.13 所示，弹出【新建拓扑】对话框，输入名称 Jinanroad_Topology，单击【下一步】按钮，单击【添加规则】按钮，弹出【添加规则】对话框，如实验图 2.14 所示，可添加多条规则，拓扑会根据建立的规则查找导入数据中的错误。

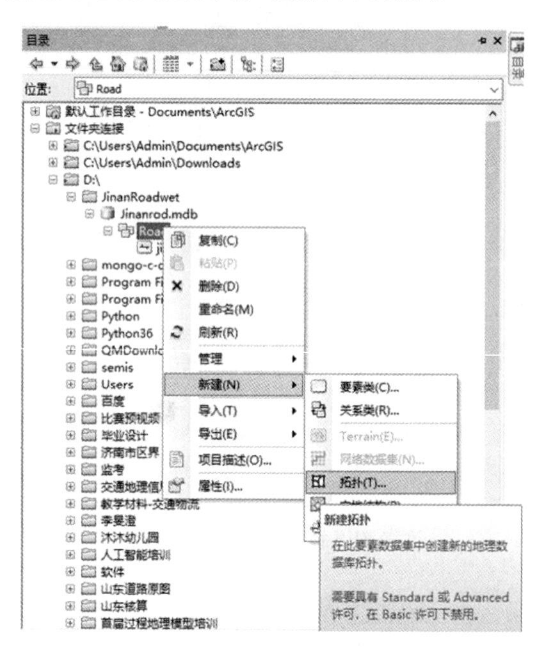

实验图 2.13 新建拓扑

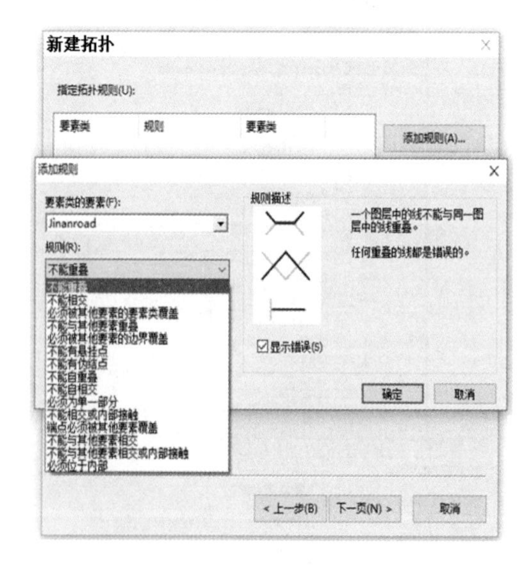

实验图 2.14 【添加规则】对话框

5. 错误检查及修改

检查拓扑错误并修正，如实验图 2.15 所示。

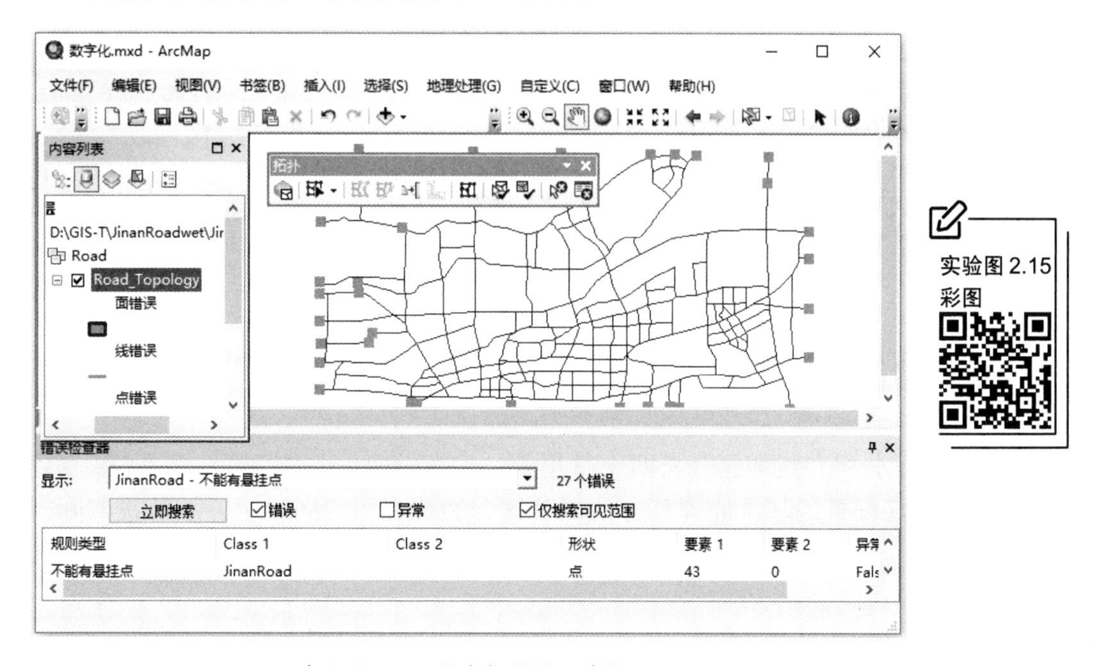

实验图 2.15　检查拓扑错误并修正

建立图层的拓扑关系后，依据选择的规则显示错误的拓扑关系，如实验图 2.15 所示。拓扑关系的检查和修改可借助【拓扑】工具条（单击【自定义】→【工具条】→【拓扑工具条】菜单命令打开）中的错误检查器按钮实现，可显示具体的拓扑关系错误；单击修复拓扑错误工具按钮，可对拓扑关系错误进行修正。

2.5.5　制图输出

地图的展示、输出详见实验八。

思考题

常见的数字化错误有哪些?

实验三 叠置分析和缓冲区分析

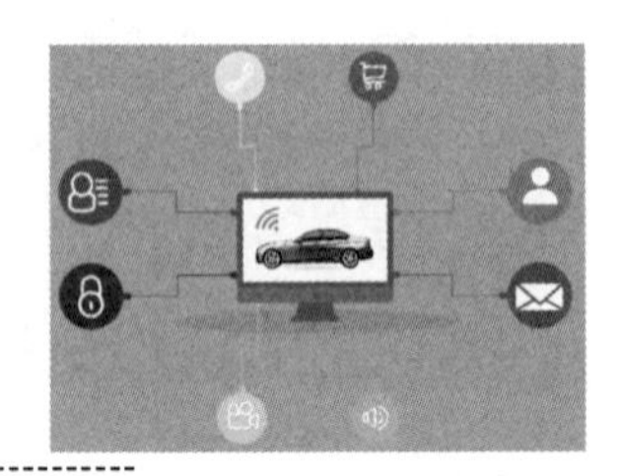

3.1 实验目的

掌握叠置分析和缓冲区分析两个常用的空间分析操作，加深对坐标系统、叠置分析、缓冲区分析的基本原理和方法的认识，锻炼利用空间分析方法解决实际问题的能力。

3.2 实验内容和数据

通过 ArcGIS 软件，利用叠置分析计算济南市各行政区的道路网密度，利用缓冲区分析建立道路的缓冲区。

实验数据：利用实验二中数字化的济南市道路网数据和行政区界限数据。

3.3 实验要求

1. 利用实验二中数字化的济南市道路网和行政区数据，计算各行政区的公路网密度。
2. 建立道路网的缓冲区。

3.4 实验步骤

3.4.1 叠置分析

计算各行政区道路网密度，需要先求出各行政区内道路网的长度及各行政区的面积。

长度的单位一般是米、千米等，面积的单位一般是平方米、平方千米等。利用 ArcGIS 的计算几何工具计算长度、面积时，地图投影要求使用投影坐标，因此如果使用的数据是地理坐标，则需要将地理坐标转换成投影坐标。

1. 投影变换

在 ArcToolbox 中选择【数据管理工具】→【投影和变换】→【要素】→【投影】选项，输入要变换的要素类——济南市道路图层（JinanRoad），选择输出要素类的位置和名称，在此选择输出的坐标系，在此选择投影坐标系。常用投影坐标系有高斯投影、UTM 投影等，如实验图 3.1 所示。

实验图 3.1 地图投影

高斯投影和 UTM 投影都涉及地图分带的问题，需要确定正确的分带，其中高斯投影的分带方法可参考 2.2.2 节中“地图投影”部分对高斯投影和投影带划分的介绍。

2. 计算几何

先添加需要计算的字段，如【路长】，右击 JinanRoad 图层（线图层），在弹出的快捷菜单中选择【属性】→【添加字段】命令，新建字段【路长】（浮点型，精度 20，小数点 10），操作可见实验图 2.10、实验图 2.11；右击字段【路长】，在弹出的快捷菜单中选择【计算几何】命令，如实验图 3.2 所示。

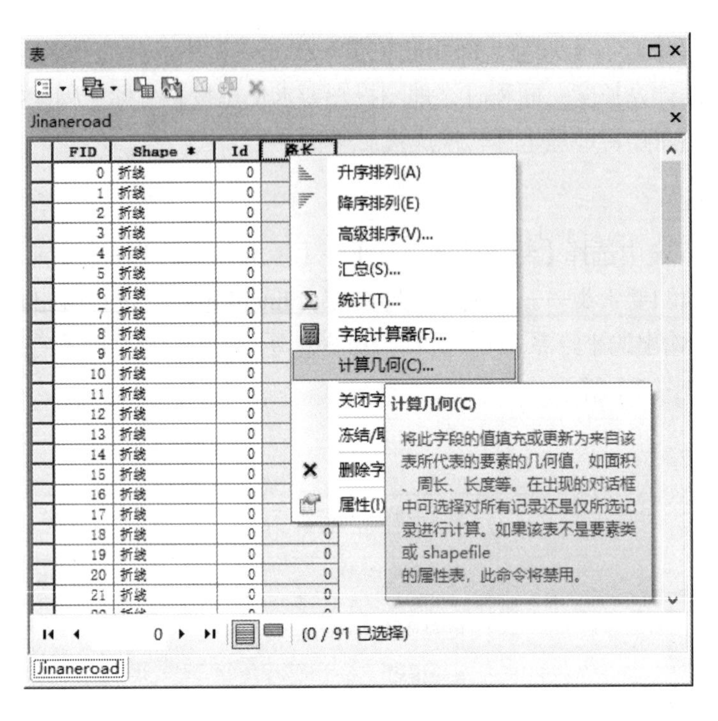

实验图 3.2　计算路长

行政区图层 Reg（面图层）面积的计算操作与路长的计算操作类似，不再赘述。

3. 叠置分析

在 ArcToolbox 中单击【分析工具】→【叠加分析】→【相交】命令，或者单击【地理处理】→【相交】菜单命令，输入要素类选择济南市道路图层 Jinanroad 和行政区图层 Reg，输出要素类为 Jinanroad-insect，添加为一个新的图层 Jinanroad-insect。以此在区域边界处把每条道路打断，在新图层的属性表中，道路属性包含了区域属性。

4. 汇总统计

对各行政区内路段长度进行计算、汇总统计。打开 Jinanroad-insect 的属性表，右击字段【行政区名称】，选择【汇总】→【选择汇总字段】命令，选择一个或多个要包括在输出表中的汇总统计字段，选择【指定输出表】为“道路长度汇总.dbf”，汇总统计的内容为各区域路长的总和，结果如实验图 3.3 所示。

5. 路网密度

将汇总统计输出的表连接至 Jinanroad-insect 图层。右击 Jinanroad-insect 图层，在弹出的快捷菜单中单击【连接和关联】→【连接】命令，弹出【连接数据】对话框，如实验图 3.4 所示，将 Jinanroad-insect 图层的属性表和输出的“道路长度汇总.dbf”连接，使汇总信息出现在 Jinanroad-insect 图层的属性表后面。

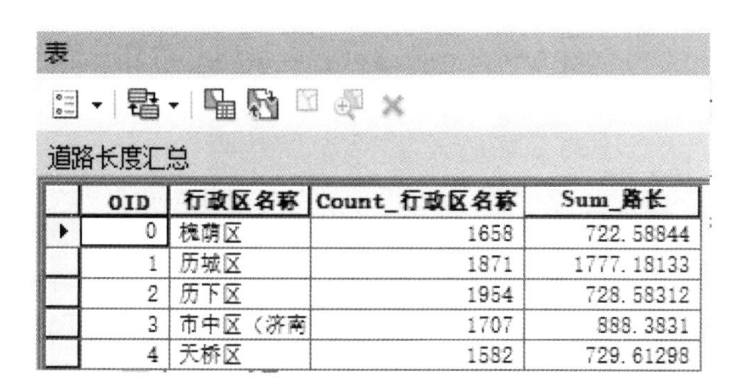
表

道路长度汇总

OID	行政区名称	Count_行政区名称	Sum_路长
0	槐荫区	1658	722.58844
1	历城区	1871	1777.18133
2	历下区	1954	728.58312
3	市中区（济南	1707	888.3831
4	天桥区	1582	729.61298

实验图 3.3 道路长度汇总

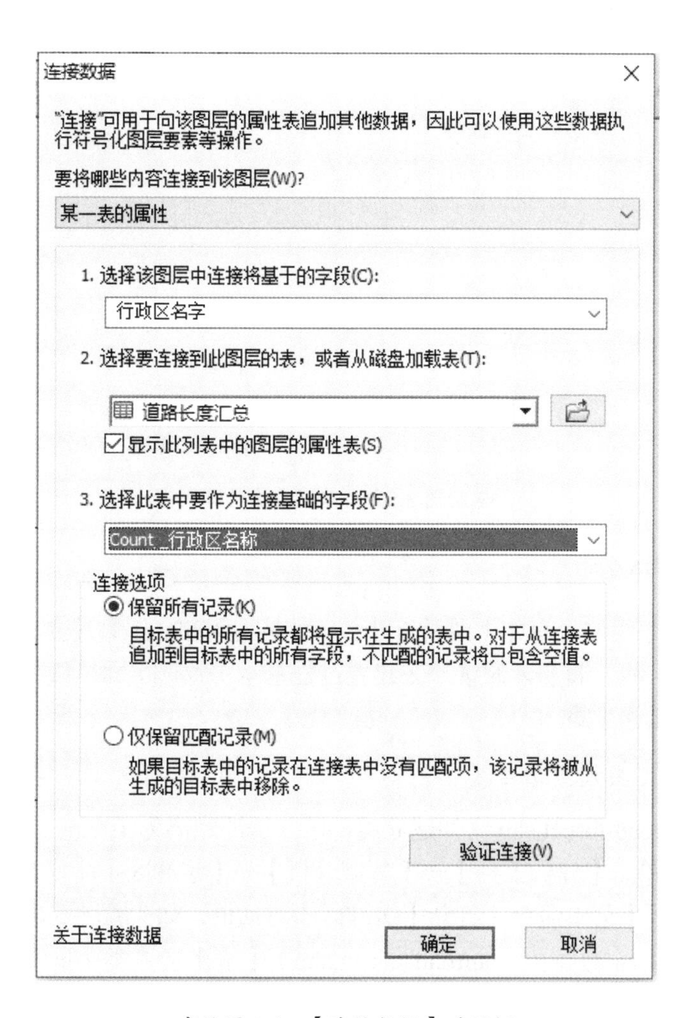

实验图 3.4 【连接数据】对话框

在连接后的 Jinanroad-insect 图层的属性表里添加【路网密度】字段，通过【字段计算器】对话框（实验图 3.5），计算路网密度指标，可以计算出济南市各行政区的公路网密度。

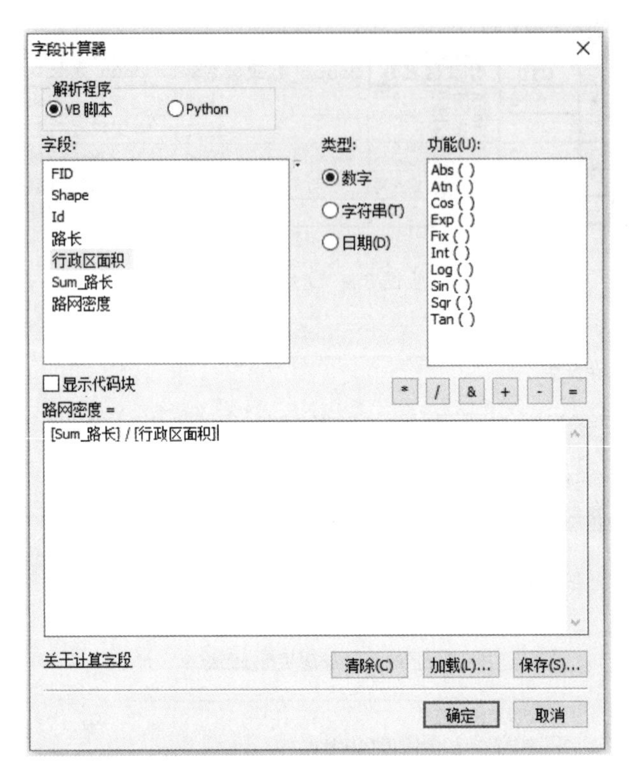

实验图 3.5　公路网密度计算

3.4.2　缓冲区分析

ArcGIS 中建立缓冲区有如下两种方法：一种是用缓冲区工具建立，另一种是用缓冲区向导建立。点、线、面要素的缓冲区建立过程基本一致。下面以线状要素为例，介绍缓冲区建立的方法和步骤。

1. 用缓冲区工具建立缓冲区

下面为 Jinanroad-insect.shp 文件建立缓冲区，缓冲距离为 100m。其操作步骤如下：在 ArcToolbox 中单击【分析工具】→【邻域分析】→【缓冲区】命令，或者单击【地理处理】→【缓冲区】菜单命令，打开【缓冲区】对话框，如实验图 3.6 所示。

【输入要素】指定数据（Jinanroad-insect.shp），【输出要素类】指定输出文件的位置和名称。【距离[值或字段]】区域有两个单选按钮：【线性单位】和【字段】。若选择【线性单位】单选按钮，则输入一个数值，并在下拉列表框中选择单位，用此数值作为缓冲距离；若选择【字段】单选按钮，则指定输入要素类的某个属性字段，每个要素的缓冲距离等于该要素该属性字段的值。在此选择【线性单位】单选按钮，值为100，单位为米。

实验图 3.6 【缓冲区】对话框

【侧类型（可选）】下拉列表框中有三个选项：FULL、LEFT 和 RIGHT。FULL 指在线的两侧建立多边形缓冲区，如果输入要素是多边形，那么缓冲区包含多边形内的部分，为默认值；LEFT 指在线的拓扑左侧创建缓冲区；RIGHT 指在线的拓扑右侧创建缓冲区。在此选择 FULL 选项。

【末端类型（可选）】下拉列表框中有两个选项：ROUND 和 FLAT，主要用于创建线要素缓冲区时指定线端点的缓冲区形状。ROUND 指线末端点处是半圆，为默认值；FLAT 指在线末端创建矩形缓冲区，此矩形短边的中点与线的端点重合。

【融合类型（可选）】下拉列表框中有三个选项：NONE、ALL 和 LIST，主要作用是决定是否执行融合以消除缓冲区重合的部分，在此选择 ALL 选项。NONE 指不执行融合操作，无论缓冲区之间是否有重合，都完整保留每个要素的缓冲区，为默认值；ALL 指将所有缓冲区融合成一个要素，去除重合部分。LIST 指根据给定的字段列表融合，字段值相等的缓冲区才可以融合。

单击【确定】按钮，完成缓冲区操作分析，结果如实验图 3.7 所示。

实验图 3.7 缓冲区分析结果

2. 用缓冲区向导建立缓冲区

缓冲区向导为建立缓冲区提供了一种简单、快捷的操作方式，只要按照向导工具的提示一步步地设置参数，就可以建立要素的缓冲区。用缓冲区向导建立缓冲区的步骤如下。

（1）添加缓冲区向导工具。

为了方便使用缓冲区向导工具，需将其添加到工具条中。

在 ArcMap 窗口中，单击【自定义】→【自定义模式】菜单命令，打开【自定义】对话框，切换到【命令】选项卡，如实验图 3.8 所示。选择【类别】列表框中的【工具】选项，然后在【命令】列表框中选择【缓冲向导】选项，按住鼠标左键不放并拖动到已经存在的工具栏中。

实验图 3.8 【自定义】对话框

（2）使用缓冲区向导建立缓冲区。

下面以建立 Jinanroad-insect.shp 文件的缓冲距离为 100m 的缓冲区为例进行介绍。首先打开缓冲区向导工具条。单击【自定义】→【工具条】→【缓冲向导工具条】菜单命令，打开缓冲区向导工具条。

加载 Jinanroad-insect.shp 文件，使用选择工具选择要建立缓冲区的要素，单击“缓冲区要素向导”按钮，弹出【缓冲区向导】对话框，如实验图 3.9 所示。

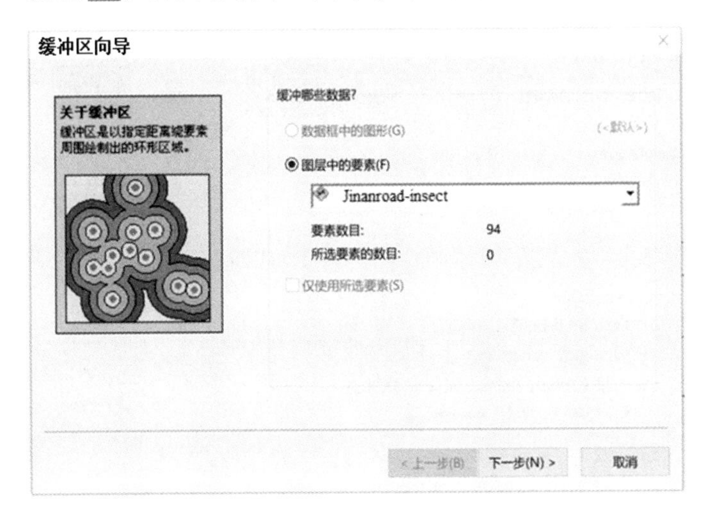

实验图 3.9 【缓冲区向导】对话框

选中【图层中的要素】单选按钮，并在下拉列表框中选择建立缓冲区的图层。如果仅对选择要素进行缓冲区分析，那么选中【仅使用所选要素】复选框。单击【下一步】按钮，弹出实验图 3.10 所示的【缓冲向导】对话框。

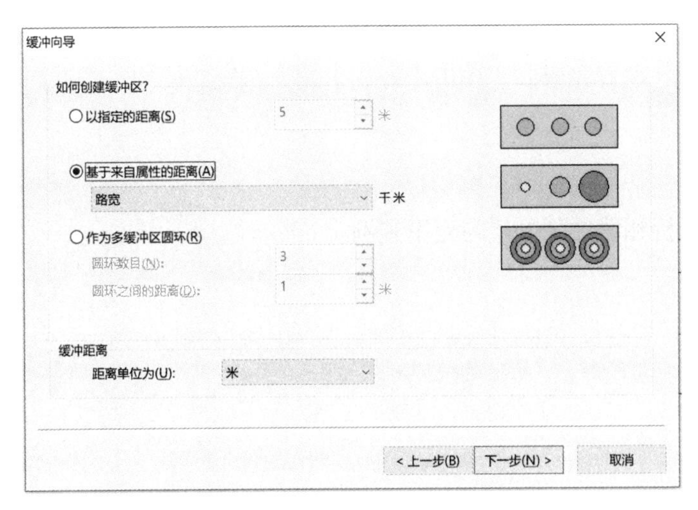

实验图 3.10 【缓冲向导】对话框

在【如何创建缓冲区？】区域中，有如下三种建立缓冲区的方法：①【以指定的距离】指以手动输入的缓冲区半径建立固定缓冲区；②【基于来自属性的距离】指依据要素中某个字段的值建立缓冲区；③【作为多缓冲区圆环】指建立多级缓冲区。

本实验选择方法②，基于来自属性的距离。设置完成缓冲区距离，单击【下一步】按钮，弹出实验图 3.11 所示的对话框。

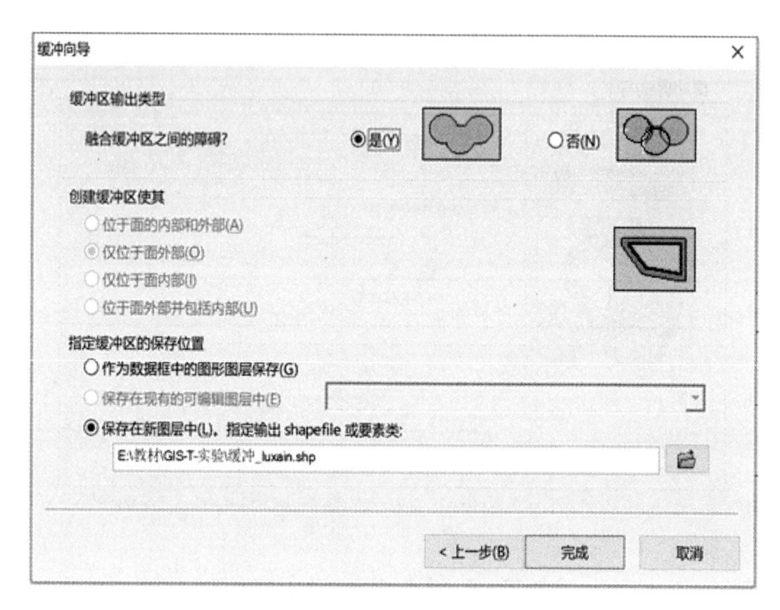

实验图 3.11　缓冲区输出类型及保存目录

在【缓冲区输出类型】区域中，选择缓冲区输出的类型——是否融合缓冲区之间的障碍，可以参考对话框中的示意图决定。如果使用的是面状要素，那么【创建缓冲区使其】区域处于激活状态，可以设置各项。在【指定缓冲区的保存位置】区域中选择生成结果文件的方法。设置完成后，单击【完成】按钮，完成使用【缓冲向导】建立缓冲区的操作。

思考题

举出叠置分析和缓冲区分析的应用实例。

实验四 网络分析

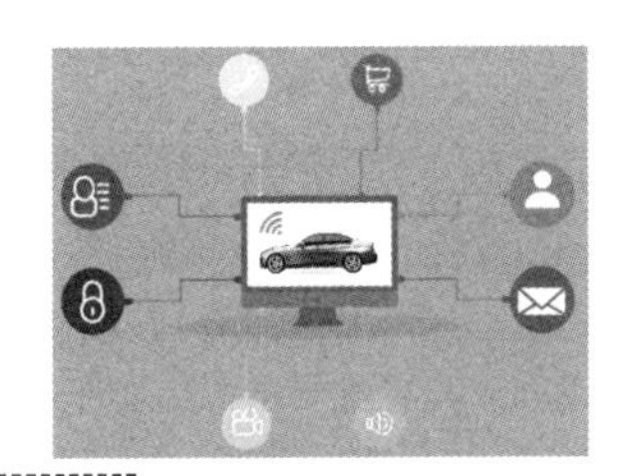

4.1 实验目的

掌握网络分析的常用空间分析操作，尤其是最短路径分析，加深网络分析基本原理、方法的认识，锻炼利用空间分析方法解决实际问题的能力。

4.2 实验内容和数据

通过 ArcGIS 软件，利用网络分析求解两点间的最短路径、服务区分析、最近设施点分析和 OD 成本矩阵分析等。

实验数据：利用实验二中数字化的济南市道路网数据。

4.3 实验要求

利用实验二中数字化的济南市道路网能够掌握两点间的最短路径求解、服务区分析、最近设施点分析及 OD 成本矩阵分析等基本网络分析功能。

4.4 实验步骤

ArcGIS 使用几何网络分析和基于网络数据集的网络分析两种模式实现不同的网络分析功能，本实验利用数字化的济南市部分路网图，以此为基础进行网络分析。

4.4.1 最短路径分析

1. 构建网络数据集

在构建网络数据集前，需要启动 ArcGIS【Network Analyst】模块。单击【自定义】→【扩展模块】菜单命令，打开【扩展模块】对话框，选中【Network Analyst】复选框，单击【关闭】按钮，如实验图 4.1 所示。

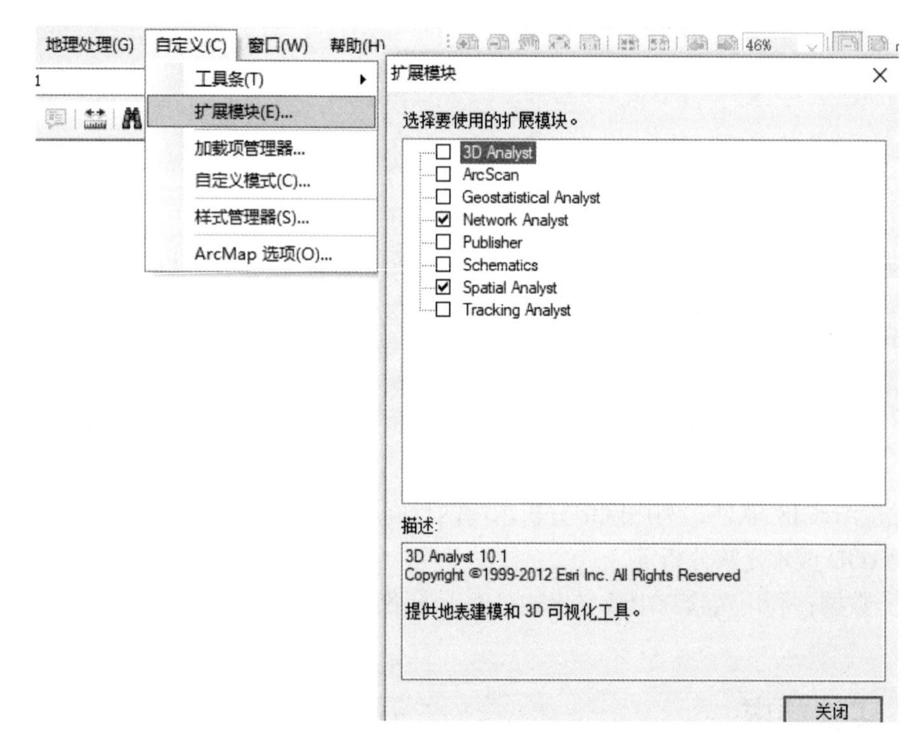

实验图 4.1 添加网络分析模块

可以在地理数据库构建网络数据集，也可以在 shp 文件上直接构建。在目录中，新建文件夹“网络分析”，新建个人地理数据库“济南市道路网”，新建网络数据集“济南市道路网”，导入 Jinanroad-insect.shp 文件至要素集（实验图 4.2），可参考实验二中 2.5.4 节中建立要素集的操作，右击要素集“济南市道路网”，在弹出的快捷菜单中单击【新建】→【网络数据集】命令。在 Jinanroad-insect.shp 中右击，在弹出的快捷菜单中单击【新建网络数据集】命令。

这两种方式的差别在于：地理数据库网络允许使用要素数据集中存储的多个源创建多方式网络，而基于 Jinanroad.shp 的网络数据集只能处理单个源要素类。

单击【下一步】按钮，选中 Jinanroad-insect.shp 要素类并将其作为网络数据集的源。

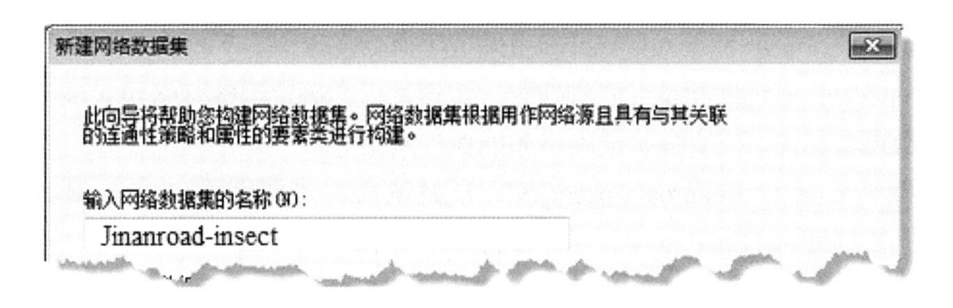

实验图 4.2 输入网络数据集的名称

单击【下一步】按钮，在网络中构建转弯模型。选中【RestrictedTurns】复选框作为转弯源。选中【<通用转弯>】复选框时，可以添加默认转弯惩罚值。

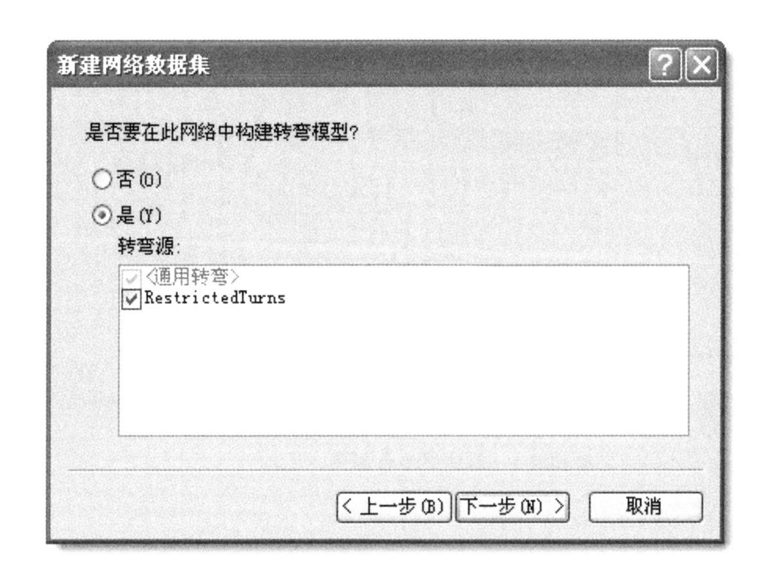

实验图 4.3 网络数据集的转弯模型

单击【下一步】按钮，单击【连通性】按钮，弹出【连通性】对话框，可为该网络设置连通性模型。

单击【下一步】按钮，可以设置高程。网络数据集中的高程设置进一步定义了连通性。

本实验选择【无】，单击【下一步】按钮。

单击【下一步】按钮，可以使用此向导页面配置交通流量数据。本实验忽略了交通流影响，只考虑道路距离。

单击【下一步】按钮，显示设置网络属性的页面。因为本实验是基于学生自己绘制的道路网，比较简单，所以没有涉及这些属性。

单击【下一步】按钮，显示所有设置的汇总信息。

启动进度条，显示 Network Analyst 正在创建网络数据集。

创建网络后，系统询问是否要构建它，构建过程会确定哪些网络元素是连接的，并填充网络数据集属性。只有先构建网络才能执行网络分析。

新的网络数据集 Jinanroad-insect_ND 及系统交汇点要素类 Jinanroad-insect_ND_Junctions 已添加到 ArcCatalog 中，结果如图 4.4 所示。

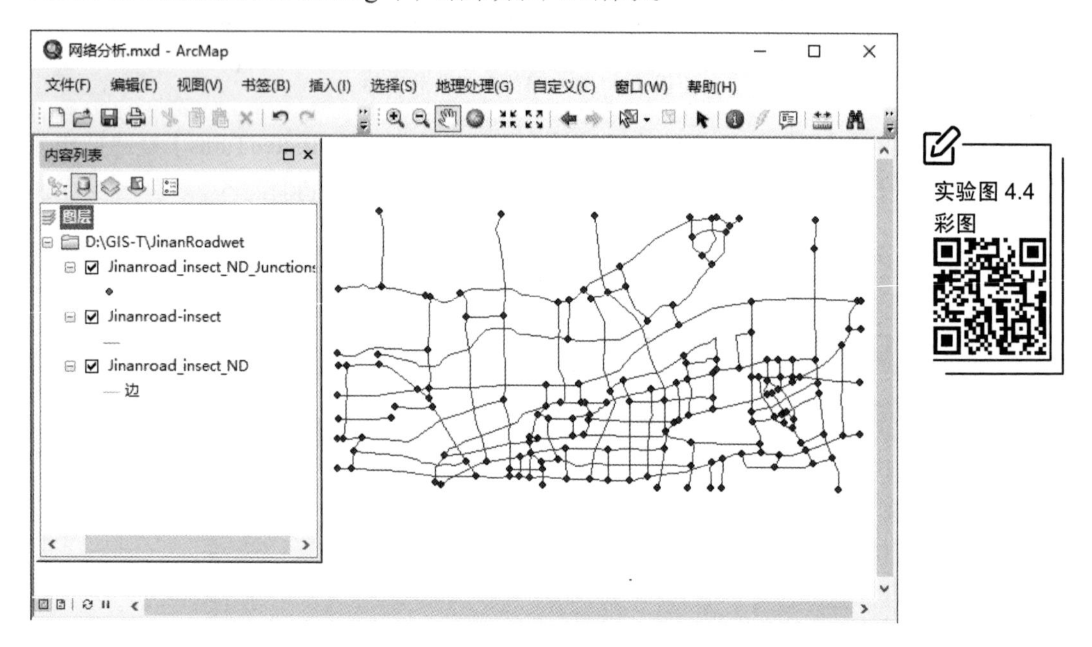

实验图 4.4 创建网络数据集

2. 最短路径求解

（1）配置网络分析环境。

单击【自定义】→【工具条】菜单命令，选中【Network Analyst】复选框（若此处没有，需先在扩展模块勾选），调用【Network Analyst】工具条，如实验图 4.5 所示。

实验图 4.5 Network Analyst 工具条

（2）添加网络分析对象。

单击【Network Analyst】工具条中的显示或隐藏 Network Analys 窗口按钮，打开【Network Analys】窗口。

单击创建网络位置按钮，在【Network Analyst】窗口中选择想要创建网络位置的类型，如停靠点、点障碍、线障碍、面障碍等，再在想要创建网络位置的地方单击创建。在此无法创建一些分析输出类，如路径类、服务区面等，多路径分析中的路径项目是特例。

（3）执行分析并显示结果。

在路线上任选两点，单击求解按钮，得到最短路径，如实验图 4.6 所示。

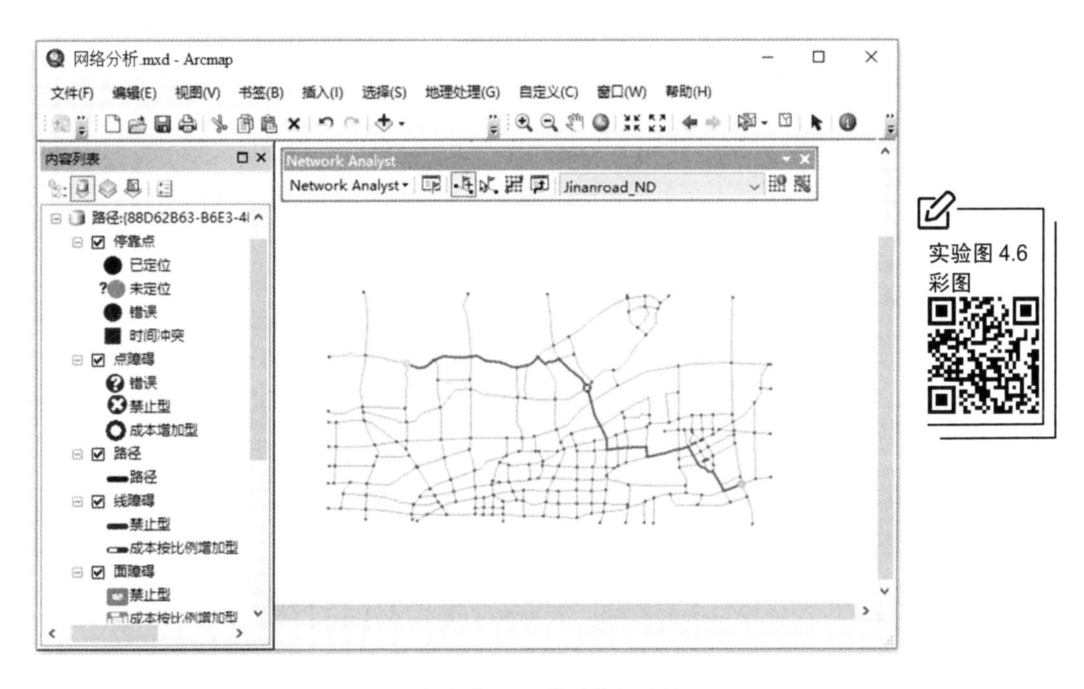

实验图 4.6　得到最短路径

4.4.2　服务区分析

服务区分析是指查找在设施点一定阻抗范围内的区域，如可以查看超市、医院的服务范围等。以查找到医院时间 5min、10min、15min 的地区为例，对服务区分析进行简单介绍。

1. 创建服务区分析图层

在【Network Analyst】工具条中单击【Network Analyst】→【新建服务区】命令，新建服务区分析图层。服务区分析图层自动添加到内容列表中，并在【Network Analyst】窗口中自动添加网络分析类和网络分析对象。

2. 设置网络分析任务

在内容列表中右击服务区分析图层，在弹出的快捷菜单中单击【属性】命令，打开【图层属性】对话框（实验图 4.7），分别设置【常规】【图层】【源】【分析设置】【面生成】【线生成】【累积】【网络位置】选项卡。

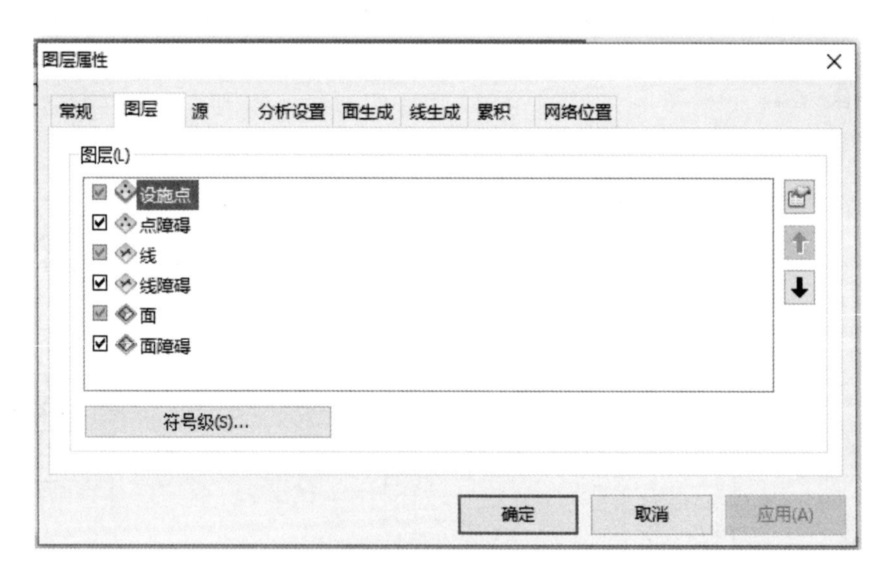

实验图 4.7 【图层属性】对话框

服务区分析可以选择输出为面和线，分别在【面生成】和【线生成】选项卡下选中【生成面】和【生成线】复选框即可。如果两个复选框都不选，则分析任务不返回任何结果。

【分析设置】【线生成】【累积】和【网络位置】选项卡的设置参照路径分析中的相关设置。

【默认中断】是指分析任务中，不会搜索阻抗值超过中断值的设施点。中断值可以设置为多个，从而生成具有多个阻抗值的服务区面或线，不同的中断值之间通过空格或“,”区分，在设施点属性中的中断值只能通过空格区分。

【方向】可以选择为“离开设施点”或“朝向设施点”，不同的方向设置对应计算阻抗值的不同方式，根据网络属性限制条件的不同，可能会有很大区别。

【叠置类型】可以设置多个不同中断值的设施点生成的服务区是否叠置，如对于中断值为 300m 和 500m 的设施点生成的服务区。

【叠置】可以选择是否允许线叠加。如果设置为【叠置】选项，则两个服务区线重合时，生成两条服务区线；如果设置为【不重叠】选项，则只能生成一条服务区线，并且与阻抗最小的设施点连接。

添加网络位置，并为特定网络位置设置特定属性，如医院、超市等位置数据。

设施点的属性字段说明:【Breaks_[阻抗]】(此处为 Breaks_长度) 字段表示设施点分析的中断值，其中阻抗为分析任务设置的阻抗字段。可以设置为多个中断值，通过空格区分。此处的设置会自动覆盖分析任务的默认阻抗。

求解网络分析任务，服务区分析结果如实验图 4.8 所示。其中，圆形点为设施点，阴影部分包围的线为生成的线结果；面是生成的面结果，不同灰度值面是不同中断值产生的面。在面分析结果中，受单向行驶的影响，分析结果不同于设施点到某点的道路距离。

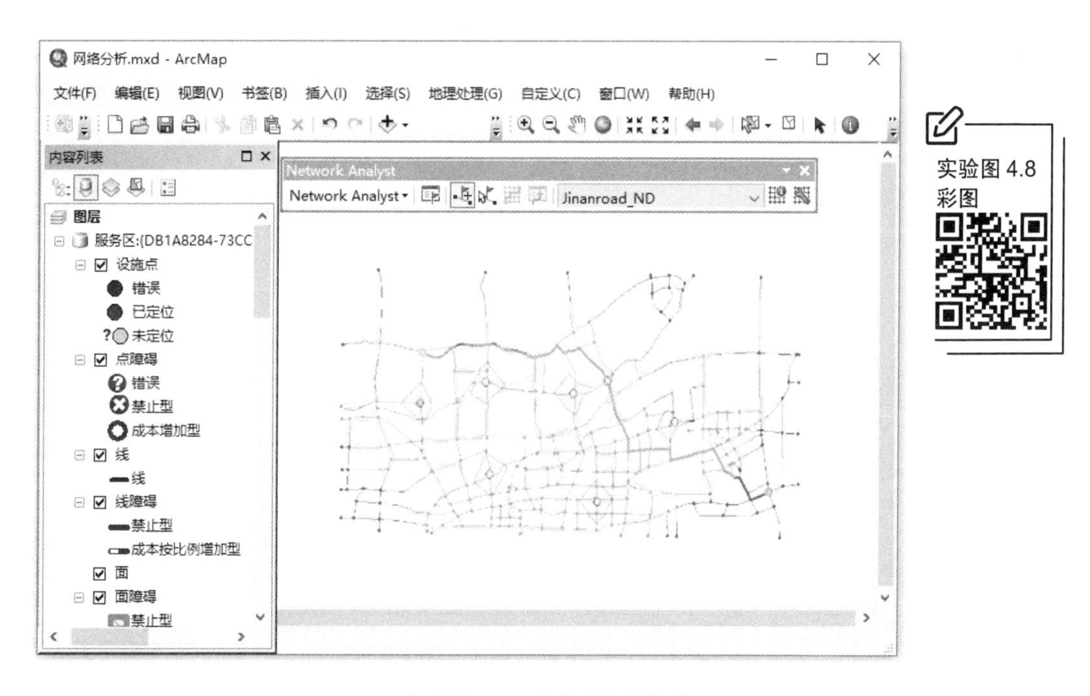

实验图 4.8 彩图

实验图 4.8 服务区分析结果

4.4.3 最近设施点分析

最近设施点分析是通过计算网络中设施点与可预测事件点之间的运行成本，选取成本最低的行程。在分析任务中，可以设置查找数量、行驶方向和限制条件等，求解结果将显示事件点与设施点间的最佳路径，输出它们的行程成本并返回驾车提示。下面以查找距离事件点最近的加油站为例，简单介绍最近设施点分析，步骤如下。

(1) 创建最近设施点分析图层。在【Network Analyst】工具条中单击【Network

Analyst】→【新建最近设施点】命令，新建最近设施点分析图层。最近设施点分析图层自动添加到内容列表中，并在 Network Analyst 窗口中自动添加网络分析类和网络分析对象。

（2）设置网络分析任务。在内容列表中右击最近设施点分析图层，在弹出的快捷菜单中单击【属性】命令，打开【图层属性】对话框（实验图 4.9），分别设置【常规】【图层】【源】【分析设置】【累积】【网络位置】选项卡。其中，【分析设置】【累积】【网络位置】选项卡的设置参照服务区分析中的设置。

【分析设置】中的【要查找的设施点】是指分析任务可以在限制条件下搜索一定数目的设施点以供选择，如果限制条件下设施点数目不足，则只返回满足限制条件的设施点。

【分析设置】中的【行驶自】可以指定是从事件点到设施点还是从设施点到事件点开始计算阻抗值，在有单向行驶等限制条件时，应注意对此项的设置。

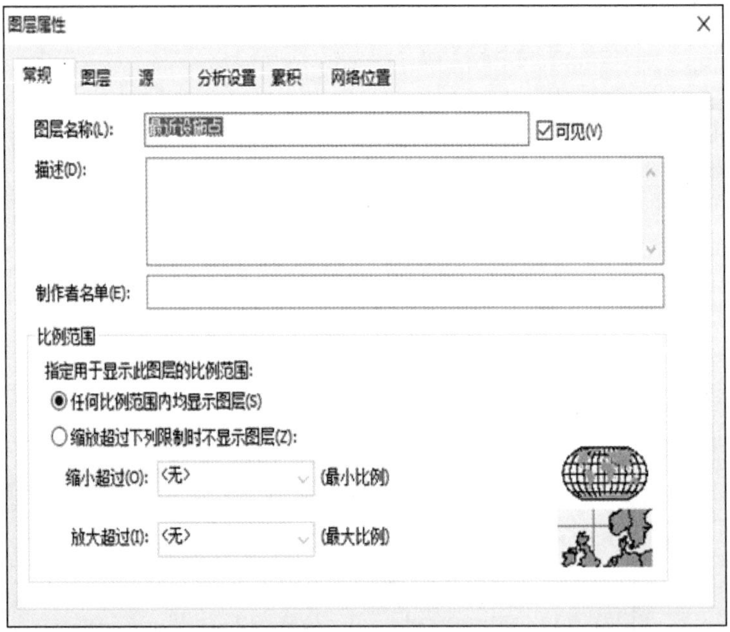

实验图 4.9 【图层属性】对话框

（3）添加网络位置，并为特定网络位置设置特定属性。

设施点的属性字段说明：【Cutoff_[阻抗]】(此处为 Cutoff_长度）字段表示该点在搜索事件点时的中断值，只有当前阻抗对应的中断值才可以在分析任务中作为依据。

事件点的属性字段说明：TargetFacilityCount 表示该事件点搜索设施点数目。

（4）求解网络分析任务，最近设施点分析结果如实验图 4.10 所示。其中，圆形点为加油站（设施点），方形点为事件点，粗线状要素为生成路径。

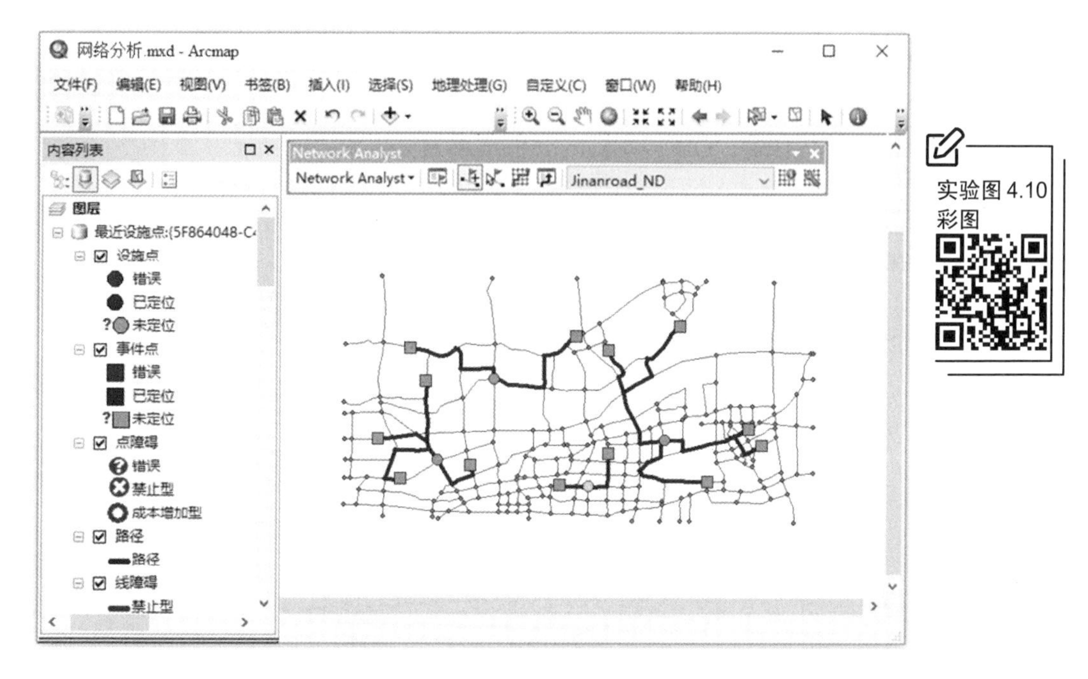

实验图 4.10 最近设施点分析结果

4.4.4 OD 成本矩阵分析

OD 成本矩阵分析用于计算网络中多个起始点和目的地点之间的成本，可完成多个配货仓库到商店的配货等任务。在分析任务中，可以设置一个起始点连接的目的地点最大数目，也可以限制起始点与目的地点之间的成本，应根据配货仓库的规模合理地设置这些参数。

OD 成本矩阵分析与最近设施点分析相似，区别主要在于输出和计算时间方面：OD 成本矩阵分析输出的是一系列连接起始点和目的地点的直线，不返回路径的形状和驾车指示，因此计算时间短一些；最近设施点分析输出的是连接设施点和事件点之间的路径及驾车指示，计算时间较长。

OD 成本矩阵分析的操作步骤如下。

（1）创建 OD 成本矩阵图层。在【Network Analyst】工具条中单击【Network Analyst】→【新建 OD 成本矩阵】命令，新建 OD 成本矩阵图层。OD 成本矩阵图层自动添加到内容列表中，并在【Network Analyst】窗口中自动添加网络分析类和网络分析对象。

（2）设置网络分析任务。在内容列表中右击 OD 成本矩阵分析图层，在弹出的快捷菜单中单击【属性】命令，打开【图层属性】对话框，设置【常规】【图层】【源】【分析设置】【累积】【网络位置】选项卡。其中，【分析设置】【累积】和【网络位置】选项卡的设置参照服务区分析中的设置。

（3）添加网络位置，并为特定网络位置设置特定属性。起始点属性中的TargetFacilityCount表示该起始点可以查找的目的地点的最大数目，如果在限制范围内有多个目标，则自动排除路径较远的目的地。

（4）求解网络分析任务，OD成本矩阵分析结果如实验图4.11所示。

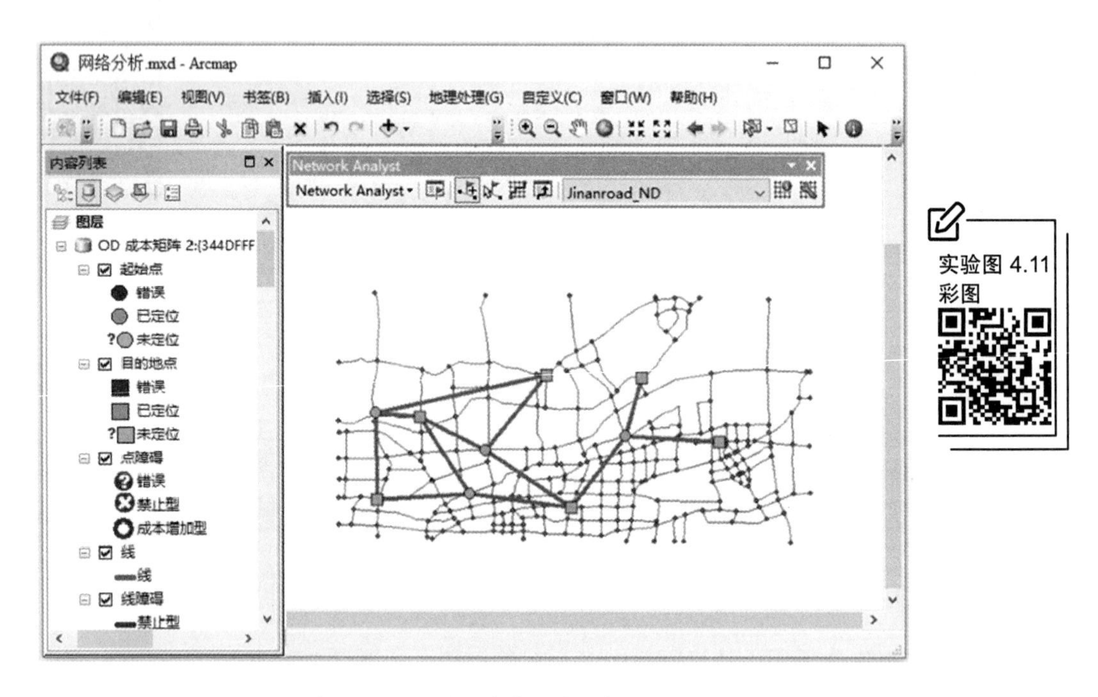

实验图 4.11 OD 成本矩阵分析结果

思考题

导航中的路径是如何给出的？

实验五 栅格数据的空间分析

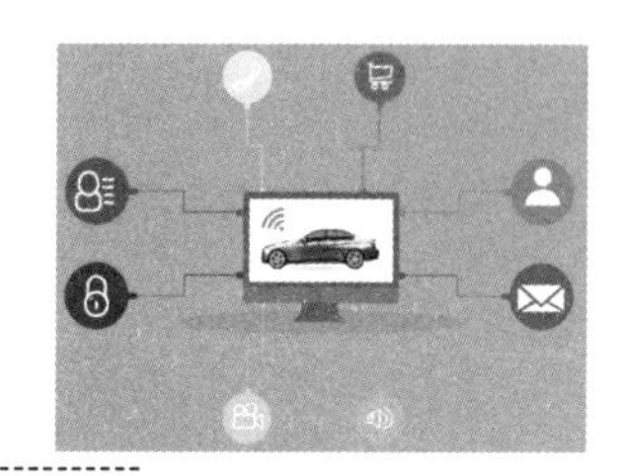

5.1 实验目的

掌握栅格数据的空间分析操作和方法，如图像分类、栅格计算等，锻炼利用 GIS 的空间分析解决与栅格数据相关的问题的能力。

5.2 实验内容和数据

通过 ArcGIS 软件，基于遥感影像（栅格数据）进行图像分类、NDVI 计算等，并实现栅格数据和矢量数据的相互转换。

实验数据：济南市遥感影像（实验一中的参考影像）。

5.3 实验要求

1. 利用济南市遥感影像实现土地类型分类，分类后土地类型利用栅格转矢量，获取不同土地类型的矢量数据。
2. 利用栅格计算功能获取植被指数。

5.4 实验相关知识

5.4.1 遥感影像

1. 遥感影像简介

遥感（remote sensing，RS）是指非接触的、远距离的探测技术，一般指运用传感器对物体的电磁波的辐射、反射特性的探测。遥感是通过遥感器等对电磁波敏感的仪器，在远离目标和非接触目标物体条件下探测目标地物。

遥感影像是指记录各种地物电磁波大小的胶片或照片，主要分为航空相片和卫星相片。遥感影像属于栅格数据。遥感影像的波段简单理解为图像的通道，波段又称波谱段或波谱带，在遥感技术中，通常把电磁波谱划分为大大小小的段落，大的称为波段区，如可见波段区、红外波段区等；小的称为波段。

遥感影像根据波段数目可以分为单波段影像和多波段影像两种。单波段影像一般用黑白色的灰度图描述；多波段影像常用 RGB 合成像素值的彩色图描述，即将三个波段的数据分别通过红（R）、绿（G）、蓝（B）三个通道加载，彩色的栅格就被渲染出来了。将多波段影像数据添加到地图中后，可使用多波段栅格数据集中的任意三个可用波段的组合创建 RGB 合成图。与仅处理一个波段相比，将多个波段共同显示为 RGB 合成图通常可从数据集收集更多信息。遥感波段如实验图 5.1 所示。

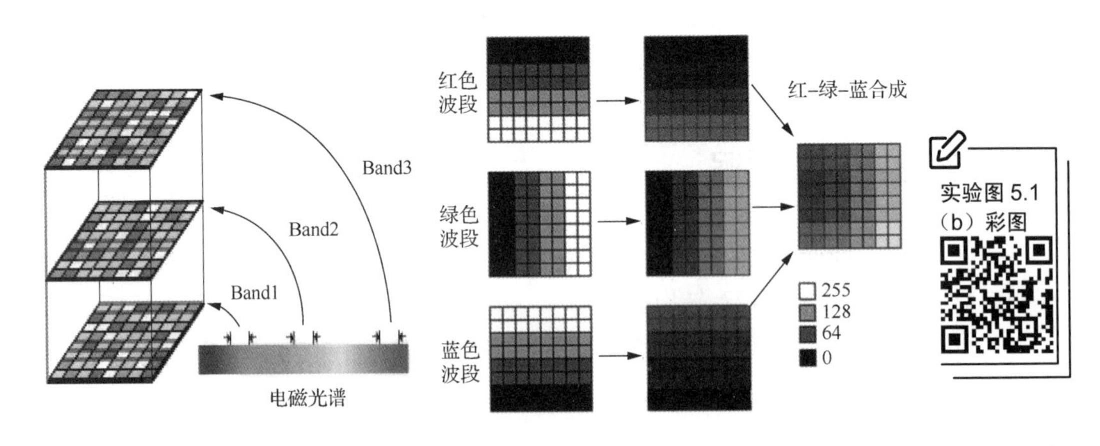

实验图 5.1　遥感波段

卫星影像通常包含表示不同波长的多个波段，即从电磁光谱的紫外区到可见光区和红外区。例如，美国陆地资源卫星影像的数据采集自电磁光谱的七个不同波段，波段 1～波段 7 表示来自可见光区、近红外区和中红外区的数据，波段 6 从热红外区采集数据。不同的波段组合，突出的地物特征不同。

2. 遥感影像的图像分类

遥感影像的图像分类是根据各自在图像信息中反映的不同特征，把不同类别的目标区分开的图像处理方法。它利用计算机对图像进行定量分析，把图像或图像中的每个像元或区域划归为若干类别中的一个，以代替人的视觉判读。

在图像分类实验中，经常采用两种方案：一种是监督分类，另一种是非监督分类。两者只是在实施步骤上有前后差别，理论本质是相同的。监督分类有类别的先验知识，根据先验知识选择训练样本，由训练样本得到分类准则。非监督分类是指事先没有类别的先验知识，纯粹根据图像数据的统计特征和点群分布情况，根据相似性程度自动归类，再确定每类的地理属性。

5.4.2 植被指数

植被指数是根据植被的光谱特性，将卫星可见光和近红外波段进行组合，形成各种植被指数。植被指数是对地表植被状况的简单、有效和经验的度量，在遥感应用领域已被广泛用于定性和定量评价植被覆盖及其生长活力等。目前已定义 40 多种植被指数，广泛应用于全球与区域土地覆盖、植被分类和环境变化、作物和牧草估产、干旱监测等方面；已作为全球气候模式的一部分集成到交互式生物圈模式和生产效率模式中；广泛用于饥荒早期警告系统等；可以转换成叶冠生物物理学参数。

归一化植被指数（normalized difference vegetation index，NDVI）是应用广泛的植被指数。NDVI 为近红外波段的反射值与红光波段的反射值之差与上述两者之和的比值。NDVI 的值为[−1,1]，负值表示地面覆盖云、水、雪等，对可见光高反射；0 表示有岩石或裸土等，NIR 与 R 近似相等；正值表示有植被覆盖，且随覆盖度增大而增大。NDVI 能反映出植物冠层的背景影响，如土壤、潮湿地面、雪、枯叶、粗糙度等，且与植被覆盖有关。NDVI 还是反映农作物长势和营养信息的重要参数之一。根据该参数，可以知道不同季节的农作物对氮的需求量，对合理施用氮肥具有重要的指导作用；还可以检测植被生长状态、植被覆盖度和消除部分辐射误差等。

5.5 实验步骤

5.5.1 图像分类

1. 非监督分类

（1）波段合成。

将济南市遥感影像导入 ArcMap（具体操作见实验一），为便于目视解译，可右击 jn.tif 图层，在弹出的快捷菜单中单击【属性】命令，打开【图层属性】对话框，如实验图 5.2 所示，在【符号系统】选项卡下进行遥感影像的波段合成，本实验选择波段 5、波段 4、波段 3 进行合成。波段合成后的济南市主城区影像如实验图 5.3 所示。

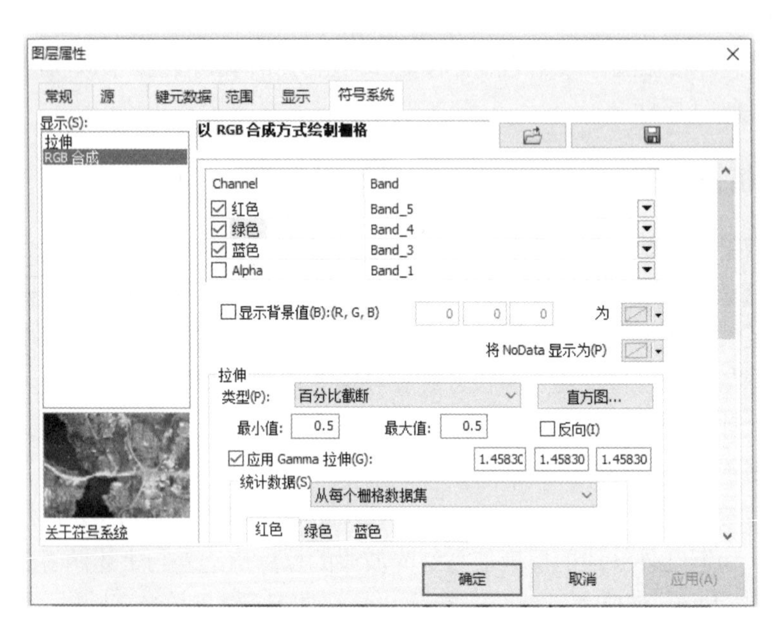

实验图 5.2 【图层属性】对话框

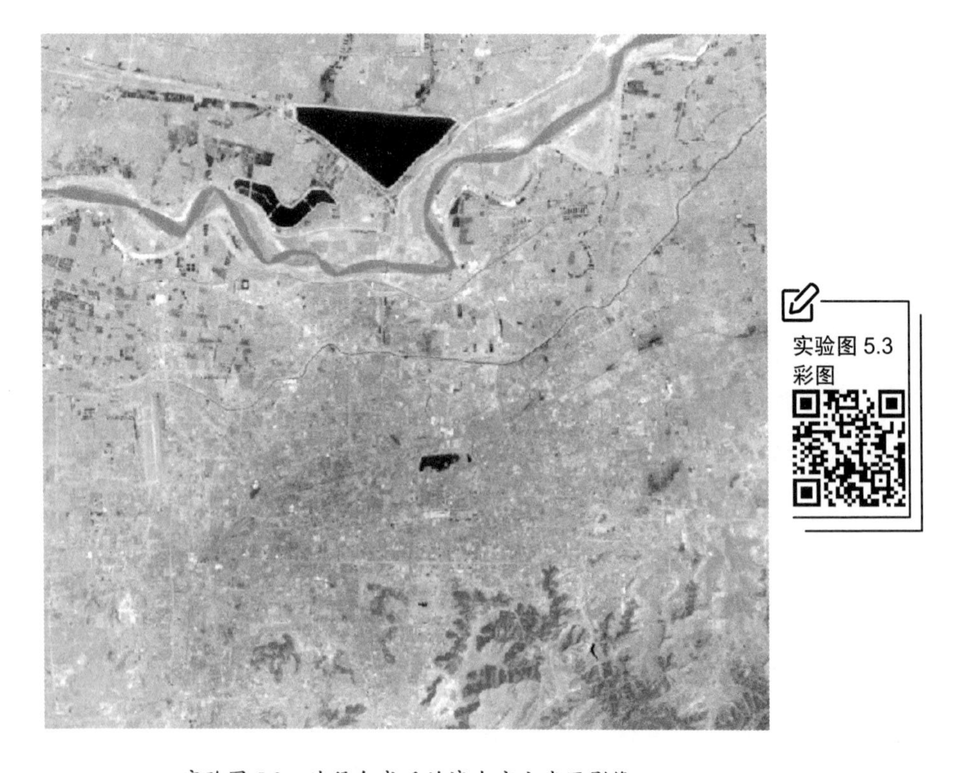

实验图 5.3 波段合成后的济南市主城区影像

【图层属性】对话框中有所选文件的丰富信息，如【常规】选项卡下包含图层的名字、比例范围等信息；【源】选项卡下包含图层的部分属性信息，如行列数、波段数、像元大小、文件大小、格式、像素类型、像素深度等，还包括数据源信息；【键元数据】选项卡下包含所选文件波段的信息；【范围】选项卡下包含图像的可见范围信息；【显示】选项卡下包含显示期间使用的重采样方法、对比度、透明度、亮度、显示质量等信息；【符号系统】选项卡下包含不同显示方法的相关信息，如实验图 5.2 中选择的 RGB 合成显示方式，包含波段选择、拉伸方法的选择、显示背景值等相关信息。

不同波段合成后的影像，颜色差异较大，实验图 5.2 中的影像选择的是波段 5、波段 4、波段 3，植被是绿色的；如果选择波段 4、波段 3、波段 2 合成，则属于标准假彩色合成，植被是红色的。由于不同地物在不同波段的光谱信息不同，因此不同的波段合成方式对不同地物的显示不同，选择合适的波段合成方式有利于地物的识别和分类。

（2）非监督分类。

在 ArcToolbox 中单击【Spatial Analyst 工具】→【多元分析】→【Iso 聚类非监督分类】命令，弹出【Iso 聚类非监督分类】窗口，如实验图 5.4（a）所示，选择济南市影像文件，类数目可根据需要填写（由小到大分类越来越多，也越来越详细，本实验设为 10，分类结果如实验图 5.4（b）所示。

实验图 5.4（b）彩图

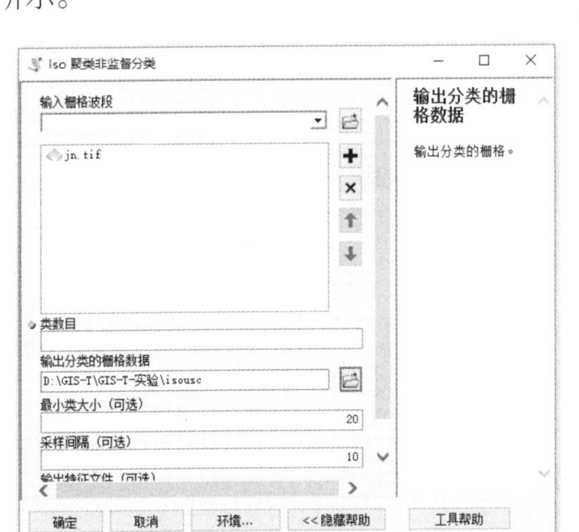

（a）【Iso 聚类非监督分类】窗口

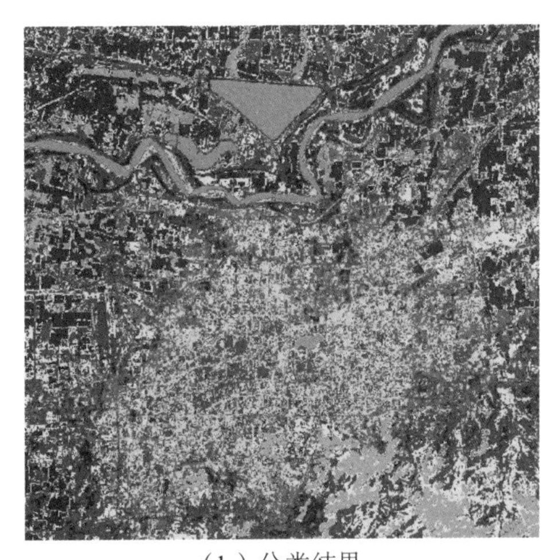
（b）分类结果

实验图 5.4　【Iso 聚类非监督分类】窗口及分类结果

2. 重分类

重分类是基于原有分类结果进行重新分类的过程，具体操作时，依据分类值对原值重新分类整理，得到一组新值并输出。根据用户的不同需要，重分类一般包括四种基本分类形式：新值替代（用一组新值取代原值）、旧值合并（将原值重新组合分类）、重新分类（以一种分类体系对原值进行分类）、空值设置（把指定值设为空值）。

在 ArcToolbox 中单击【Spatial Analyst 工具】→【重分类】→【重分类】命令，打开【重分类】窗口，如实验图 5.5 所示。设置【输入栅格】和【重分类字段】，在【输出栅格】文本设置保存路径和名称。保存路径要选择个人或地理数据库，不可保存在文件夹中。

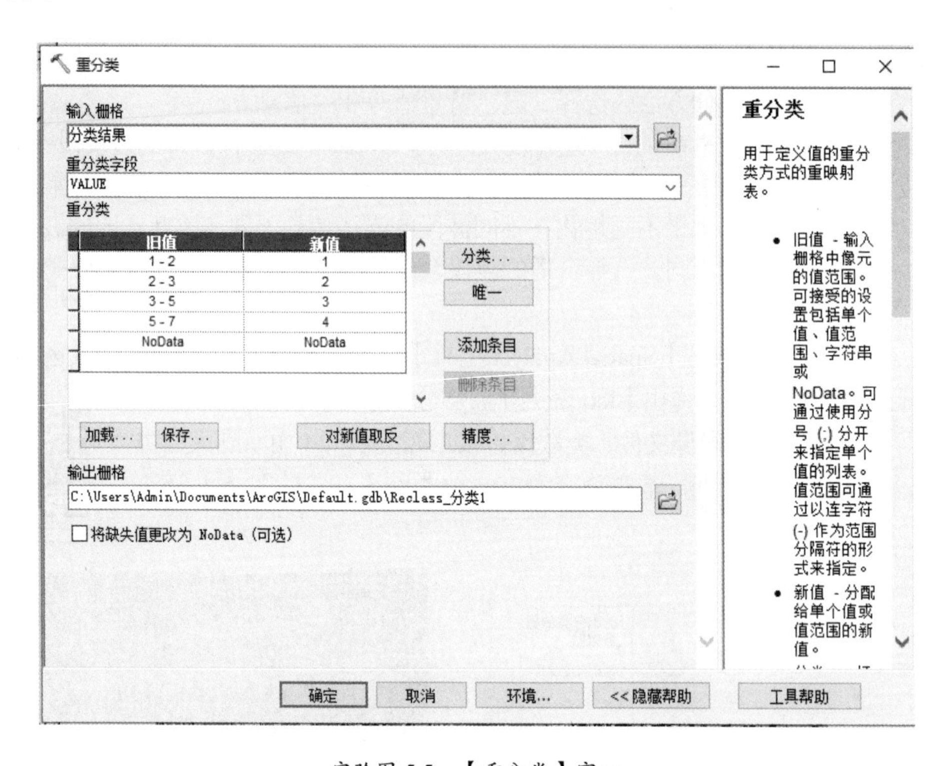

实验图 5.5 【重分类】窗口

单击【分类】按钮，弹出【分类】对话框，在【方法】下拉列表框中选择分类方法，在【类别】下拉列表框中选择分组数即可重新分组，单击【确定】按钮返回。

若要为每个旧值赋予一个唯一的新值，则单击【唯一】按钮。若要添加新的条目，则单击【添加条目】按钮，反之单击【删除条目】按钮。此外，还可以对新值取反，以及设定数值的精度等。

本实验旧值为八个类的依次排列，新值为合并后的排列指定，根据重分类需求在新值处手动更改即可。

若选中【将缺失值更改为 NoData（可选）】复选框，则栅格像元中未在重映射表中出现或重分类的值被重分类为 NoData。

重分类结束后，可在重分类【图层属性】对话框中的【符号系统】选项卡下（参考实验图 5.2），对各类的名称及颜色进行重新调整，重分类调整后的分类结果如实验图 5.6 所示。

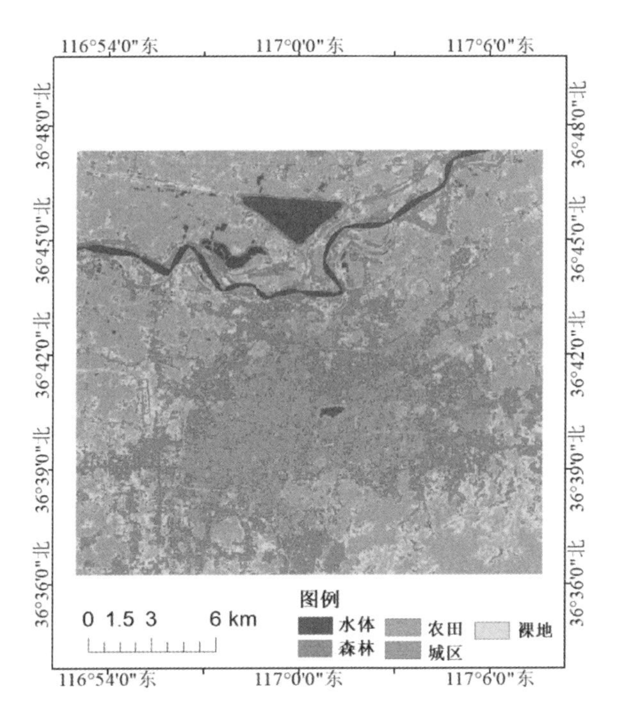

实验图 5.6 重分类调整后的分类结果

3. 栅格转面

把分类结果图转换成矢量图形。单击【转换工具】→【由栅格转成】→【栅格转面】菜单命令，把所有栅格图都转换成矢量图，也可以选中某个分类结果单独转换成某类。本实验以农田类为例，右击分类结果图层文件，在弹出的快捷菜单中单击【属性表】命令，选中农田类，在选中的状态下，选择【栅格转面】命令，转换成农田的矢量图层 farmland.shp。农田矢量图如实验图 5.7 所示。

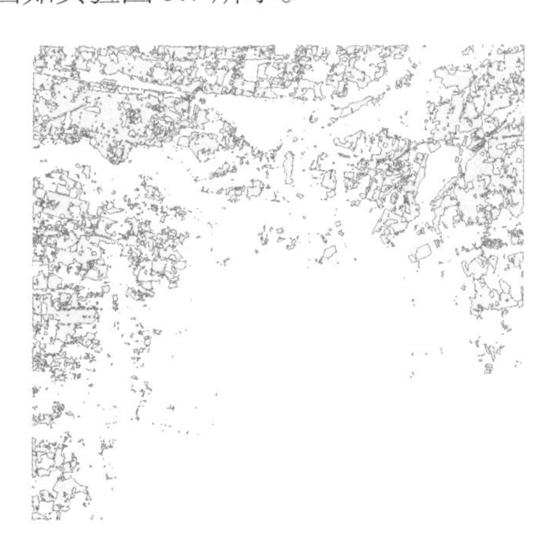

实验图 5.7 农田矢量图

5.5.2 NDVI 提取

1. 栅格计算

栅格计算是栅格数据计算、处理、分析等的常用方法，也是建立复杂的应用数学模型的基本模块。ArcGIS 提供了非常友好的图形化栅格计算器。利用栅格计算器，不仅可以方便地完成基于数学运算符的栅格运算及基于数学函数的栅格运算，而且可以支持直接调用 ArcGIS 自带的栅格数据空间分析函数，还可以方便地实现多条语句同时输入和运行。同时，栅格计算器支持地图代数运算，栅格数据集可以作为算子直接与数字、运算符、函数等进行混合计算，不需要做任何转换。

在 ArcToolbox 中单击【Spatial Analyst 工具】→【地图代数】→【栅格计算器】命令，打开【栅格计算器】窗口，如实验图 5.8 所示。在【数学分析】列表中选择函数 Float（浮点函数），根据 NDVI 的计算公式可知，对卫星影像，NDVI=(Band4-Band3)/(Band4+Band3)，则输入函数公式为 Float("jn.tif - Band_4"- "jn.tif - Band_3") / Float("jn.tif - Band_4" + "jn.tif - Band_3")，可获取研究区的 NDVI，如实验图 5.9（a）所示。

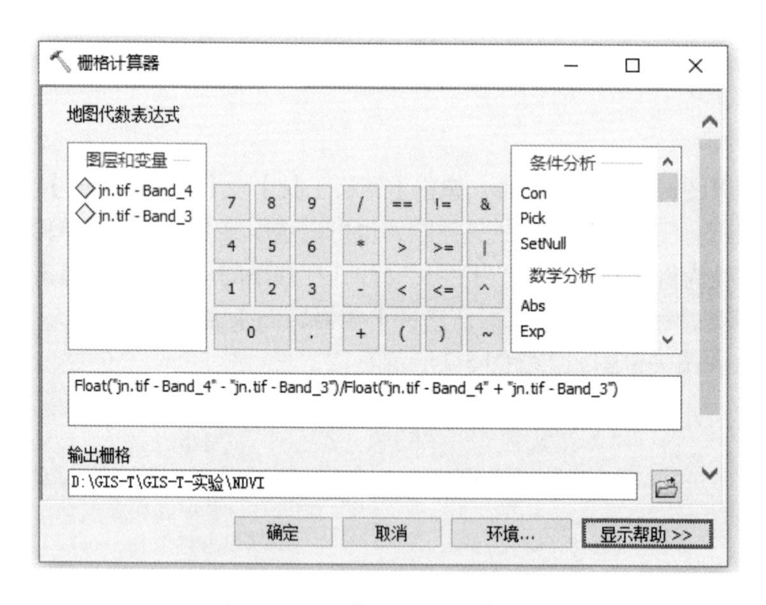

实验图 5.8 【栅格计算器】窗口

2. 阈值提取

设置 NDVI 的阈值（本实验为 0.17），提取植被信息（在【栅格计算器】中输入"NDVI>=0.17"）。此操作将 NDVI 分为两类，大于等于 0.17 的一类可认为是植被，小于 0.17 的一类为非植被。植被提取结果如实验图 5.9（b）所示。

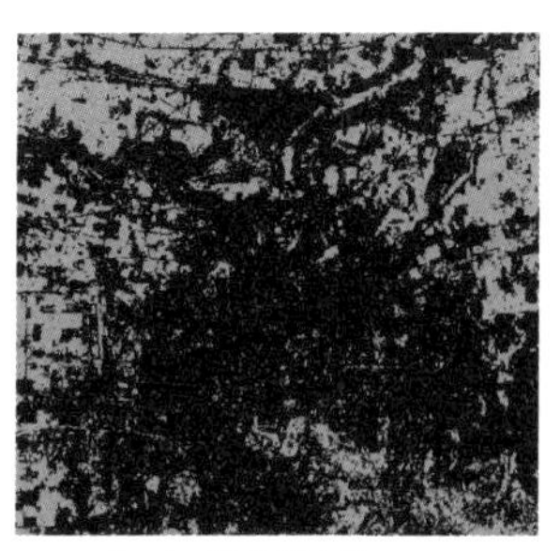
（a）研究区的 NDVI

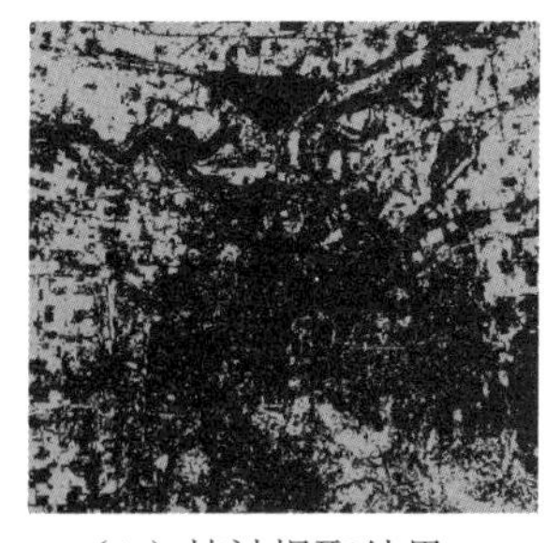
（b）植被提取结果

实验图 5.9　植被提取

在 ArcToolbox 中单击【转换工具】→【由栅格转出】→【栅格转面】命令，要在属性表中选中植被的情况下，执行【栅格转面】命令。

从实验图 5.6 和实验图 5.9（b）可以看出，重分类获取的农田和通过 NDVI 提取获取的植被的区域不尽相同，NDVI 提取的植被包括森林、农田、草地等。

思考题

1. 遥感数据在 GIS 中的应用有哪些?
2. 简述遥感卫星的发展现状。

实验六
GIS分析综合实验

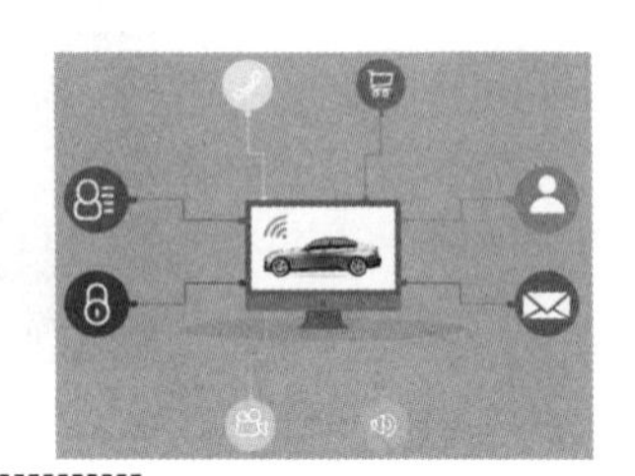

6.1 实验目的

利用 GIS 软件，综合利用 GIS 的叠置分析、缓冲区分析、栅格矢量转换、属性查询分析等空间分析工具解决实际选址问题，培养学生动手能力、解决实际问题的能力、工程实验能力等。

6.2 实验内容和数据

综合利用 ArcGIS 的空间分析工具，结合所学知识，为某市即将兴建的污水处理厂选取最佳厂址。

该市的多个部门都有 GIS 数据，并且为此项目共享，其中部分数据已经存储在 GreenvalleyDB 数据库中。目前已有数据如下。

（1）测绘部门提供的数字高程格网数据。

（2）水利部门提供的洪水区数字化图。

（3）水利部门提供的河流数字化图。

（4）土地监管部门提供的两个地块数据，包含土地利用属性，可确定居民地和荒地。

（5）城市规划部门提供的公园数字化图，但是在项目区域里有一个最近发现的历史遗迹。有关部门正计划在该地周围建公园，而该规划公园还未放在公园要素类中，好在手头有该规划公园边界的扫描图，可以更新公园数字化图。

（6）交通部门有该市道路的电子地图。

数据说明见实验表 6.1。

实验表 6.1　数据说明

来源	图层名称	位置	类型	坐标系
测绘部门	数字高程格网	Data\State_share\ elevation	GRID 栅格	Sphere_ARC_INFO_Lambert_Azimuthal_Equal_Area
水利部门	洪水区	Data\GreenvalleyDB.mdb\Hydrology\flood_polygon	空间数据库	PCS_Transverse_Mercator
	河流	Data\County_share\river	Shapefile	未定义
土地监管部门	土地利用地块数据 1	Data\City_share\land\parcel_1	Shapefile	NAD_1983_UTM_Zone_11N
	土地利用地块数据 2	Data\City_share\land\parcel_2	Shapefile	NAD_1983_UTM_Zone_11N
城市规划部门	古迹规划数据	Data\City_share\image\historic	影像栅格	未定义
	现有公园数据	Data\GreenvalleyDB.mdb\Parks\parks_polygon	空间数据库	PCS_Transverse_Mercator
	城市地籍数据	Data\GreenvalleyDB.mdb\Public Utility\parcels_polygon	空间数据库	PCS_Transverse_Mercator
交通部门	道路数据	Data\GreenvalleyDB.mdb\Transportation\street_arc	空间数据库	PCS_Transverse_Mercator

6.3 实验要求

1. 利用已有数据，根据给出的限制条件找到合适污水处理厂的选址分布图。
2. 计算满足条件的地块数量（可供设立工厂的区域）。
3. 给出工厂选址的建议。

具体选址标准如下。

（1）海拔低于 365m，将抽水费用降至最低。

（2）不能建于河漫滩，以防止在暴雨时被淹。

（3）距河流 1000m 以内，使处理后水的排放管道最短。

（4）距居民区和公园 150m 以外，使其对城市居民的影响最小。

（5）尽可能建在可开发的荒地上，使土地征用和建设费用最少。

（6）面积至少为 40000m^2。

6.4 实验步骤

6.4.1 数据准备

1. 定义坐标及投影

河流数据（River.shp）没有坐标，需要为其定义坐标系。

（1）启动 ArcMap，连接文件夹，在 ArcToolbox 中单击【数据管理工具】→【投影和变换】→【定义投影】命令，选择坐标系为 GCS_NAD_1983（Geographic Coordinate Systems\North American\North American Datum 1983.prj）。

（2）在 ArcToolbox 中单击【数据管理工具】→【投影和变换】→【要素】→【投影】命令，参考实验三中 3.4.1 节介绍的“投影变换”，输入定义好的要素 river，选择输出位置和输出坐标系。其中，输出坐标系应选择与 parcels polygon 相同的投影坐标系，输出要素命名为 river03exp。

2. 地理配准

规划公园的扫描图只有进行地理配准后才能数字化。

（1）找到需要校正的“ ...\historic”[实验图 6.1（a）] 与“...\street_arc”两个文件，并将两个图层进行地理配准，可参考实验二中 2.5.2 节介绍的地图配准及校正方法，结果如实验图 6.1（b）所示。

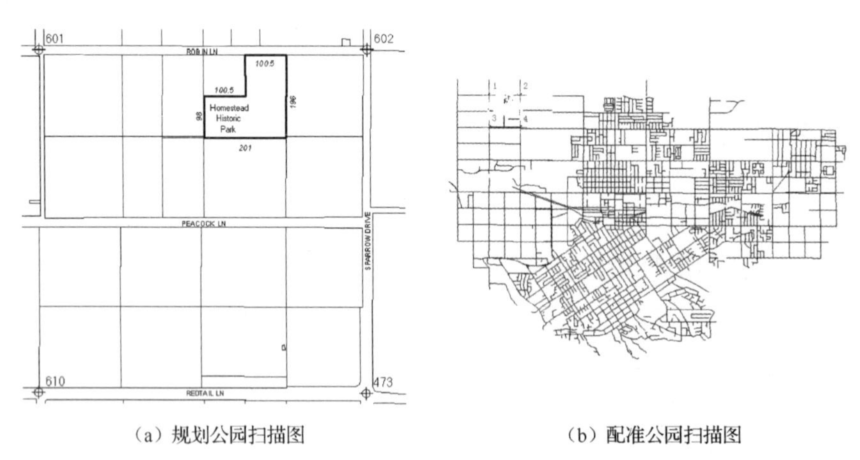

（a）规划公园扫描图　（b）配准公园扫描图

实验图 6.1　地理配准

（2）导入要素 parks_polygon。使栅格 historic 与要素 parks_polygon 保持打开状态，选择【自定义】→【工具条】→【编辑器】菜单命令，打开【编辑器】工具条，编辑要素 parks_polygon，可参考实验二中 2.5.3 节介绍的地图矢量化方法，保存编辑，规划公园数字化（实验图 6.2）后，更新该市原来的公园数字化图。

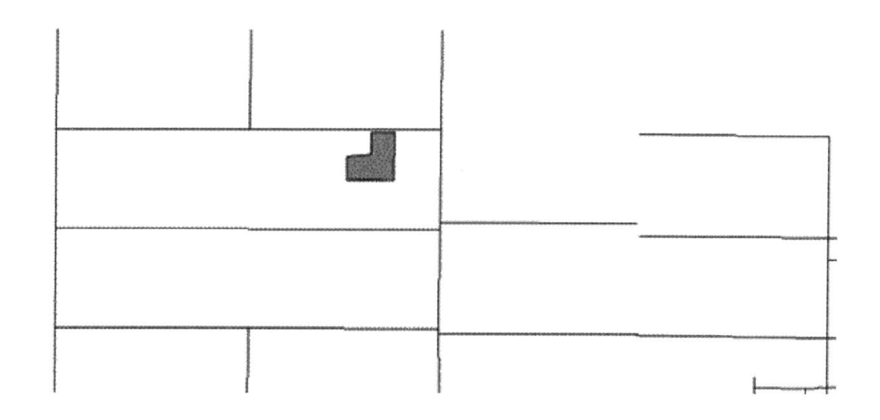

实验图 6.2　规划公园数字化

3. 合并地块

导入要素 parcel_1、parcel_2，单击【地理处理】→【合并】菜单命令，或者在 ArcToolbox 中单击【数据管理工具】→【常规】→【合并】命令，输入导入的土地利用地块要素，选择输出位置，将输出要素命名为 parcel01mrg，单击【确定】按钮，合并结果如实验图 6.3 所示。

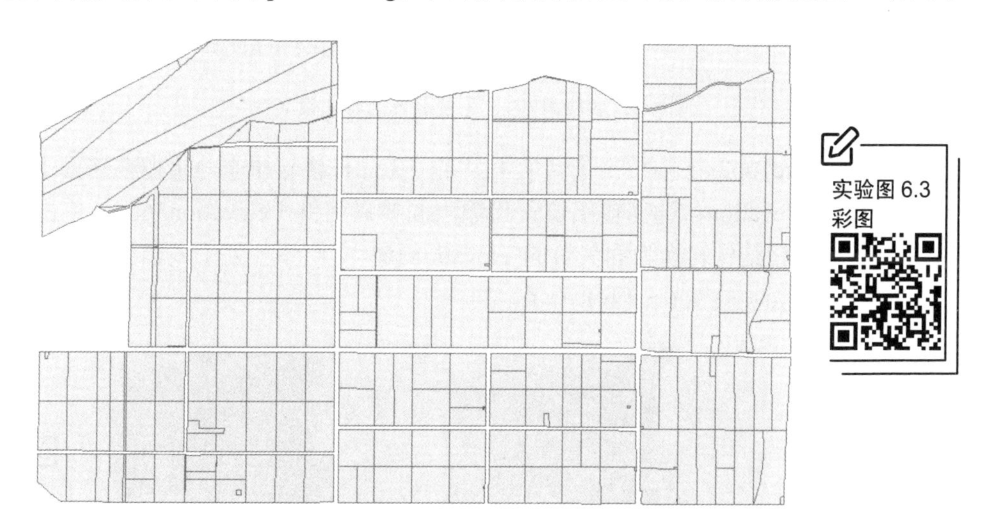

实验图 6.3　合并结果

6.4.2　数据操作

1. 找出可以建厂的区域

明确可以建厂的区域条件：①距河流 1000m 以内；②地势低洼（高程低于 365m）。具体操作如下。

（1）导入栅格 elevation，右击，在弹出的快捷菜单中单击【打开属性表】命令，打开【表】窗口，单击【按属性选择】命令［实验图 6.4（a）］，弹出【按属性选择】对话框［实验图 6.4（b）］，输入公式“VALUE”<365，单击【应用】按钮，选中 DEM 小于 365 的区域，单击【确定】按钮。海拔低于 365m 的区域如实验图 6.5（a）所示。

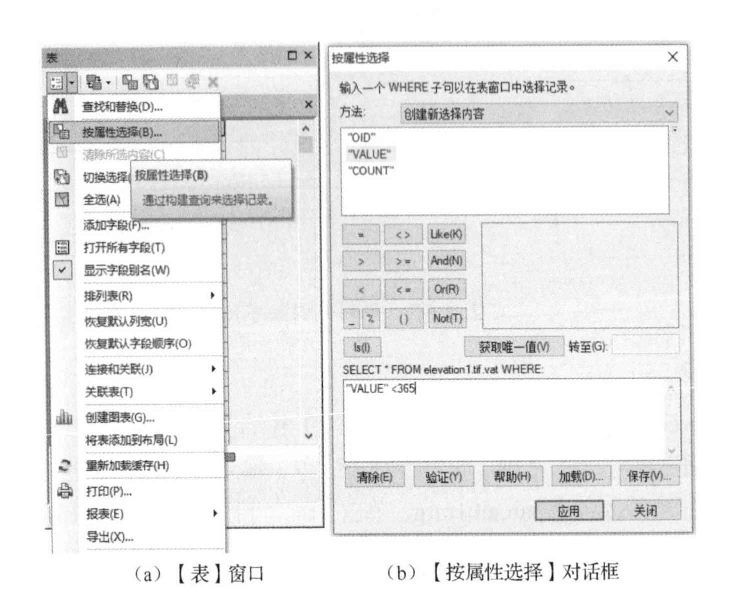

（a）【表】窗口　　（b）【按属性选择】对话框

实验图 6.4　【按属性选择】设置

（2）在 ArcToolbox 中单击【转换工具】→【由栅格转出】→【栅格转面】命令，选择输入栅格 elevation，选择输出位置与输出面要素名称（elevation365），单击【确定】按钮，将由栅格结构转换为面矢量的 elevation365 文件添加到【内容列表】窗口中，转换后的面矢量如实验图 6.5（b）所示。

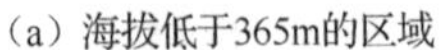

（a）海拔低于365m的区域　　（b）转换后的面矢量

实验图 6.5　栅格转面

此时 elevation365 是由许多多边形组成的面文件，也可单击【地理处理】→【融合】菜单命令，将其处理为一个多边形的面文件。

（3）单击【地理处理】→【缓冲区】菜单命令，输入要素 river，选择距离为线性单位 1000m，选择输出位置，确定后得到河流 1000m 范围的缓冲区，如实验图 6.6（a）所示。

（4）单击 ArcToolbox 中的【分析工具】→【叠加分析】→【相交】命令，找到两个图层相交的部分，单击【确定】按钮，输出 LOW_RIVER，结果如实验图 6.6（b）所示。

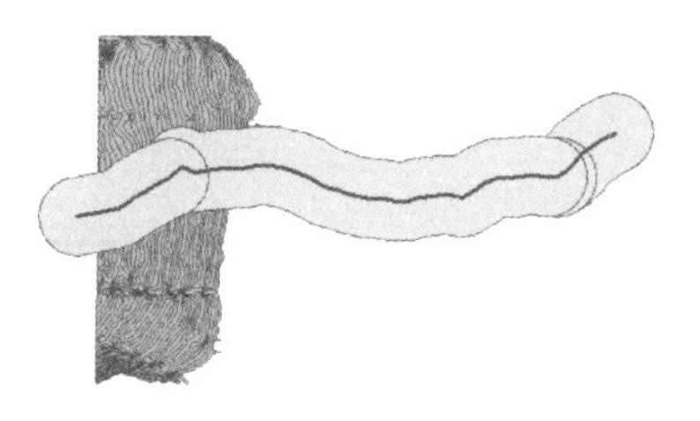

（a）河流缓冲区和地势低洼区

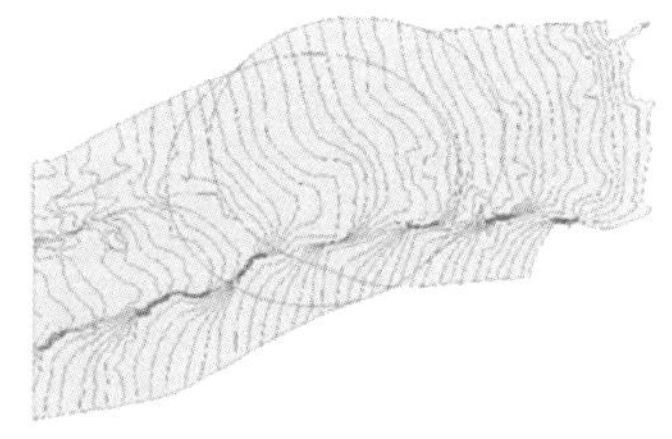
（b）相交后（可以建厂的区域）

实验图 6.6　相交区域

2. 找出不可以建厂的区域

明确不可以建厂的区域条件：①公园 150m 范围以内不允许建厂；②居民区 150m 范围以内不允许建厂（居民区的地类代码为 510）；③洪水区内不允许建厂。具体操作如下。

（1）对要素 parks_polygon 进行公园 150m 范围设置，输出缓冲区命名为 parks150，如实验图 6.7（a）所示，绿色为公园，黄色为公园 150m 以内的缓冲区。

（2）打开 parcel01mrg 的属性表，在【按属性选择】对话框中输入选择条件"LANDUSE"="510"，单击【应用】按钮［实验图 6.7（b）中的亮色区域］，右击 parcel01mrg，在弹出的快捷菜单中单击【数据】→【导出数据】命令；或者单击 ArcToolbox 中的【分析工具】→【提取分析】→【筛选】命令，弹出【筛选】对话框，在【表达式】文本框中输入选择条件"LANDUSE"="510"，导出代码为 510 的居民区。单击【地理处理】→【缓冲区】菜单命令，输入要素为 510 居民区，建立 150m 缓冲区［实验图 6.7（b）中的红色区域］。

（3）导入洪水区 flood_polygon，如实验图 6.7（c）所示。

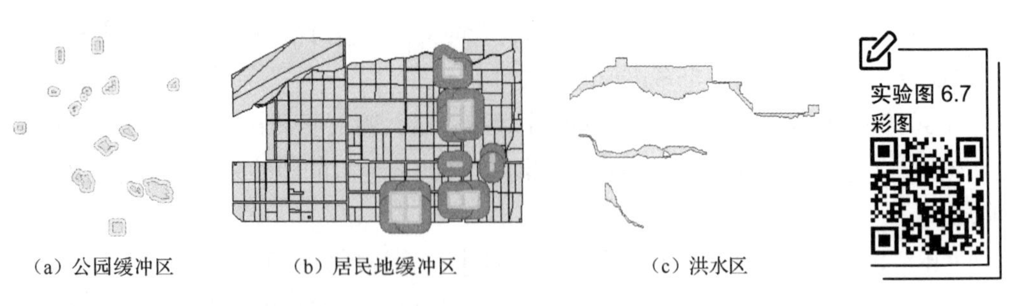

（a）公园缓冲区　（b）居民地缓冲区　（c）洪水区

实验图 6.7　不可以建厂的区域

（4）将三个区域合并为 RESPARK_FLOOD，结果如实验图 6.8 所示。

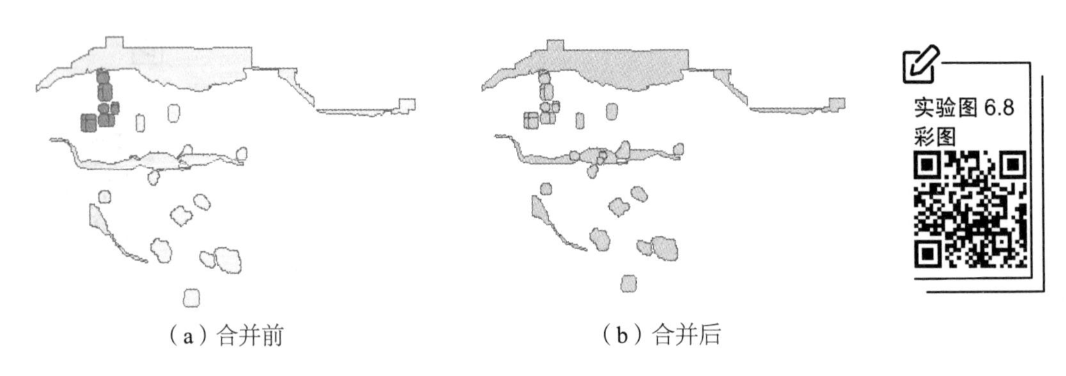

（a）合并前　（b）合并后

实验图 6.8　三个区域的合并结果

3. 优选可以建厂的区域

（1）在 parcel01mrg 中选择不可建厂的区域，参考上面“找出不可以建厂的区域”中的操作。

（2）在 parcel01mrg 与不可以建厂的区域通过【分析工具】→【叠加分析】→【交集取反】命令选择可以建厂的区域，如实验图 6.9 所示。

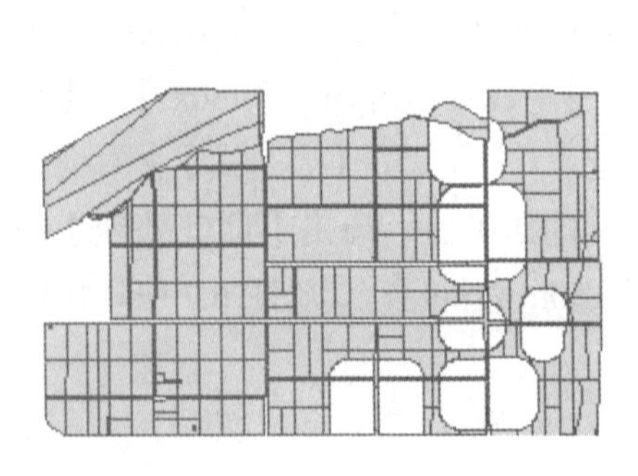

实验图 6.9　可以建厂的区域

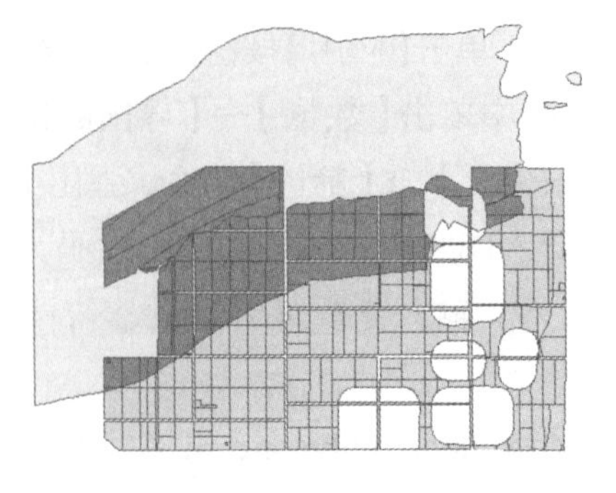

实验图 6.10　待优选的可以建厂的区域（红色区域）

（3）利用【相交】工具，将可以建厂的区域与 LOW_RIVER 相交，得到待优选的可以建厂的区域 PARCEL02，如实验图 6.10 所示。其中，浅蓝色为可建厂的区域，深蓝色为 LOW_RIVER 图层，红色为相交后的待优选的可以建厂的区域 PARCEL02。

（4）打开待优选的可以建厂的区域属性表［实验图 6.11（a）］，单击【表】→【按属性选择】命令，选取 LANDUSE 值为 713 和 732 的区域，用【导出】工具导出多边形数据 PARCEL02set，结果如实验图 6.11 所示。

实验图 6.11
彩图

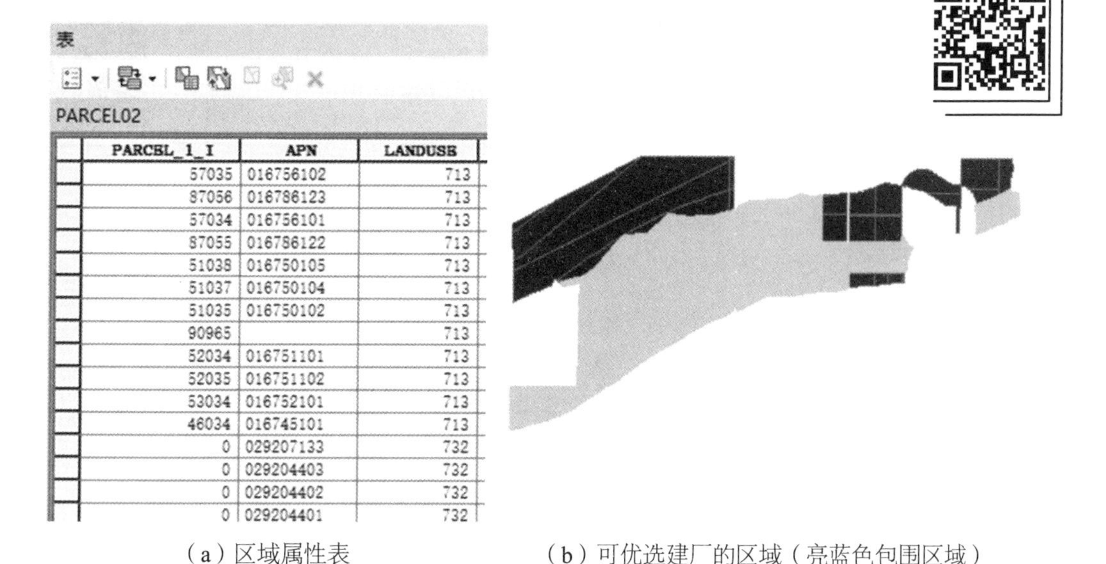

PARCEL_1_I	APN	LANDUSE
57035	016756102	713
87056	016786123	713
57034	016756101	713
87055	016786122	713
51038	016750105	713
51037	016750104	713
51035	016750102	713
90965		713
52034	016751101	713
52035	016751102	713
53034	016752101	713
46034	016745101	713
0	029207133	732
0	029204403	732
0	029204402	732
0	029204401	732

（a）区域属性表　　（b）可优选建厂的区域（亮蓝色包围区域）

实验图 6.11　PARCEL02set 结果的导出

（5）找出最终优选建厂区域。在 PARCEL02set 属性表里选取面积大于 40000m^2 的区域，用【导出】工具选出最终优选建厂区域 ParcelFinal，结果如实验图 6.12 所示。

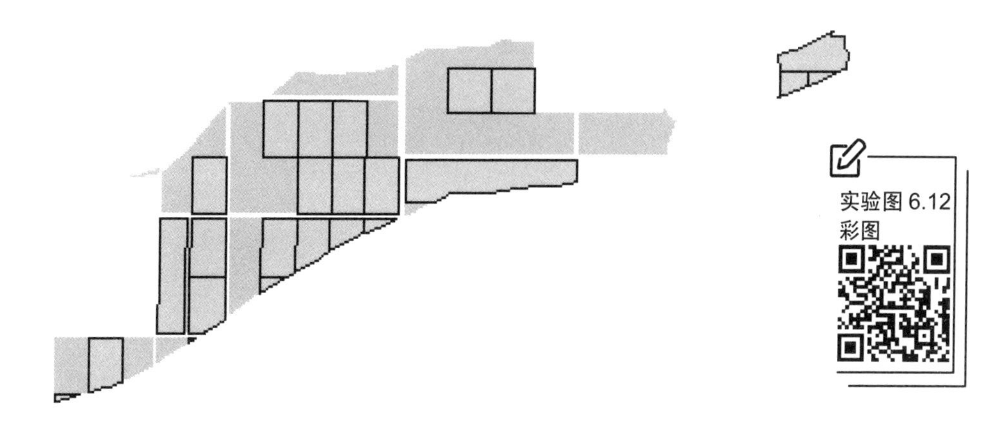

实验图 6.12
彩图

实验图 6.12　最终优选建厂区域（粉色区域）

污水厂选址示意如实验图 6.13 所示。

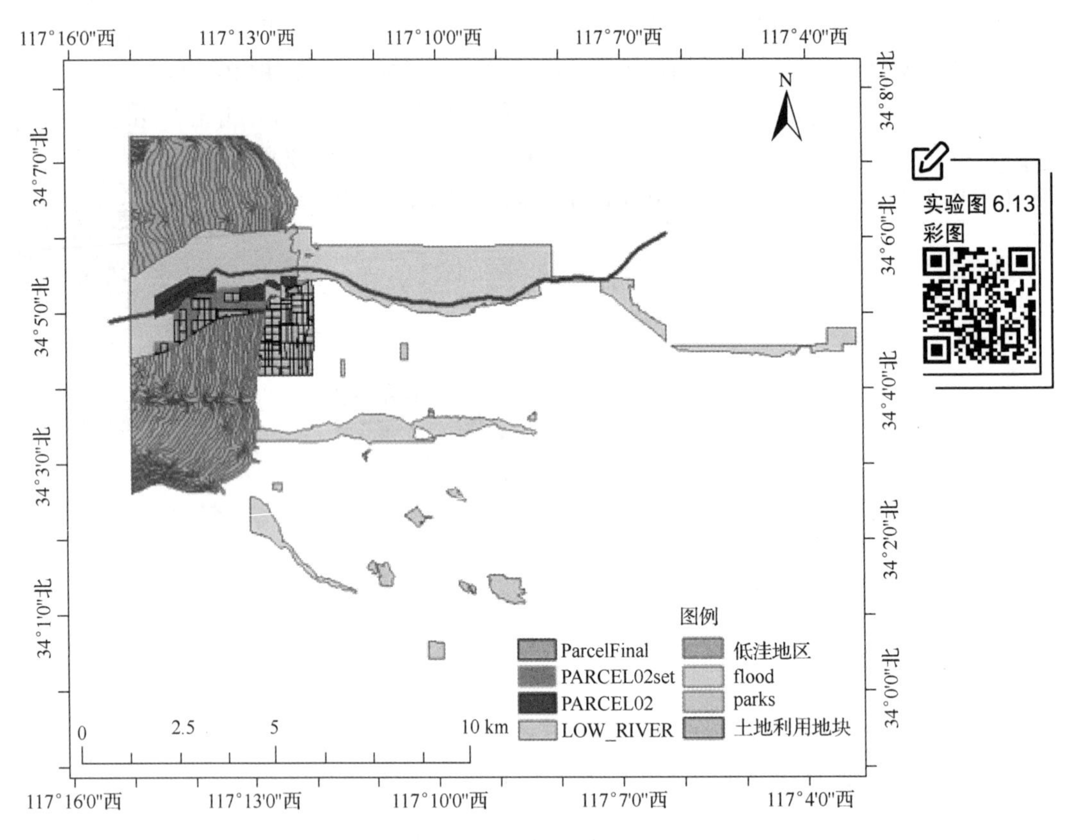

实验图 6.13　污水厂选址示意

思考题

1. 工厂选址需要考虑哪些问题?
2. 如何在 GIS 中解决工厂选址问题?

实验七 基于GIS的交通事故分析

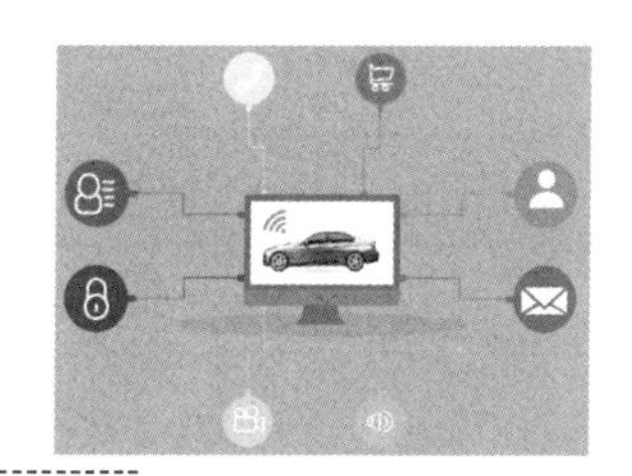

7.1 实验目的

利用 GIS 软件的空间分析能力，从空间角度对交通事故进行分析，培养学生的动手能力和解决实际问题的能力。

7.2 实验内容和数据

利用 ArcGIS 的空间分析工具和 GIS 分析功能，结合所学知识，对交通事故的空间特性进行分析。

实验数据：事故数据和经济数据。

7.3 实验要求

利用 ArcGIS 分析交通事故的空间特性。

7.4 实验步骤

7.4.1 事故点的导入

1. 数据准备

在 ArcMap 中导入的事故点数据需要经度、纬度坐标，可存为 Excel 格式。事故点坐标见实验表 7.1。

实验表 7.1　事故点坐标

事故编号	事故发生时间	经度/°	纬度/°
1	2018/10/19 19:30	116.209803	35.723860
2	2018/10/19 12:04	116.603492	35.412988
3	2018/9/22 17:20	116.601692	35.412654
4	2018/10/19 11:00	117.134340	34.825100
5	2018/10/16 16:10	117.169225	34.821406
6	2018/10/4 1:15	117.136353	34.824309
7	2018/9/26 9:15	117.140116	34.823863
8	2018/9/25 23:35	117.133370	34.824888
9	2018/10/18 6:21	117.148337	34.830342
10	2018/9/28 8:40	116.988239	35.415295
11	2018/10/19 23:01	118.186263	35.347397
12	2018/10/19 19:10	117.920336	35.324544
13	2018/10/19 17:10	117.963755	35.292961
14	2018/10/19 16:08	118.089603	35.296655

经度、纬度坐标必须是小数形式，其他格式（如 DDMMSS、DD° MM'SS" 等）都要转换为小数形式。

2. 添加数据

启动 ArcMap，单击【文件】→【添加数据】→【添加 XY 数据】菜单命令，打开【添加 XY 数据】对话框，如实验图 7.1 所示。选择需要导入的数据（Excel 表），【X 字段】、【Y 字段】分别设置为经度、纬度；【输入坐标的坐标系】中，地理坐标系必须设置，投影坐标系可选。

3. 输出矢量图层

导入数据后，选择导入的【交通事故点】图层并右击，在弹出的快捷菜单中单击【数据】→【导出数据】命令，打开【导出数据】对话框，如实验图 7.2 所示，在【输出要素类】文本框中选择要保存的位置和文件名，形成交通事故点图，如实验图 7.3 所示。

添加 XY 数据

包含 X 和 Y 坐标的表可以图层形式添加到地图中

从地图中选择一个表或浏览到另一个表:

交通事故点$

指定 X、Y 和 Z 坐标字段:

X 字段(X): 经度

Y 字段(Y): 纬度

Z 字段(Z): <无>

输入坐标的坐标系

描述:

地理坐标系:
Name: GCS_CGCS_2000

显示详细信息(D) 编辑(E)...

结果图层的功能将会受到限制时向我发出警告(W)

关于添加 XY 数据 确定 取消

实验图 7.1 【添加 XY 数据】对话框

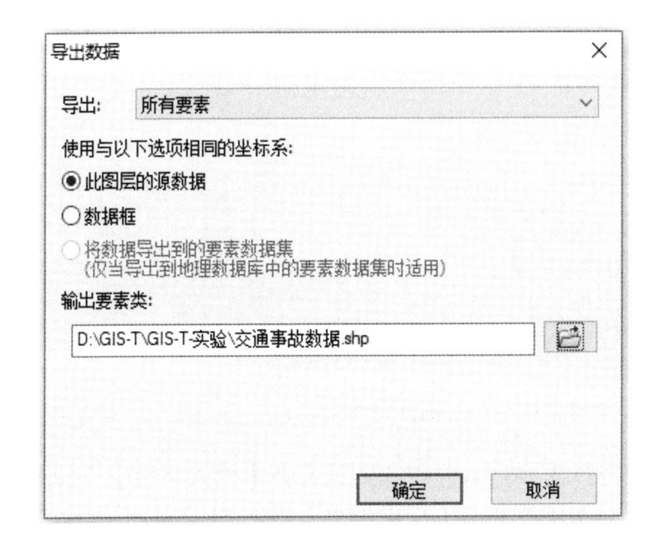

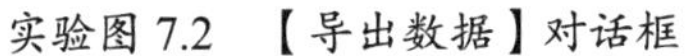
实验图 7.2 【导出数据】对话框

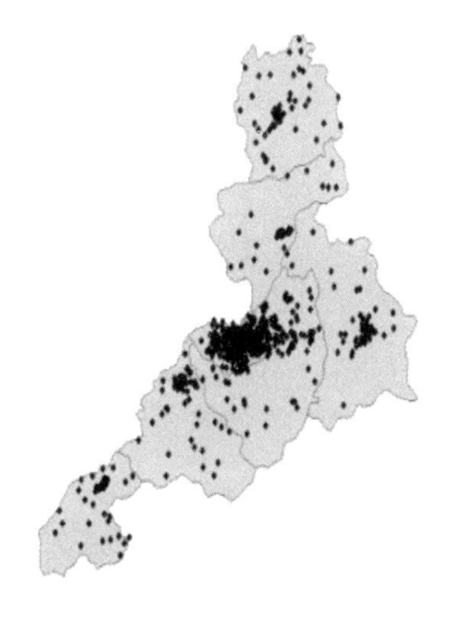

实验图 7.3 交通事故点图

7.4.2 空间自相关分析

空间自相关分析的目的是确定某个变量是否在空间上相关及相关程度。空间自相关系数常用来定量地描述事物在空间上的依赖关系，可使用莫兰指数衡量数据的空间相关性。空间自相关工具返回五个值：莫兰指数、预期指数、方差、z 得分及 p 值。如果莫兰指数值为正，则指示聚类趋势；如果莫兰指数值为负，则指示离散趋势。z 得分和 p 值是统计显著性的量度，用来判断是否拒绝零假设，零假设表示与要素相关的值随机分布。空间自相关工具会创建一个 HTML 文件，其中包含结果的图形汇总。在结果窗口中双击该 HTML 文件，将在默认的浏览器中打开。右击结果窗口中的消息条目，在弹出的快捷菜单中单击【查看】命令，在弹出的消息对话框中显示结果。可通过结果窗口访问这些值，也可以将这些值作为派生输出值传递，以满足模型或脚本中的潜在使用需要。

单击 ArcToolbox 中的【空间统计工具】→【分析模式】→【空间自相关（Moran I）】菜单命令，打开【空间自相关（Moran I）】窗口，如实验图 7.4 所示。

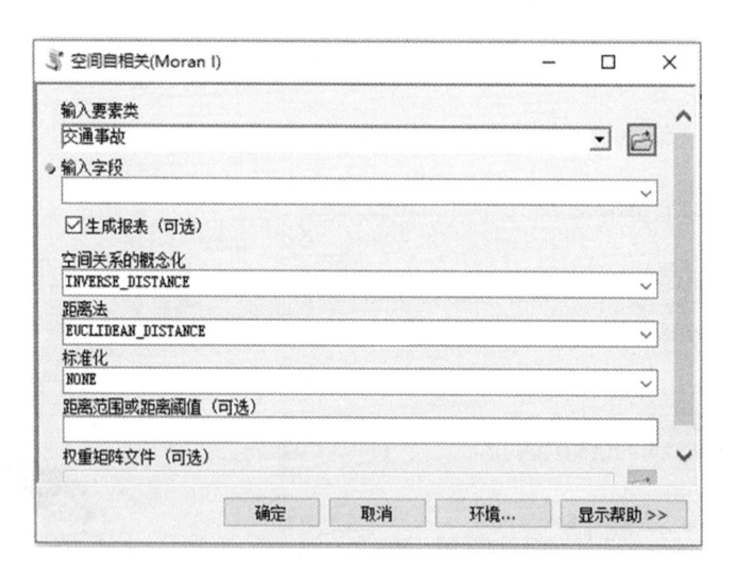

实验图 7.4 【空间自相关（Moran I）】窗口

在【输入要素类】下拉列表框中选择需要输入分析的数据，在【输入字段】下拉列表框中选择用于评估空间自相关的数值字段，选中【生成报表（可选）】复选框，【空间关系的概念化】【距离法】和【标准化】下拉列表框保持默认选项，也可以选择其他选项。交通事故点空间自相关分析结果，如实验图 7.5 所示。

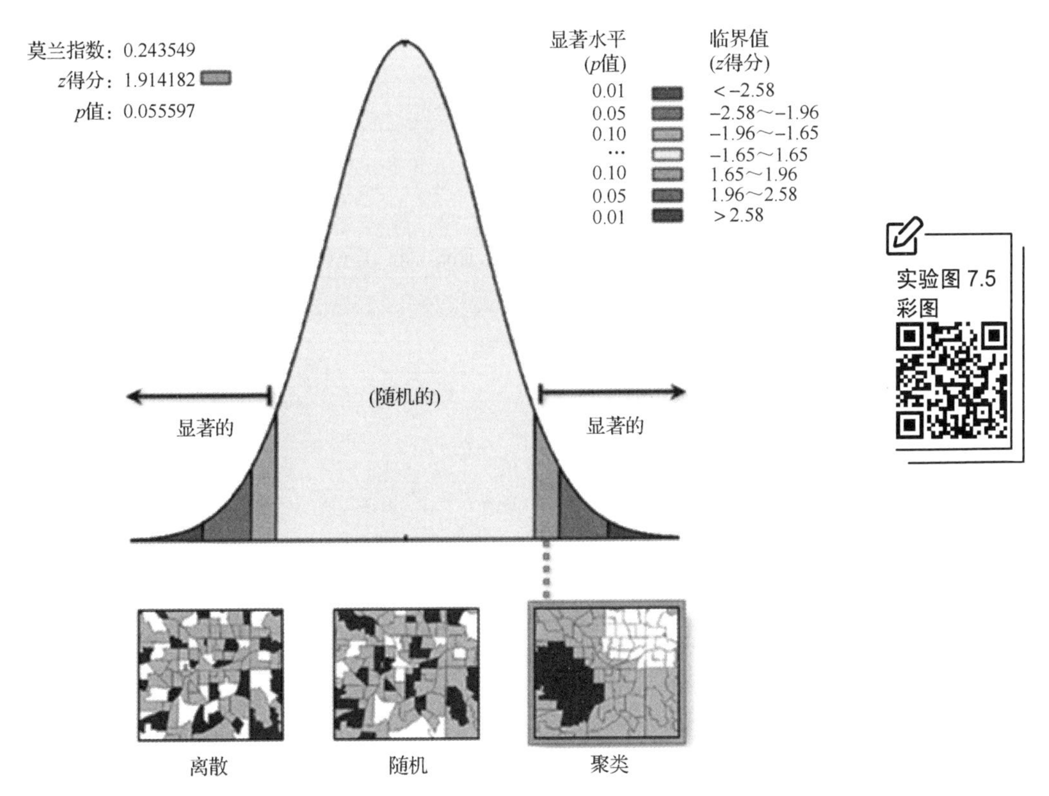

注：z得分近似值为1.91，则随机产生此聚类模式的可能性小于10%

实验图 7.5 交通事故点空间自相关分析结果

济南市 2018 年的交通事故变量的莫兰指数近似值为 0.24，说明事故具有空间正相关性，也就是说，事故数呈现出明显的聚类模式。

7.4.3 核密度分析

核密度分析可以体现分析目标在空间上的集聚情况。在 ArcToolbox 中单击【Spatial Analyst 工具】→【密度分析】→【核密度分析】菜单命令，打开【核密度分析】窗口，如实验图 7.6 所示。

在【核密度分析】窗口中输入需要分析的数据（交通事故点要素），指定【输出栅格】的保存路径和名称；【输出像元大小】为可选项，确定输出栅格数据集的单元大小；【搜索半径】为可选项，确定密度计算的搜索半径；【面积单位】为可选项，确定输出密度值的所需面积单位；单击【确定】按钮，制作完成密度图。济南市交通事故核密度分析结果，如实验图 7.7 所示。

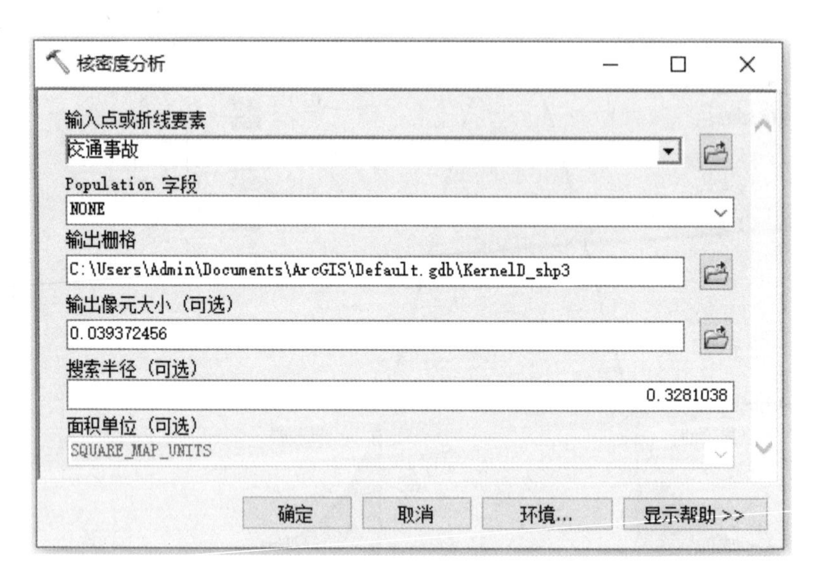

实验图 7.6 【核密度分析】窗口

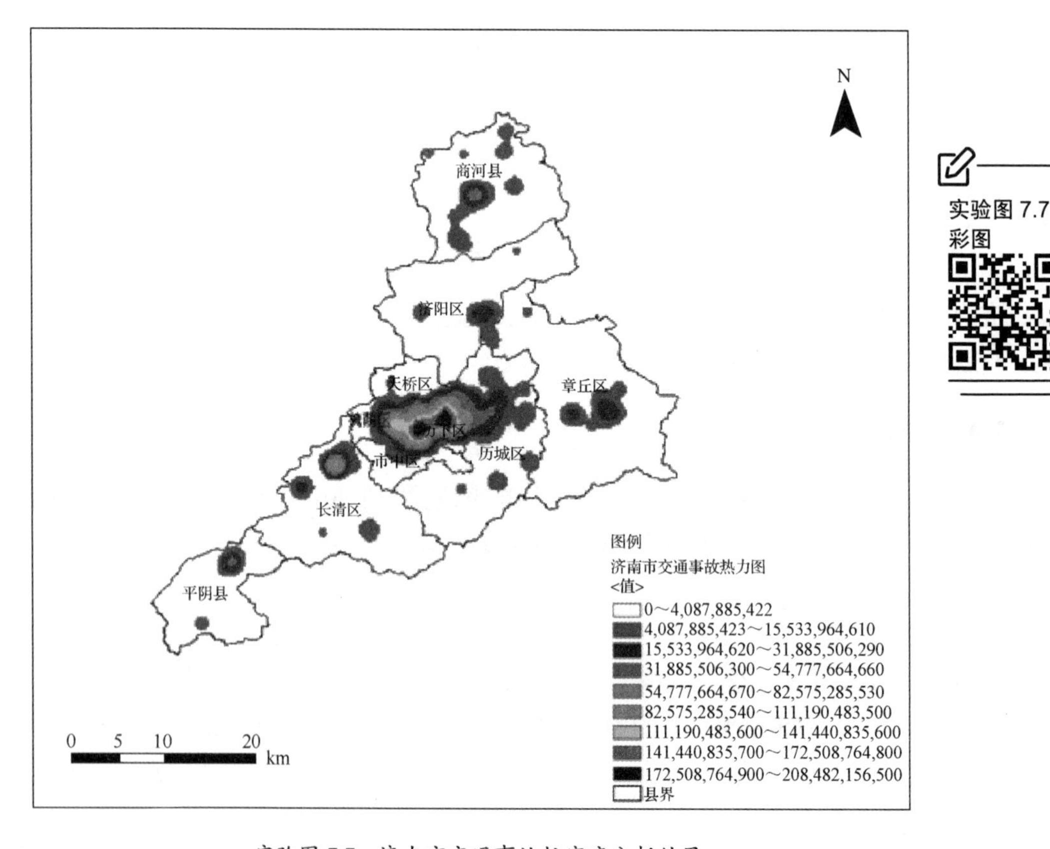

实验图 7.7 济南市交通事故核密度分析结果

不同颜色代表不同交通事故的密度，颜色越深，交通事故发生越密集。从实验图 7.7 中可以看出，在人口聚集、车辆和道路密度大的市区，发生交通事故比在其他地区频繁，事故多发地具有明显的聚集性，济南市有多个事故多发中心。

7.4.4 地理加权回归分析

地理加权回归（GWR）分析的相关介绍详见 4.5.3 节。2018 年济南市各区县基本情况见实验表 7.2。

实验表 7.2 2018 年济南市各区县基本情况

辖区	事故数	人口/万人	GDP/亿元	区域面积/km^2	车辆数/万辆	公路通车里程/km
长清区	673	56.9	366.9	1209	17.4	1775.2
商河县	512	64.3	180.8	1162	13.1	2478.9
济阳区	372	59.2	295.7	1099	15.5	2295.0
章丘区	692	105.2	1027.7	1719	28.1	2526.2
平阴县	247	37.5	284.89	715	8.8	904.6
天桥区	514	73.9	529.5	259	34.1	1282.1
槐荫区	643	52.7	531.7	152	23.5	872.5
市中区	743	77.4	1042.8	281	36.9	1250.5
历城区	1188	80.9	864.5	1301	37.4	4943.8
历下区	757	77.7	1494.8	101	31.1	530.3

（1）在 ArcToolbox 中单击【空间统计工具】→【空间关系建模】→【地理加权回归】命令，打开【地理加权回归】窗口，如实验图 7.8 所示。

（2）在【地理加权回归】窗口中，在【输入要素】文本框中输入需要分析的数据，设置好【因变量】(事故数)、【解释变量】(车辆数)、【输出要素类】后，单击【确定】按钮。

地理加权回归分析完成后，生成一张可视化图，如实验图 7.9 所示。图中的数值和颜色主要是系数的标准误差，主要用来衡量每个系数估计值的可靠性。标准误差小于实际系数值时，这些估计值的可信度更高；标准误差较大，可能表示局部多重共线性存在问题。分析完成后，还会生成辅助表（GWR_supp 输出表），见实验表 7.3。

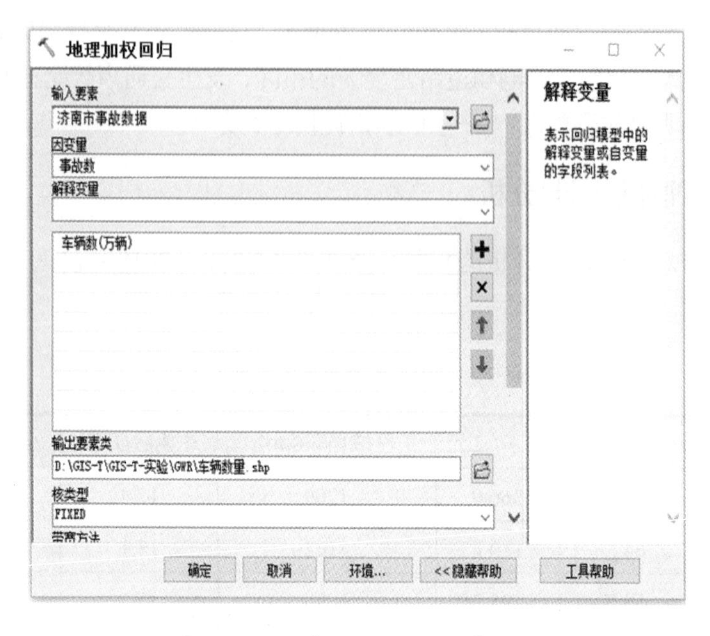

实验图 7.8 【地理加权回归】窗口

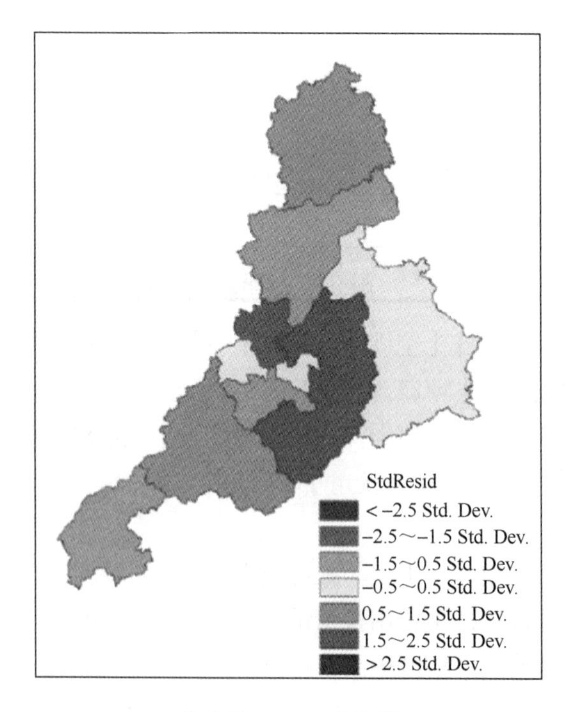

实验图 7.9 可视化图

实验表 7.3 辅助表

OID	VARNAME	VARIABLE	DEFINITION
0	Bandwidth	1429351.3	
1	ResidualSquares	258596.9	
2	EffectiveNumber	2.00741	
3	Sigma	179.8738	
4	AICc	140.00175	
5	R2	0.559151	
6	R2Adjusted	0.503585	
7	Dependent Field	0	事故数
8	Explanatory Field	1	车辆数

实验表 7.3 中各项解释如下。

- Bandwidth：用于各个局部估计的带宽，控制模型中的平滑程度。
- ResidualSquares：模型中的残差平方和（残差为观测所得 y 值与 GWR 模型返回的 y 值估计值之间的差值）。该值越小，表示 GWR 模型拟合观测数据的效果越好。
- EffectiveNumber 表示：拟合值的方差与系数估计值的偏差之间的折中表示。
- Sigma：是标准化剩余平方和（剩余平方和除以残差的有效自由度）的平方根，即残差的估计标准差。该值越小越好，主要用于计算 AICc。
- AICc：是模型性能的一种度量，用于比较不同的回归模型。考虑到模型具有复杂性，AICc 值较小的模型将更好地拟合观测数据，但 AICc 不是拟合度的绝对度量，但对比较适用于同一因变量且具有不同解释变量的模型。
- R2：即 R^2，是模型拟合度的一种度量，其值为 0.0~1.0，值越大越好。该值可解释为回归模型涵盖的因变量方差的比例。因为 R^2 计算的分母为因变量值平方和，所以增加一个解释变量时，分母不变，分子发生改变，可能出现拟合度上升的情况（大部分是假象）。因此该值仅作为参考值，更准确的度量用 R2Adjusted。
- R2Adjusted：即校正的 R^2 值，计算时将按分子和分母的自由度进行正规化。这具有对模型中变量数进行补偿的效果，因此校正的 R^2 值通常小于 R^2 值。

思考题

如何进行交通事故中的空间特性分析？

实验八 制图输出

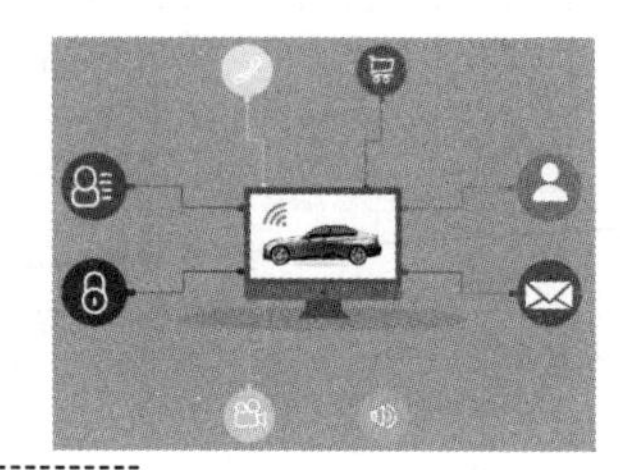

8.1 实验目的

利用 GIS 软件，对 GIS 数据、GIS 分析结果等进行可视化表达，制作标准的地图。

8.2 实验内容和数据

利用 ArcGIS 软件，制作带有图名、图例、比例尺、指北针等制图元素的地图产品。

ArcGIS 高级制图

实验数据：道路数据。

8.3 实验要求

1. 制作的地图能满足打印或出版的要求。
2. 熟悉图名、图例、比例尺、指北针等基础制图元素的使用方法。
3. 地图既能表达出专题内容又美观。

8.4 实验步骤

8.4.1 数据准备

准备线、面等矢量数据，栅格数据等。

8.4.2 加载数据

（1）加载制图需要的数据，如实验图 8.1 所示。

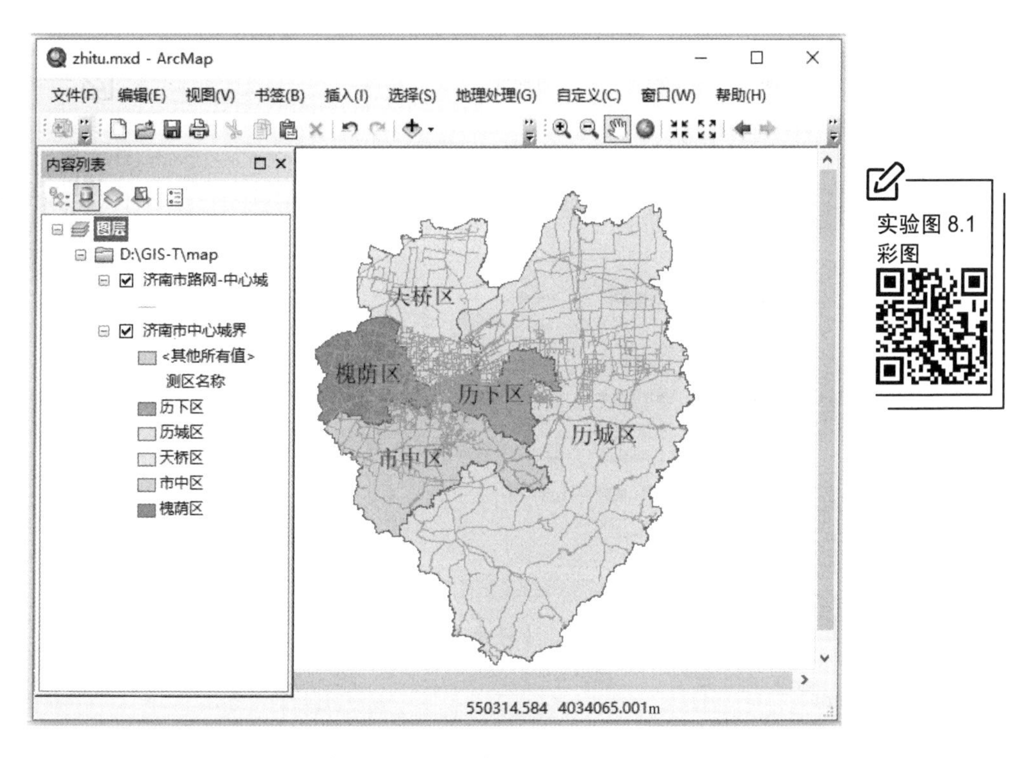

实验图 8.1 彩图

实验图 8.1 加载数据

（2）添加两个图层：济南道中心城区的道路网和中心城区边界。

8.4.3 数据渲染

数据加载完成之后，如果直接制图可能不美观，因此，在制图之前需要对数据进行渲染。在【内容列表】窗口中，选择需要渲染的图层，双击该图层下的符号（以线状符号为例），打开【符号选择器】对话框，如实验图 8.2 所示，可以选择符号的样式、颜色、宽度等。

如果只对点、线、面数据进行统一符号渲染，则可以基本按上述思路设置。栅格数据渲染更简单，单击现有渲染符号选择颜色条带即可。也可以根据某个字段渲染或标注面图层，步骤如下。

（1）如果需要根据不同的区县名称，对点、线、面进行不同符号渲染，则应选中图层并右击，在弹出的快捷菜单中单击【属性】命令，弹出【图层属性】对话框，选择【符号系统】选项卡，如实验图 8.3 所示，在【值字段】下拉列表框中选择分类显示的字段，在【色带】下拉列表框中选择显示的颜色，单击【添加所有值】按钮，即可用不同颜色渲染不同要素。

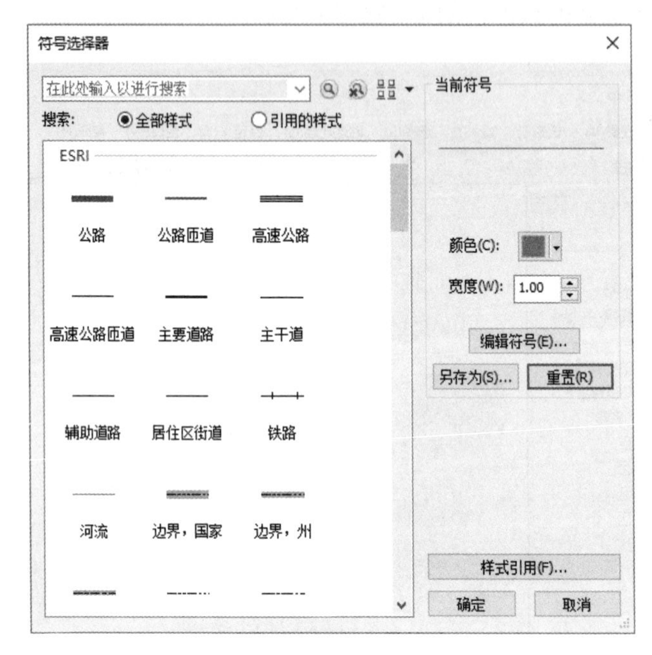

实验图 8.2 【符号选择器】对话框

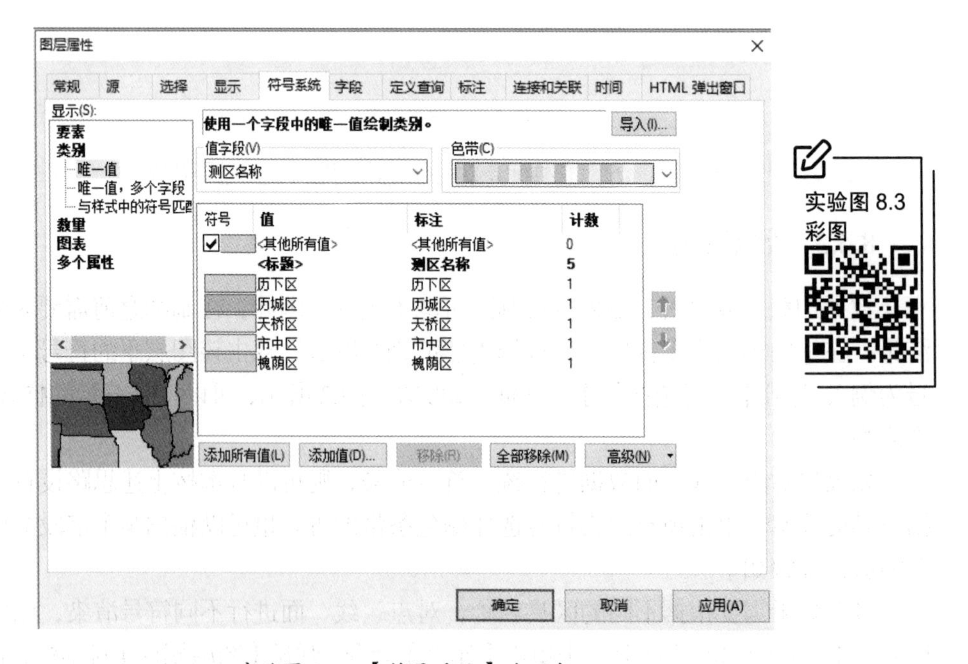

实验图 8.3 【符号系统】选项卡

实验图 8.3
彩图

（2）如果需要标注每个要素，则选择【标注】选项卡，如实验图 8.4 所示。选中【标注此图层中的要素】复选框；在【标注字段】下拉列表框中选择需要标注的字段；在【文本符号】区域设置标注的字体、大小、颜色等。

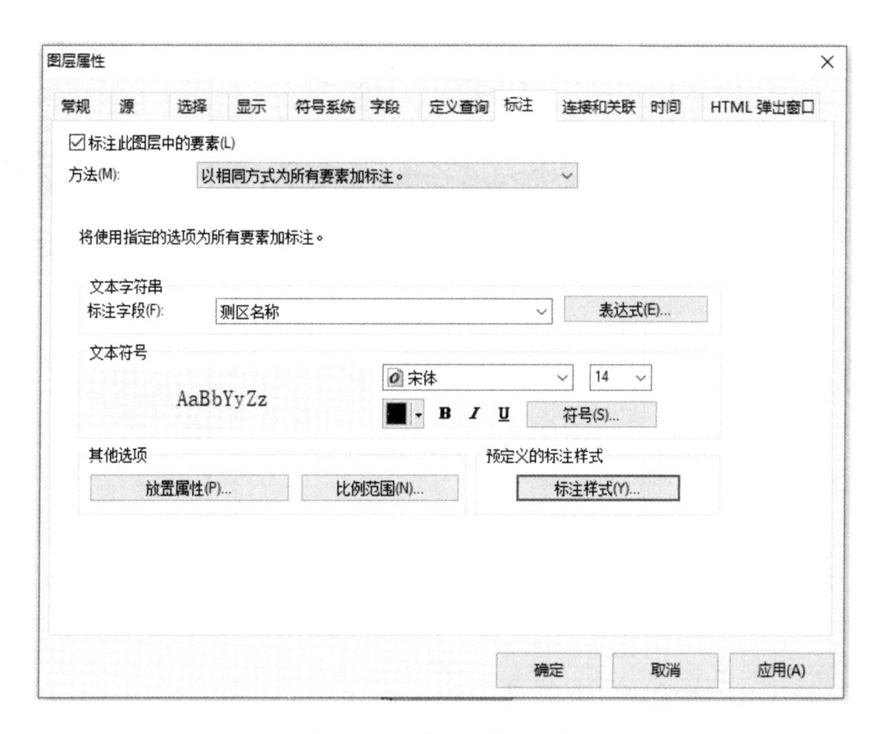

实验 8.4 【标注】选项卡

8.4.4 地图制图

单击【视图】→【布局视图】菜单命令，或者直接单击左下角的【布局视图】按钮，布局视图如实验图 8.5 所示。

1. 制图纸张的设置

单击【文件】→【页面和打印设置】菜单命令，弹出【页面和打印设置】对话框，如实验图 8.6 所示，可以设置纸张大小和方向等，具体数值可视个人制图需求而定。

2. 制图元素添加

地图图件信息包括图名、图例、指北针、比例尺、经纬网格、制图人、制图单位、制图时间等，其中图名、指北针、图例、比例尺、经纬网格是不可缺少的图件。因为制图元素较多，且大多数操作有相似之处，所以在此不一一展示图形。

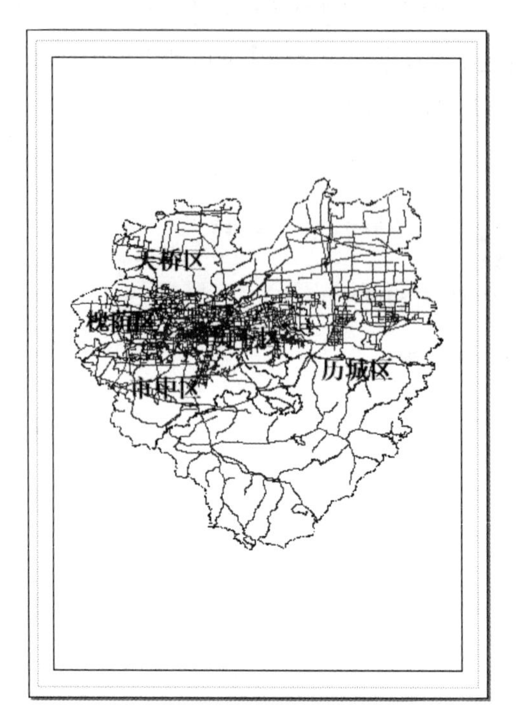

实验图 8.5 彩图

实验图 8.5 布局视图

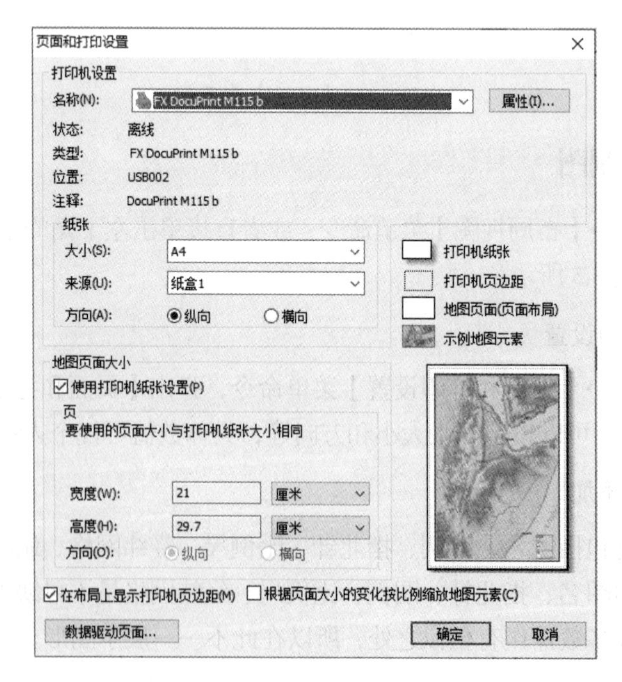

实验图 8.6 【页面和打印设置】对话框

（1）添加与修改标题。

在 ArcMap 中单击【插入】→【标题】菜单命令，打开【插入标题】对话框，在文本框中输入地图的标题；双击标题矩形框，打开【属性】对话框，可以修改标题的格式，如标题的字体、大小、颜色、位置等。另外，还可以对标题部分使用文本格式化标签。

（2）添加与修改指北针。

指北针指示地图的方向。在 ArcMap 中单击【插入】→【指北针】菜单命令，打开【指北针选择器】对话框；在列表框中选择需要的指北针类型；单击【属性】按钮，打开【指北针】对话框，可修改指北针的大小、颜色等；在【校准角度】文本框中输入指北针旋转的角度。单击刚创建的指北针并拖动到合适的位置。如果不满意创建的指北针，可以双击创建的指北针，打开【指北针属性】对话框，重新修改指北针的样式和相关属性。

（3）添加与修改比例尺。

在 ArcMap 中单击【插入】→【比例尺】菜单命令，打开【比例尺选择器】对话框，如选择所需的比例尺类型，单击【属性】按钮，打开【比例尺】对话框，可在【主刻度数】和【分刻度数】文本框中分别输入主刻度数和分刻度数，在【主刻度单位】下拉列表框中选择比例尺划分单位，一般为【千米】，可修改标注的名称；在【符号】下拉列表框中设置比例尺标注字体的类型。

在布局视图中，可以将比例尺拖放到合适的位置。另外，可以双击比例尺矩形框，打开相应的图形比例尺属性对话框，修改图形比例尺的相关参数。

文本比例尺是使用文字表示地图的比例尺，如 1cm:100km，表示地图上的 1cm 代表现实中的 100km。创建和修改文本比例尺的过程与图形比例尺类似，使用【比例文本】创建文本比例尺。

（4）添加与修改图例。

图例用来说明地图上使用的各种符号的确切含义，有助于增强地图的易读性。图例包含两部分内容：一部分是用于表达地图符号的点、线、面按钮；另一部分是对地图符号含义的标注和说明。

在 ArcMap 中单击【插入】→【图例】菜单命令，打开【图例向导】对话框。在【地图图层】列表框中选择要包含在图例中的图层，单击向右箭头按钮，将其添加到【图例项】列表框中；单击向上箭头按钮或向下箭头按钮调整图层符号在图例中的排列顺序；单击【下一步】按钮，在【图例标题】文本框中输入图例标题；单击【下一步】按钮，设置图例的宽度、高度等；单击【下一步】按钮，设置两个图例元素之间的距离，单击【预览】按钮，预览图例；单击【完成】按钮，在布局视图中将会出现设置的图例。

如果对图例不满意，可双击图例，打开【图例属性】对话框，修改图例的相关参数。可以右击图层列表，在弹出的快捷菜单中单击【属性】命令，打开【图层属性】对话框，修改名称，此时图例会同步更新。

也可以将图例转换成图形，进行进一步修改，此时需要保证所要制图的内容不会发生更改，一旦进行了此步操作，就不再连接到初始数据，图例也不会同步更新。因此，最好在地图的图层和符号系统完成后将图例转换成图形。

右击已创建的图例，在弹出的快捷菜单中单击【转换为图形】命令，右击已转换为图形的图例，在弹出的快捷菜单中单击【取消分组】命令，对图形进行分组，以单独编辑组成图例的单个元素（图面、文本等）。双击图例的单个元素，打开属性对话框，可设置【文本】【面积】【框架】等；或右击图例的单个元素，在弹出的快捷菜单中设置【图形操作】【顺序】等；还可以同时选中一些单个元素并右击，在弹出的快捷菜单中单击【组】命令，重新组合这几个元素。

（5）添加经纬度网格。

右击视图中的内图框，在弹出的快捷菜单中单击【属性】命令，打开【数据框属性】对话框，选择【格网】选项卡，单击【新建格网】按钮，打开新建格网和经纬度向导，选择经纬度网格，一直单击【下一步】按钮，直到完成，单击【确定】按钮。

在【数据框属性】对话框中，单击【属性】按钮，打开【参考系统属性】对话框，可进行经纬度样式的设置，常用的设置是【标注】【间隔】。

有时需要辅助图框，可单击【插入】→【数据框】菜单命令，添加数据框到制图模块，右击内图框，在弹出的快捷菜单中单击【添加数据】命令，可以添加需要的数据。可使用相同方法设置颜色等。

8.4.5 地图输出

通常情况下，编制好的地图按照两种方式输出：一是通过打印机或绘图仪将编制好的地图打印输出；二是将编制好的地图转换为通用格式的栅格图形，如 EMF、EPS、BMP、JPG、TIF 和 GIF 等格式，并保存在磁盘上，以便在多个系统中应用。

1. 地图打印

打印之前，要设置打印机或绘图仪及其纸张尺寸，再进行打印预览。如果要打印的地图小于打印机或绘图机的页面尺寸，则可以直接打印或选择更小的页面打印；如果要打印的地图大于打印机或绘图机的页面尺寸，则可以分幅打印或强制打印。

在 ArcMap 中单击【文件】→【打印预览】菜单命令；在【地图打印预览】对话框中单击【打印】按钮，打开【打印】对话框（实验图 8.7）；单击【设置】按钮，设置打印机的型号及相关参数；选中【将地图平铺到打印机纸张上】单选按钮，选中【全部】

单选按钮，然后单击【确定】按钮，提交打印即可。如果地图页面的尺寸大于打印机的页面尺寸，则选中【平铺】单选按钮，然后在后面的文本框中选择打印的范围，进行分幅打印；或者选中【缩放地图以适合打印机纸张大小】单选按钮，进行强制打印；在【打印份数】文本框中输入要打印的地图份数；单击选中【打印到文件】复选框，打开【打印到文件】对话框，确定打印文件目录和路径；单击【保存】按钮，生成打印文件。

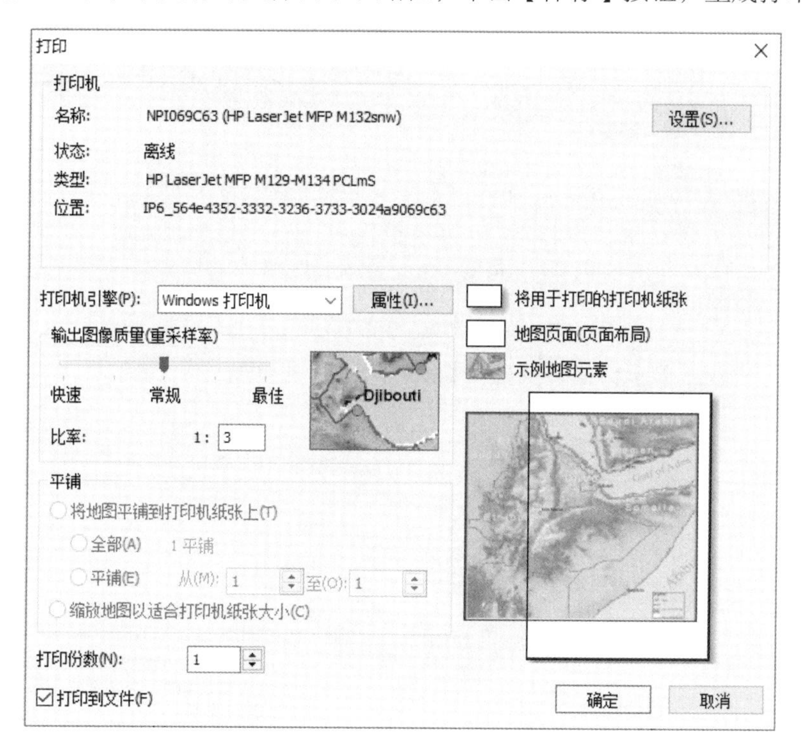

实验图 8.7 【打印】对话框

2. 地图导出

可将地图文件转换为其他格式的文件，以在其他环境中共享，操作步骤如下。

（1）在 ArcMap 中单击【文件】→【导出地图】菜单命令，打开【导出地图】对话框。

（2）在【保存类型】下拉列表框中选择要保存的文件格式；在【文件名】文本框中输入存储文件的名称；在【保存在】下拉列表框中选择要存储文件的位置。

（3）单击【选项】按钮，打开与保存文件类型相对应的文件格式参数设置对话框，设置图像的分辨率、格式等参数。

（4）单击【保存】按钮，输出当前编制好的地图。导出的济南市道路网如实验图 8.8 所示。

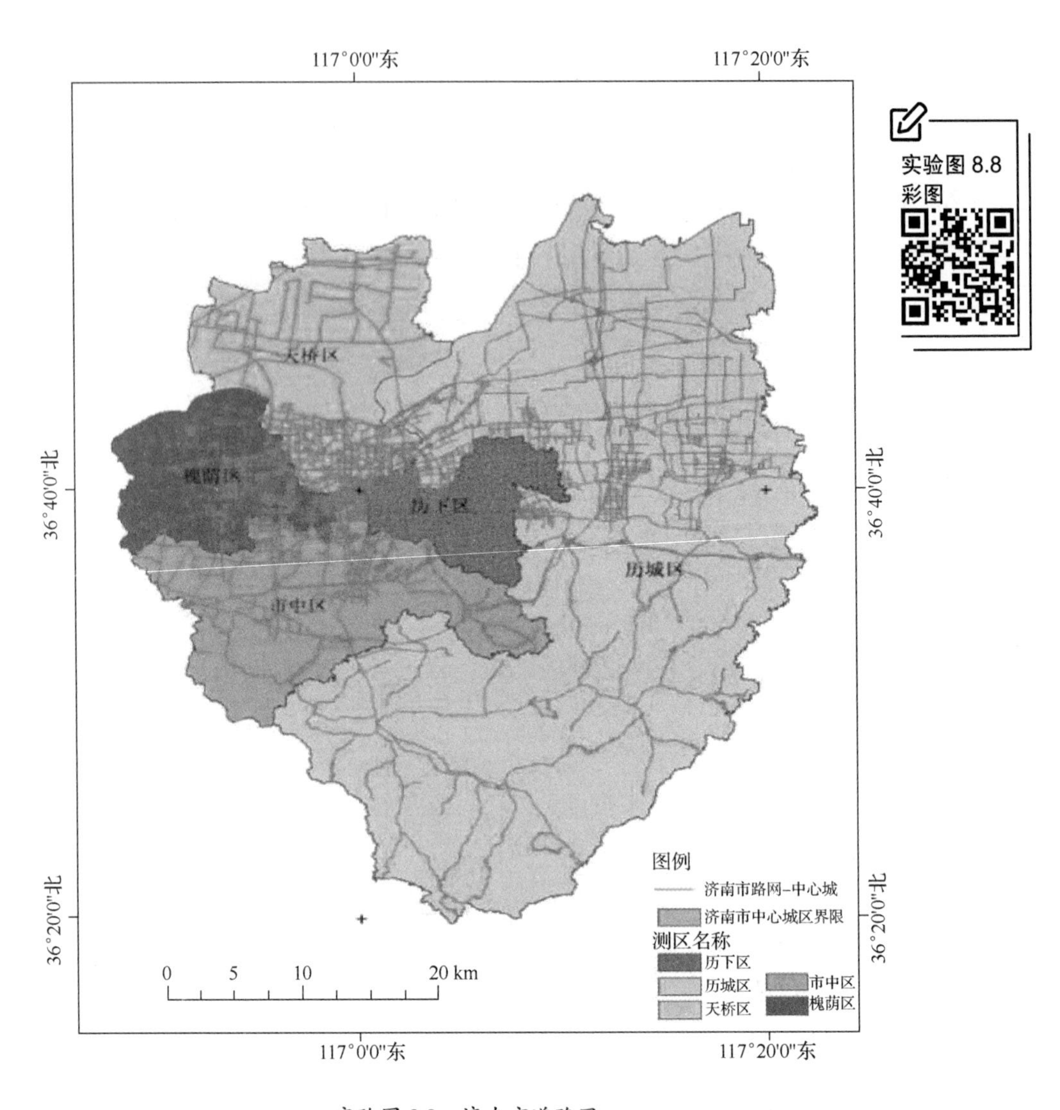

实验图 8.8 济南市道路网

思考题

可视化表达的本质是什么?

实验九 地图调用

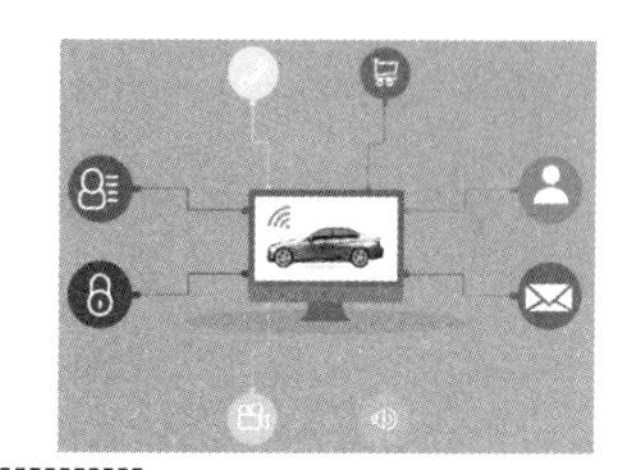

9.1 实验目的

需要使用地图时，能够利用现有地图 API 调用和使用地图。

9.2 实验内容

利用百度地图实现最短路径（以 Web 版为例）。

9.3 实验要求

1. 掌握百度地图 API 的调用方法和调用步骤。
2. 通过地图调用实现驾驶路径导航等简单功能。

9.4 相关知识

9.4.1 地图 API

由于交通本质上是人和物体在空间位置上的移动，因此基于位置服务（location based services，LBS）主要研究交通问题。地图作为空间信息的载体和传输工具，也是交通运输相关领域研究中必不可少的，但自己重新制作地图不仅成本较高，而且精度很难保证。地图服务平台提供的 LBS 功能吸引了众多开发者、应用者的目光。

应用程序接口（application programming interface，API）是一些预先定义的接口（如

函数、HTTP 接口），或者指软件系统不同组成部分衔接的约定，用于提供应用程序与开发人员基于某软件或硬件访问的一组例程，无须访问源码或理解内部工作机制的细节。其实 API 就是操作系统留给应用程序的一个调用接口，应用程序调用操作系统的 API，使操作系统执行应用程序的命令。

地图 API 通过 JavaScript 语言或其他语言将地图嵌入网页的 API，提供了大量实用工具处理地图，并通过各种服务向地图添加内容，从而能够在网站上创建功能全面的地图应用程序。常用地图 API 有百度地图 API、高德地图 API、天地图 API、Google 地图 API、MapABC 地图 API、51 地图 API 等。下面以百度地图 API 为例进行介绍。百度地图 API 是用 JavaScript 语言编写的，能够帮助使用者在网站中构建功能丰富、交互性强的地图应用程序。调用百度地图 API 可以非常方便地实现需要的地图功能。百度地图 API 不仅包含构建地图的基本功能接口，而且提供本地搜索、路线规划等数据服务。百度地图向开发者提供 Web 开发、Android 开发、iOS 开发等开发方式，同时提供 LB 私有云、鹰眼轨迹服务、地图调用、百度地图车机版等服务接口。

百度地图 API 支持计算机端和移动端基于浏览器的地图应用开发，且支持 HTML 特性的地图开发，免费对外开放，可直接使用，接口使用无次数限制，使用前需申请密钥。在使用百度地图 API 前，可阅读百度地图 API 使用条款。

9.4.2 火星坐标系统

中国国家测绘局地理坐标（GCJ-02）是由中国国家测绘局制定的 GIS 坐标系统，其实质是对真实坐标系统进行人为的加偏处理，即用特殊算法对真实的坐标系统加密、加偏，因为这种加偏并不是线性加偏，所以各地的偏移情况有所不同，加密后的坐标系统称为火星坐标系统。国内出版的各种地图系统（包括电子形式、导航设备）必须至少采用 GCJ-02 对地理位置进行首次加密。

除了 GCJ-02，目前互联网地图坐标系有如下两种。

（1）WGS84。国际标准，一般从国际标准的 GPS 设备获取的坐标都是 WGS84，国际地图提供商使用的坐标系也是 WGS84。

（2）BD09。百度标准，在 GCJ-02 的基础上进行二次加密。

9.5 实验步骤

9.5.1 登录百度地图开发平台

通过百度搜索或其他搜索平台搜索“百度地图开发”，找到“百度地图开放平台 | 百度地图 API SDK | 地图开发”链接并单击进入。

9.5.2 获取密钥

可通过两种方式获取密钥：开发者文档和控制台。

1. 开发者文档

（1）打开百度地图开放平台，单击【开发文档】→【JavaScript API】命令，弹出JavaScript API GL界面，单击【开发指南】→【账号和获取密钥】命令，弹出【账号和获取密钥】界面，可看到获取密钥的流程图，如实验图9.1所示。

账号和获取密钥

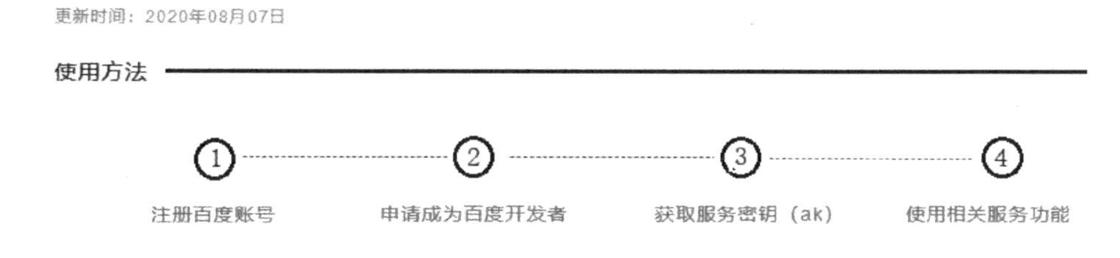

版本说明

- 该套API免费对外开放，目前最新版本为JavaScript API GL v1.0；
- JavaScript API GL v1.0是基于WebGL技术进行地图渲染，支持3D地图展示、地图旋转等全新效果；
- 原2D栅格图版本JavaScript API v3.0将继续维护。

实验图 9.1　获取密钥的流程图

（2）注册百度账号。可以注册百度账号，也可以使用QQ登录。

（3）申请密钥。单击【申请密钥（ak）】，进入【创建应用】界面，如实验图 9.2所示。

在实验图 9.2 中设置如下：在【应用名称】文本框中输入名称；在【应用类型】文本框中输入浏览器端；【启用服务】下的复选框可全部勾选，高级服务（如区域位置解析等）需要单独联系平台；在【请求校验方式】下拉列表框中选择【IP 白名单校验】选项，只有白名单中的网站才能成功发起调用，格式为*.mysite.com*，*myapp.com*，多个域名之间用英文半角逗号隔开，如果不想对任何域名做限制，则设置为英文半角星号*。新申请的移动端的密钥与新申请的服务器端类型的密钥不再支持云存储接口的访问，如要使用云存储，则申请 Server 类型密钥。提交后即显示创建的应用，如实验图 9.3所示。

返回 创建应用

应用名称：

应用类型：

启用服务： 云存储 地点检索 普通IP定位 路线规划 静态图 全景静态图 坐标转换 鹰眼轨迹 批量算路 地理编码 逆地理编码 实时路况查询

参考文档： 地点检索 普通IP定位 路线规划 静态图 全景静态图 鹰眼轨迹 地理编码

请求校验方式： IP白名单校验

Refer白名称：

提交

实验图 9.2 【创建应用】界面

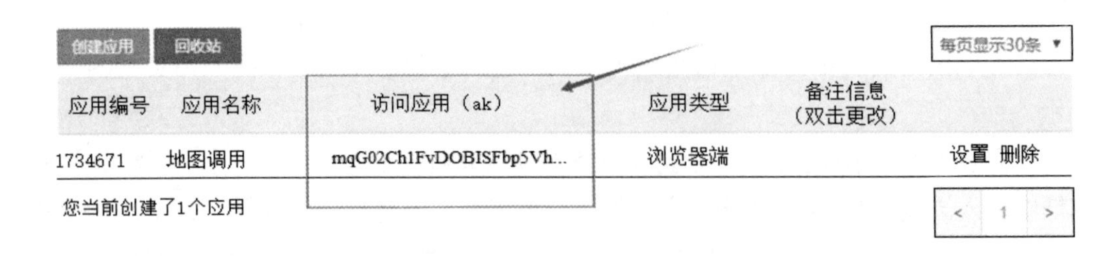

实验图 9.3 创建的应用

2. 控制台

单击【控制台】菜单命令，进入控制台后单击【应用管理】→【我的应用】→【创建新应用】命令，之后的操作方法与上面的“开发者文档”相同。

9.5.3 地图调用

为了方便大家学习，平台提供了很多示例，调用地图时，仅需要修改少部分信息，能减少代码编写的工作量。

1. 地图展示

以地图显示为例，在【示例中心】菜单栏中单击【地图基础】→【创建 GL 地图】命令，地图展示代码和显示如实验图 9.4 所示。

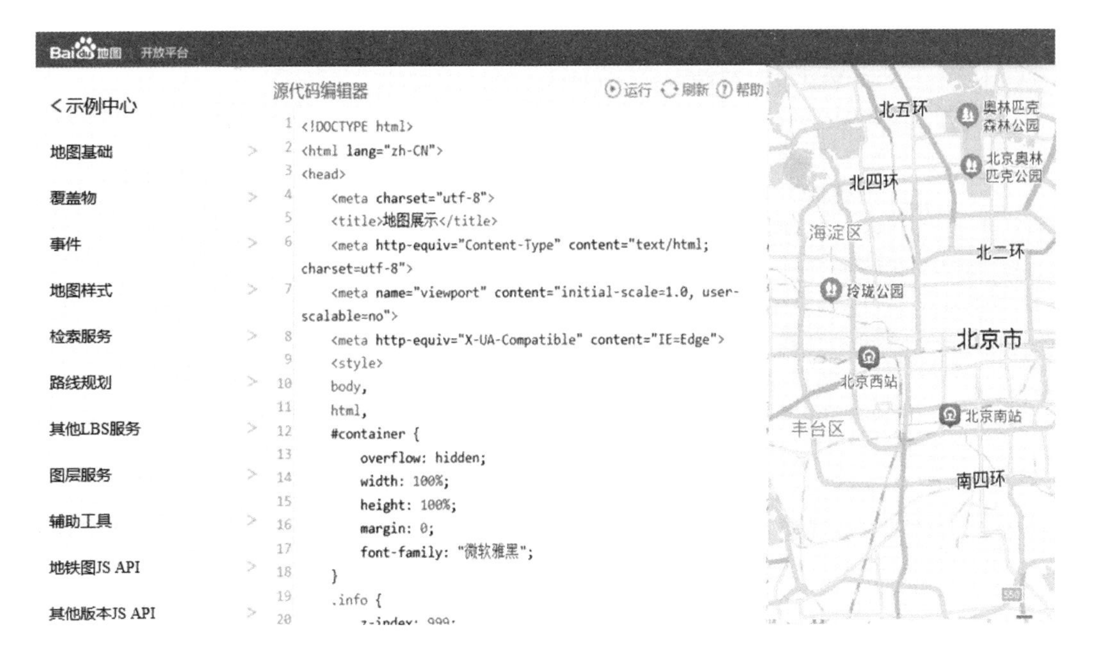

实验图 9.4 地图展示代码和显示

完整的基础地图展示代码（代码来源于百度地图 API）如下。

```
<!DOCTYPE html>
<html lang="zh-CN">
<head>
    <meta charset="utf-8">
    <title>地图展示</title>
    <meta http-equiv="Content-Type" content="text/html; charset=utf-8">
    <meta name="viewport" content="initial-scale=1.0, user-scalable=no">
    <meta http-equiv="X-UA-Compatible" content="IE=Edge">
    <style>
    body,
```

```
    html,
    #container {
        overflow: hidden;
        width: 100%;
        height: 100%;
        margin: 0;
        font-family: "微软雅黑";
    }
    .info {
        z-index: 999;
        width: auto;
        min-width: 22rem;
        padding: .75rem 1.25rem;
        margin-left: 1.25rem;
        position: fixed;
        top: 1rem;
        background-color: #fff;
        border-radius: .25rem;
        font-size: 14px;
        color: #666;
        box-shadow: 0 2px 6px 0 rgba(27, 142, 236, 0.5);
    }
    </style>
    <script src="//api.map.baidu.com/api?type=webgl&v=1.0&ak=您的密钥">
</script>
</head>
<body>
    <div class = "info">最新版 GL 地图命名空间为 BMapGL，可按住鼠标右键控制地图
旋转、修改倾斜角度。</div>
    <div id="container"></div>
</body>
</html>
<script>
var map = new BMapGL.Map('container'); // 创建 Map 实例
map.centerAndZoom(new BMapGL.Point(116.404, 39.915), 12); // 初始化地图，
设置中心点坐标和地图级别
map.enableScrollWheelZoom(true); // 开启鼠标滚轮缩放
</script>
```

如果想调用济南市的地图，则需要修改如下两处代码。

（1）将“您的密钥”修改成新申请的密钥［实验图 9.3 中的访问应用（ak）］。

（2）修改显示的地图中心点及地图级别。此处将显示的北京市地图中心点坐标（116.404, 39.915）修改为济南市地图的中心点坐标（116.98, 36.67）。

经纬度的获取方式：在【百度地图开发平台】页面单击【开发文档】→【坐标拾取器】命令，打开百度地图拾取坐标系统，在地图上移动鼠标即可看到经纬度显示，可找到需要的位置，单击该点经纬度就会自动填充到右上角的【当前坐标点如下】文本框，单击该文本框右侧的【复制】按钮即可复制到他处。

地图级别：百度地图 API 一共分为 19 级，比例尺分别为 1cm:20m（简称 20m，下同），50m，100m，200m，500m，1km，2km，5km，10km，20km，25km，50km，100km，200km，500km，1000km，2000km，5000km，10000km；分别对应 19 级，18 级，17 级，16 级，15 级，14 级，13 级，12 级，11 级，10 级，9 级，8 级，7 级，6 级，5 级，4 级，3 级，2 级，1 级。

在 3 级缩放级别下，地图尺寸与容器尺寸一致；在 2 级缩放级别下，地图尺寸是容器尺寸的一半；在 1 级缩放级别下，地图的尺寸约为容器尺寸的四分之一，而且极不容易找到地图，因此通常情况下，使用百度地图显示的最小地图级别是 4 级。

修改后调用的济南市地图，如实验图 9.5 所示。

实验图 9.5 修改后调用的济南市地图

2. 驾车路线规划

在实验图 9.4 中【示例中心】菜单栏中单击【路线规划】→【驾车路线规划】→【根据起点和终点经纬度驾车导航路线】命令，代码和显示如实验图 9.6 所示。

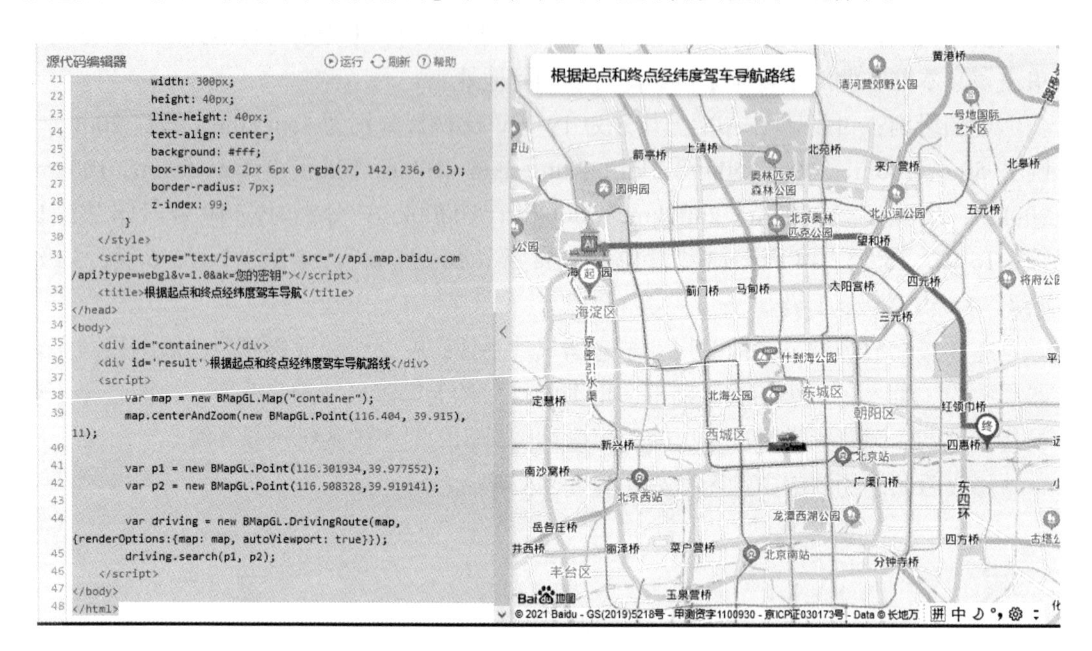

实验图 9.6 驾车路线规划代码和显示

完整的驾车路线规划（根据起点和终点经纬度驾车导航路线规划）代码（代码来源于百度地图 API，已修改）如下。

```
    <!DOCTYPE html>
    <html lang="en">
    <head>
        <meta charset="UTF-8">
        <meta name="viewport" content="width=device-width, initial-scale=
1.0">
        <style type="text/css">
            body, html {
                width: 100%;
                height: 100%;
                margin:0;
                font-family:"微软雅黑";
            }
```

```
            #container{
                width:100%;
                height:100%;
            }
            #result{
                position: fixed;
                top: 10px;
                left: 20px;
                width: 300px;
                height: 40px;
                line-height: 40px;
                text-align: center;
                background: #fff;
                box-shadow: 0 2px 6px 0 rgba(27, 142, 236, 0.5);
                border-radius: 7px;
                z-index: 99;
            }
        </style>
        <script type="text/javascript" src="//api.map.baidu.com/api?type=
webgl&v=1.0&ak=您的密钥"></script>
        <title>根据起点和终点经纬度驾车导航</title>
    </head>
    <body>
        <div id="container"></div>
        <div id='result'>根据起点和终点经纬度驾车导航路线</div>
        <script>
            var map = new BMapGL.Map("container");
            map.centerAndZoom(new BMapGL.Point(116.98, 36.67), 11);

            var p1 = new BMapGL.Point(116.8071,36.5775);
            var p2 = new BMapGL.Point(117.1508,36.7191);
            var driving = new BMapGL.DrivingRoute(map, {renderOptions:{map:
map, autoViewport: true}});
            driving.search(p1, p2);
        </script>
    </body>
    </html>
```

调用程序后即可显示修改后的驾车路线规划，如实验图 9.7 所示。

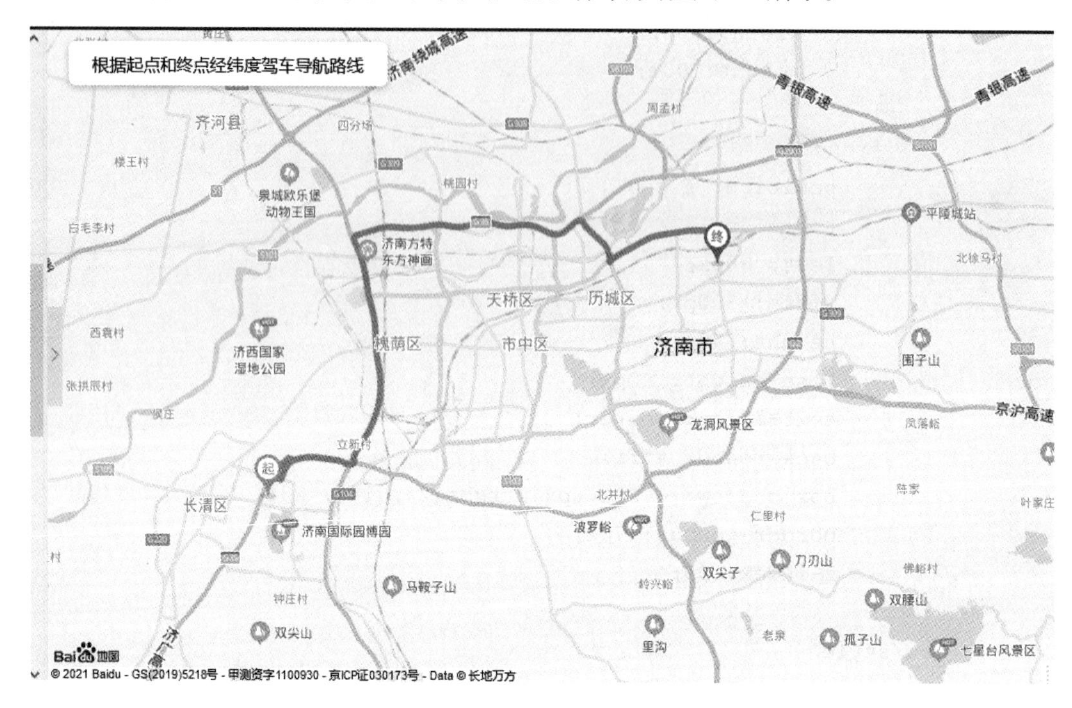

实验图 9.7 修改后的驾车路线规划

思考题

什么是火星坐标系统?

参 考 文 献

胡振文，孙玉梅，李仁杰，2005. 地理信息系统原理与应用[M]. 北京：中国铁道出版社.
符锌砂，郭云开，2007. 交通地理信息系统[M]. 北京：人民交通出版社.
黄杏元，马劲松，2008. 地理信息系统概论[M]. 3版. 北京：高等教育出版社.
李德仁，龚健雅，边馥苓，1993. 地理信息系统导论[M]. 北京：测绘出版社.
李清泉，萧世伦，方志祥，等，2012. 交通地理信息系统技术与前沿发展[M]. 北京：科学出版社.
刘学军，徐鹏，2006. 交通地理信息系统[M]. 北京：科学出版社.
邵春福，等，2016. 城市交通概论[M]. 北京：北京交通大学出版社.
石若明，朱凌，何曼修，2015. ArcGIS Desktop 地理信息系统应用教程[M]. 北京：人民邮电出版社.
汤国安，杨昕，张海平，等，2021. ArcGIS 地理信息系统空间分析实验教程[M]. 3版. 北京：科学出版社.
汤国安，赵牡丹，2000. 地理信息系统[M]. 北京：科学出版社.
王英杰，袁勘省，李天文，2004. 交通 GIS 及其在 ITS 中的应用[M]. 北京：中国铁道出版社.
薛在军，马娟娟，等，2013. ArcGIS 地理信息系统大全[M]. 北京：清华大学出版社.
杨慧，2013. 空间分析与建模[M]：北京：清华大学出版社.
余明，艾廷华，2015. 地理信息系统导论[M]. 2版. 北京：清华大学出版社.